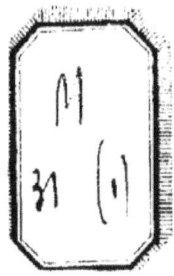

Sous presse tome V et VI.

HISTOIRE
DES
SALONS DE PARIS,

PAR Mme

LA DUCHESSE D'ABRANTÈS,

6 volumes in-8°.

Prix : 8 fr. le volume, et 9 fr. par la poste.

LES TOMES III ET IV ONT PARU LE 25 NOVEMBRE.
LES TOMES V ET VI LE 15 JANVIER 1838.

Peu de personnes se sont trouvées dans une position analogue à celle de madame la duchesse d'Abrantès, tenant à l'ancien régime par sa naissance, à l'empire par son alliance avec un des plus braves compagnons d'armes de Napoléon, et plus distinguée encore par la supériorité de son esprit qui a fait surgir pour elle une autre grandeur plus personnelle au milieu de tant de grandeurs déchues.

Entrée dans le monde presque enfant, douée d'un instinct d'observation que le temps et le malheur ont mûri depuis, il appartenait sans doute à madame la duchesse d'Abrantès d'écrire l'histoire curieuse des salons de Paris dont elle a été elle-même un des principaux ornements à des titres divers, car l'âge n'ôte rien aux femmes quand le temps apporte incessamment des compensations aux avantages qu'il enlève. Nourrie dans les traditions d'autrefois, élevée par une mère qui fut le type de l'élégance et de la bonne compagnie, elle fut d'abord bercée au bruit des salons; sa prodigieuse mémoire, les notes qu'elle n'a cessé de prendre sur les personnages qui ont apparu dans cette grande et mouvante lanterne magique que l'on appelle le monde, la rendaient sans doute plus que qui que ce soit capable d'écrire cette histoire où tout n'est pas frivole, quoique tout soit amusant; aussi n'est-il point d'ouvrage que nous puissions présenter à toutes les classes de la société, également intéressées à le connaître, avec une confiance plus pleine et plus entière. L'*Histoire des Salons de Paris* remonte jusques avant la fin du dernier siècle et ne s'arrête qu'à nos jours. Il nous suffira de donner la liste même incomplète des salons dont madame la duchesse d'ABRANTÈS a fait l'histoire, pour que le lecteur puisse juger de la piquante variété de portraits et de tableaux qui doivent se trouver dans cet ouvrage, qui est de nature à exciter vivement la curiosité publique.

SOUS PRESSE POUR PARAITRE LE 15 JANVIER.

LES LOISIRS
D'UNE
FEMME
DU MONDE,
PAR
Mme la Comtesse Merlin,

ORNÉS D'UN BEAU PORTRAIT DE L'AUTEUR, GRAVÉ PAR HOPWOEEL;

2 Volumes in-8°. — Prix : 15 francs.

LES MÉMOIRES DE MADAME LA COMTESSE MERLIN ont vivement intéressé cette société d'élite qui aime qu'on lui parle d'elle-même, et que séduisent toujours l'élégance et la fraîcheur des récits faits dans le langage auquel elle est accoutumée. En retraçant ses souvenirs de jeunesse avec un esprit rare et un charme de style tout particulier, madame la comtesse Merlin a obtenu un brillant succès, et pourtant ce n'étaient encore là que des impressions et des peintures d'une époque plus riche d'illusions que d'expérience, de naïveté que de savoir, de candeur que d'observation. *Les souvenirs d'une Femme du Monde* ne rencontreront pas moins de sympathie ; mais ils éveilleront et satisferont davantage la curiosité ; cette fois, c'est sa vie de relation, que Madame la comtesse Merlin raconte, elle qui a été en position de voir tant de ces réunions si variées, qui n'ont lieu qu'à Paris, de connaître tant de ces célébrités et de ces sommités de tout genre auxquelles, la plupart du temps, le public ne sait que rattacher des portraits qui sont le contraire de la ressemblance. Ici s'offre aux regards une galerie dont tous les portraits sont neufs et frappants ; ce sont des personnages qui vivent au milieu d'anecdotes et de faits qu'on apprend pour la première fois.

MÉMOIRES DE BRISSOT,

MEMBRE DE L'ASSEMBLÉE LÉGISLATIVE ET DE LA CONVENTION NATIONALE,

SUR SES CONTEMPORAINS,
ET LA RÉVOLUTION FRANÇAISE,

PUBLIÉS PAR SON FILS;

AVEC DES NOTES ET DES ÉCLAIRCISSEMENTS HISTORIQUES,

PAR M. F. DE MONTROL.

4 volumes in-8°. Prix : 24 fr. et 30 fr. franco.

UNE chose qui caractérise cet ouvrage entre tous ceux du même genre, et qui suffirait pour lui donner la plus haute valeur, aux yeux des curieux, des gens de lettres et des philosophes, c'est le grand nombre de pièces inédites sur lesquelles il est appuyé, c'est cette correspondance empreinte de tout le caractère du temps, dont nous possédons tous les originaux, et qui fait agir et parler devant le lecteur les personnages les plus mémorables de l'histoire contemporaine.

Qui ne serait empressé de voir le chef de la Gironde en rapport avec le duc d'Orléans, et les Talleyrand, les La Fayette, les Dumouriez, les Mirabeau? Qui n'aimerait à retrouver dans un épanchement familier l'enthousiasme sublime de madame Rolland, de Vergniaud, de Guadet? Qui ne rechercherait avec avidité l'expression confidentielle des sentiments qui ont pu être un moment communs entre Brissot, Camille Desmoulins, Robespierre, Danton, Marat? entre l'auteur de la *Théorie des lois criminelles et du Patriote français* et les jurisconsultes, les publicistes, les savants tels que d'Alembert, Condorcet, Dupaty, Servan, Bernardin-de-Saint-Pierre, Garat, Jérémie Bentham, Bergasse, Lally-Tolendal, Pontécoulant, Lévis, Grégoire et vingt autres hommes célèbres dans nos annales, qui vivent encore, et dont le témoignage peut être invoqué en faveur de l'authenticité de ces Mémoires.

HISTOIRE

DES

SALONS DE PARIS.

TOME PREMIER.

L'HISTOIRE DES SALONS DE PARIS

FORMERA 6 VOL. IN-8°,

Qui paraîtront par livraisons de deux volumes.

La 2ᵉ paraîtra le 15 octobre ;
La 3ᵉ paraîtra le 15 décembre.

Les souscripteurs, chez l'éditeur, recevront *franco* l'ouvrage le jour même de la mise en vente.

PARIS —IMPRIMERIE DE CASIMIR,
Rue de la Vieille-Monnaie, 12.

HISTOIRE
DES
SALONS DE PARIS
TABLEAUX ET PORTRAITS
DU GRAND MONDE,

SOUS LOUIS XVI, LE DIRECTOIRE, LE CONSULAT ET L'EMPIRE,
LA RESTAURATION,
ET LE RÈGNE DE LOUIS-PHILIPPE Ier.

PAR

LA DUCHESSE D'ABRANTÈS.

TOME PREMIER.

A PARIS,
CHEZ LADVOCAT, LIBRAIRE
DE S. A. R. M. LE DUC D'ORLÉANS,

PLACE DU PALAIS-ROYAL.

M DCCC XXXVII.

HISTOIRE

DES

SALONS DE PARIS.

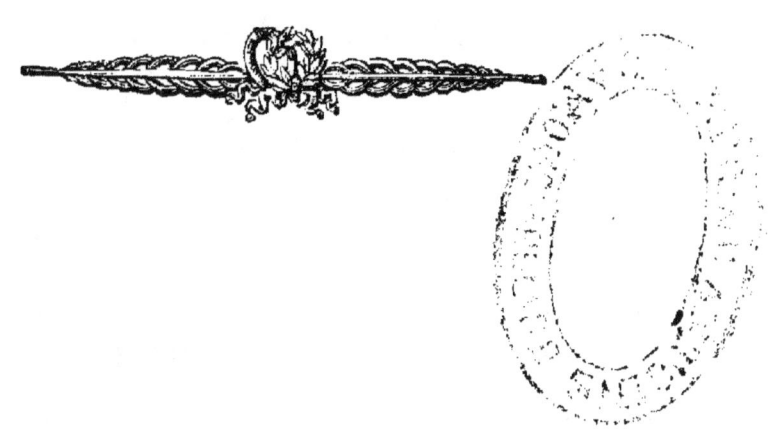

INTRODUCTION.

C'est une matière grave à traiter dans les annales d'un pays comme la France, que l'*Histoire des salons de Paris*. Depuis une certaine époque, cette histoire se trouve étroitement liée à celle du pays, et surtout aux intrigues toujours attachées aux plans politiques qui si longtemps bouleversèrent le royaume. L'époque de la naissance de la société en France, dans l'acception positive de ce mot, remonte au règne du cardinal de Richelieu. En rappelant la noblesse autour du trône, en lui assignant des fonctions, créant pour elle des charges et des places, dont son orgueil devait jouir, Richelieu donna de la sécurité à la Couronne, sans cesse exposée par les caprices d'un grand seigneur, comme le duc de Bouillon, le duc de Longueville, le duc de Montbazon, et une foule d'autres qui, plus libres dans leurs châteaux, étaient conspirateurs par état et par goût. La réunion de tous ces grands noms autour du trône lui donna plus que de la sécurité, il en doubla la majesté; mais aussi le premier coup fut porté à la noblesse : elle n'eut plus dès-lors de ces grandes entreprises à conduire, qui mettaient en péril à la fois la tête des conspirateurs et le sort de l'État. Richelieu, avec cette justesse de coup d'œil qui lui fit voir le mal sous toutes ses faces, le conjura en appelant la noblesse au Louvre; mais il ne put l'empêcher de conserver ce qui était inhérent à sa nature, toujours portée à l'intrigue et au mouvement. C'est ainsi que, même sous le ministère de Richelieu, on conspirait dans Paris chez les femmes de haute importance, telles que la princesse Palatine, madame de Chevreuse, madame de Longueville, et une foule de femmes toutes-puissantes par leur position dans le monde, leur esprit ou leur beauté... Avides de pouvoir, ces mêmes femmes saisirent, aussitôt qu'elles le comprirent, le moyen que le cardinal lui-même leur avait laissé. Elles régnaient avant dans une ville éloignée, un château-fort habité par des hommes dont le meilleur et le plus agréable n'était souvent qu'un mal-appris; maintenant elles étaient au milieu de Paris, de ce lieu qui, même à cette époque, où il n'était pas embelli par tout le prestige de *la Société Parisienne*, de cette société qui si longtemps donna partout, en Europe, le modèle du goût et des façons parfaitement nobles et élégantes, formait déjà le parfait gentilhomme. Ce fut alors dans chaque maison particulière qu'il fallut chercher une reine donnant ses lois et dirigeant une opinion. C'est dans les Mémoires du cardinal de Retz, dans ce *livre-modèle*, qu'on peut reconnaître cette vérité, dans ceux de madame de Motteville. Voyez l'abbé de Gondy lui-même arrivant chez madame de Chevreuse. Suivez-le dans les détours qu'on lui fait parcourir une nuit, pour parvenir jusqu'à la duchesse, lorsqu'il est cependant l'ami de sa fille [1]. Vous le rencontrez ensuite dans les salons à peine organisés, avec M. de Beaufort, M. le duc de Nemours, M. de La Rochefoucauld, et vous êtes admis aux secrets importants de l'époque.... Le salon de madame de Longueville, celui de Mademoiselle, de madame de Lafayette,

---

[1] « Je la trouvai dans la chambre d'une de ses femmes; mademoiselle de Chevreuse et moi, nous nous assîmes sur une malle, et là nous parlâmes des affaires du moment, qui étaient bien alarmantes. »

deviennent comme des clubs à une époque révolutionnaire. Gaston, mannequin de l'abbé de Larivière, dirige tout du Palais-Royal, et la Cour elle-même n'est plus qu'un instrument.

Richelieu ne vécut pas assez pour voir l'effet de ce qu'il avait amené; mais Mazarin en comprit à la fois l'utilité et le danger, et devint plus surveillant que sévère : c'était ce qu'il fallait..... Plus tard l'intrigue changea de forme et se réfugia dans des coteries littéraires et de société, lorsqu'après la Fronde, la France respira sous le règne de Louis XIV. Les bouquets de paille et les nœuds de ruban bleu [1] ne se firent plus dans les salons les plus à la mode de Paris.... Louis XIV devenait lui-même élégant et homme du monde... en même temps qu'il était le Roi le plus somptueux de l'Europe; la politique régnante fut l'amour et les intrigues de cour. Le roi, uniquement occupé de ses favorites, donnait ainsi le premier l'exemple de ce qu'il fallait faire, et les salons de Paris devinrent alors le théâtre de ce qui occupait le plus la génération de cette époque. Mais comme l'intrigue était essentiellement attachée à la haute société de Paris, on vit les salons ne s'occuper que des horreurs de la Brinvilliers et de la Voisin. La sor-

---

[1] Signes de ralliement de la Fronde.

cellerie elle-même s'introduisit dans les sociétés intimes, et lorsque la Chambre des poisons fut instituée, on vit comparaître à la barre d'une chambre ardente les premiers noms de France [1].

Plus tard, cette société toujours plus puissante prit une force que le temps lui avait préparée et qui parfois se trouva être à l'unisson du pouvoir royal... Louis XIV vit souvent, malgré son absolutisme, dominer sa volonté par celle d'une femme, comme madame des Ursins, la princesse Palatine [2], ou par toute autre unie par le cœur ou par l'intrigue à la force contre l'autorité royale... Et plus près de lui, madame de Lafayette, madame de la Suze, madame Scarron, madame de Sévigné, exerçaient un pouvoir souverain qui balançait le sien... A mesure que le temps s'écoulait, cette so-

---

[1] La duchesse de Bouillon, la comtesse de Soissons, *le maréchal de Luxembourg!* et tant d'autres noms fameux parmi les plus respectés.

[2] Anne de Gonzague, fille de Charles de Gonzague, duc de Nevers, puis de Mantoue, femme d'Édouard, comte palatin du Rhin. Elle était la plus intrigante personne du monde, très-dévouée à Mazarin et à Anne d'Autriche. Bossuet, qui était homme de cour en même temps qu'orateur, parle d'elle avec beaucoup de finesse dans son oraison funèbre : « Toujours fidèle à la reine Anne, dit-il, elle eut le secret de cette princesse *et celui de tous les partis, tant* elle était pénétrante, *tant* elle savait gagner les cœurs. »

ciété élargissait sa base, et prenait une attitude plus imposante et plus formidable. L'hôtel de Rambouillet rendait des arrêts... et le salon de madame de Sévigné était redouté de ceux qu'on y jugeait.

La fin du règne de Louis XIV fut une autre époque où la société de Paris prit un nouvel accroissement. Les femmes, vraiment souveraines, par de nouveaux arrangements, maintinrent le plus longtemps possible ce pouvoir qui leur était donné par cette réunion d'individus autour d'une même personne. Le Régent vint ensuite... Ce fut alors que ce qu'on nommait *la Société*, et ce dont on a complètement perdu le souvenir, se forma sous de nouvelles formes... L'amour occupait toutes les têtes et remplissait d'ailleurs la vie de chaque personne ayant quelque importance. L'amour était *tout* alors... Les grands seigneurs, les grandes dames, les princes du sang, le Roi lui-même, tous ne songeaient qu'à l'amour, et s'il se trouvait quelque noble pensée au travers de ce code amoureux, elle était étouffée sous le poids de tout le reste; l'esprit était lui-même subordonné à cette manie amoureuse... Si un peintre faisait un tableau d'histoire, c'était Diane de Poitiers et Henri III, Henri IV et Gabrielle; c'était Hercule aux pieds d'Omphale, et à tout cela la figure de Louis XV[1]. Si on faisait un

---

[1] Voir le compte-rendu de l'exposition de l'époque.

poëme, c'était *l'art d'aimer!*...et d'autres platitudes semblables; mais insensiblement on arriva à une époque de transition, et cette époque était le triomphe philosophique... Mais encore dans cette nouvelle régénération, bien que les travaux de plusieurs siècles eussent préparé l'esprit humain à recevoir ce baptême de lumière, il dut subir l'influence de l'esprit du moment. L'institution des Académies avait été un autre bienfait de Richelieu, car avant lui, l'instruction publique se composait d'études scolastiques. L'établissement des Académies fut une époque lumineuse dans l'histoire de l'esprit humain, et devint sensible à ce code des beaux-arts... Le dix-septième siècle fut même l'âge héroïque de la monarchie française ; et ce fut dans les sociétés intimes, les salons les plus renommés par l'esprit de celle qui les présidait, que se formèrent de beaux esprits et que de beaux génies donnaient leur première lumière.

A dater de la moitié du dix-septième siècle, les passions séditieuses furent assoupies; le commerce des femmes réunies en un même lieu avait donné une tout autre physionomie à ces mêmes hommes qui, quelques années plus tôt, eussent été des hommes de fer, ne parlant qu'avec une épée à la main et n'invoquant que leur droit. Ce temps était passé : les fêtes, les plaisirs de la représentation, les passe-temps agréables, les bals, les comédies de société surtout, devinrent les amusements dominants et les plaisirs exclusifs... On trouvait dans ces distractions tout ce que l'amour pouvait donner de ses joies; on les demandait à ces réunions que nous avons nommées *Société*, et qui formèrent celle que, depuis, l'Europe s'honora si longtemps de suivre comme modèle.

Vers le milieu du dix-huitième siècle, la littérature devint donc plus intime avec la société particulière de ce qu'on appelait le *beau monde*. La littérature prit un autre caractère; mais, par un singulier effet, ce fut la haute classe qui reçut l'impression et la garda... La poésie et la littérature furent négligées, et la philosophie fut l'étude des plus fortes comme des plus jolies têtes : car les femmes se mêlèrent aussi de science et de philosophie... La littérature, la noblesse et la richesse se trouvèrent unies et formèrent une association que nous avons toujours vu prospérer, quoique la science abstraite ne se plaise guère dans les palais.

On peut, je crois, établir cette différence dans les deux siècles (le XVIIme et le XVIIIme) : c'est que la littérature n'a eu aucune influence sur le gouvernement du règne de Louis XIV... L'indépendance du Gouvernement était positive quant aux opinions littéraires, et les grands écrivains du dix-septième siècle n'eussent-ils pas écrit, la monarchie n'en aurait aucunement souffert, et l'autorité serait demeurée intacte et respectée... La littérature ne corrigea que des ridicules, même dans un roi; tandis que la république des lettres, sous Louis XV et déjà sous le Régent, fut d'une telle influence, que si l'on retranchait à ce siècle, en faisant un tableau, les écrits de J.-J. Rousseau, de Voltaire, de Raynal, d'Helvétius, de Mably, Diderot, Necker, etc., etc., vous ôteriez au siècle son génie, son caractère particulier, à la génération qui lui a succédé, ses nouvelles doctrines et ses opinions actives puissantes; et ces opinions qui ont tant influé sur la France et tout changé dans sa vieille organisation. La grande influence et surtout l'influence rapide qui se communiqua à la nation entière, eut pour cause première les réunions sociales entre soi, et notamment celles qui eurent lieu sous le règne de Louis XVI, depuis la fin de Louis XV... Le salon de madame Geoffrin, celui de madame du Deffant, de la duchesse de Choiseul, de la maréchale de Luxembourg surtout, tout le monde élégant de la Cour, se trouvait réuni sur le pied de l'égalité avec les gens de lettres qui dominaient alors la société de France. Cette époque est remarquable, et remarquable à constater.... Un fait qui l'est plus encore est le moment où la Reine, abandonnant son souper royal et l'étiquette la plus ordinairement suivie, se rendait chez la duchesse Jules de Polignac pour y souper *sans cérémonie*, et y faire de la musique, en étant accompagnée par Gluck... n'étant enfin qu'une personne du monde, et ne voulant compter dans le cercle de madame la duchesse de Polignac que comme une personne de plus dans la société. Avec l'étiquette s'en est allé le respect. Ces changements ont été d'une haute importance dans les affaires de la France... C'est des salons de Paris que les discours de l'Assemblée Constituante allaient à la tribune, c'était dans les salons de Paris qu'on minutait les attaques et les répliques de ces adversaires de si grand talent qui ont combattu dans cette arène mémorable !..

Voilà ce que je me propose de reproduire, ou tout au moins de rappeler; voilà le tableau que je mettrai sous les yeux. Je le ferai d'une main et d'un esprit impartial. Il faut du courage pour peindre des temps aussi près de nous; mais la vérité contribue tellement à mieux faire ce qu'on entreprend, que, par intérêt pour soi-même, il faut la prendre pour règle.

Le moment de la plus grande influence des lettres sur la nation fut celui où la littérature déserta les écoles, pour faire ses cours dans les salons. Cette époque est celle du règne de Louis XVI et la fin de Louis XV.

A cette époque, la jeunesse de vingt-cinq ans, de trente ans, était toute faite, toute instruite, toute pénétrée des maximes philosophiques, et s'attendant aux plus grands mouvements politiques; la république des lettres avait précédé la Révolution, et lorsque l'abbé Raynal publia la cinquième édition de son histoire des Indes, il trouva la nation tout occupée de son livre et des troubles d'Amérique. Cependant je ne suis pas de l'avis de ceux qui attribuent aux philosophes les malheurs de la Révolution : elle fut sanglante parce qu'une telle commotion ne se peut faire sans douleur et sans quelques malheurs particuliers. L'abbé Raynal racontait lui-même *que, lorsqu'il était prêtre, il prêchait et disait des choses pour nous qu'il ne croyait pas.* Je crois donc avec raison que la philosophie a amené la Révolution, mais je nie qu'elle ait fait ses malheurs.

Au commencement du règne de Louis XVI et même depuis 68, il y avait à Paris des réunions périodiques dont l'histoire n'est point écrite et qui, cependant, tient à la nôtre essentiellement: les gens de lettres confondus avec la plus élégante société de Paris, la plus riche et la plus haute classe, professaient dans un salon meublé avec un luxe asiatique, après un dîner d'une exquise recherche, avec plus de contentement que dans une halle ouverte à tous les vents. Les hommes les plus éclairés étaient admis chez madame Geoffroy, madame du Deffant, le baron d'Holbach, Helvétius, Lavoisier, madame de Bourdic, madame de Genlis, madame Necker, madame Fanny de Beauharnais, la duchesse de Brancas, dont le salon était le rendez-vous d'hommes de la plus haute capacité, et une foule d'autres maisons où l'esprit du monde aidait au talent et même au génie à se faire comprendre de la foule. On y discutait les ouvrages qui paraissaient périodiquement ou chaque jour; les femmes, avides de s'instruire, demandaient des explications qu'elles ne comprenaient pas toujours, mais qui plus tard leur devinrent familières et leur font aujourd'hui prendre en pitié le temps où elles pouvaient être arrêtées par de semblables niaiseries.

Les salons de Paris étaient donc alors de vraies écoles, où l'on professait sans la pédanterie scolastique, et madame Necker et madame Rolland étaient les deux chefs dans ces nouvelles arènes où l'esprit comparaissait sous toutes les formes, madame Necker pour la défense des idées religieuses, madame Rolland pour celle des pensées libérales, qui, à cette époque, causaient déjà un mouvement prononcé, et toutes deux donnaient une impulsion à la machine. Les salons étaient aussi une arène où combattaient les philosophes et les économistes : ils avaient leurs disciples, leurs séides mêmes, et le fanatisme pour leur cause allait jusqu'au plus sérieux des engagements ; ils étaient gens de bien en général, et leurs intentions étaient pures. Ils étudiaient l'homme : c'était *lui*, c'était la *nature* qu'ils étudiaient. Le seizième siècle avait vu les savants approfondir les études les plus abstraites. Les moralistes, les écrivains religieux, les traducteurs du grec et du latin, les commentateurs enfin, avaient rempli le seizième siècle ; l'esprit fatigué se reposait, au dix-septième, dans la poésie, et l'imagination délassait la faculté savante ; mais toutes les immenses portées fatiguent l'esprit humain : autour de lui, d'ailleurs, que voyait-il ? une dégénération complète, une corruption de mœurs qui tendait à la chute, à l'écroulement de tout en ce monde. Le moyen de *chanter* une pareille époque ! Alors, on s'attacha à *connaître* et à faire *connaître* l'homme, et la nature : c'est ainsi que le règne philosophique a commencé. Ce n'est pas que le siècle de Louis XIV n'ait produit de grands savants, et Pascal à lui seul répond pour tout un siècle[1] ! et que celui de

---

[1] Je sais que je m'attirerai des reproches en disant que

Louis XV n'ait donné des poëtes qui méritent ce nom ; mais il faut reconnaître que le dix-septième siècle a été celui de l'imagination, et le suivant, celui de la vérité : après Racine, la lyre poétique se détendit et la muse de la France ne la remonta pas pour Dorat, et toute cette troupe qui n'avait de poétique que le nom ; mais des hommes tels que Lavoisier, Darcet, Bailly, Buffon, Franklin, etc., méritent la reconnaissance nationale...

Nous montrerons, en regard de ces savants estimables dans leurs travaux comme dans leur caractère privé, plusieurs hommes dont l'existence bizarre révèle plus d'intrigue que de vraie science... les Martinistes, Cagliostro, Bleton, Mesmer, Delon, les somnambules et tous leurs sectateurs, dont les fantastiques rêveries ont jeté parmi nous des semences de folie et de sinistres malheurs !... La doctrine des attractions morales fit malheureusement trop de prosélytes ; et dans une ville comme Paris, jusqu'où pouvait aller le fanatisme !... jusqu'où pouvait aller l'esprit d'une génération blasée, à qui une voix mystérieuse promettait des moyens inusités et puissants pour exciter ou éprouver des

---

Voltaire n'est pas poëte.... On ne l'est pas cependant pour avoir fait des poésies légères, quelque parfaites qu'elles soient... Quel nom donnerez-vous à l'Arioste !..., au Tasse ?...

sensations inconnues !.. Il y a dans l'histoire de cette époque des faits bien curieux à rapporter. J'en dirai quelques-uns en leur temps... Mais il y a toutefois une grande différence à établir entre le magnétisme et le *mesmerisme*. Mesmer, homme habile et spirituel, possédant de l'instruction pratique et de la science apprise, avait des déraisonnements spécieux à l'aide desquels il subjuguait les esprits même les plus incrédules... Je compte donner une description du salon de Mesmer, et d'une séance autour de son baquet magnétique, avec tous les détails de cette science pratiquée alors par des hommes qui faisaient du tort à une science positive que, moi-même, après l'avoir combattue, j'ai en partie reconnue. Le magnétisme peut donc exister, mais les jongleries du *sauveur du genre humain*, comme s'appelait *Mesmer* lui-même, voilà ce que je ne puis approuver... Ce n'est pas d'après la querelle de l'Académie royale de Médecine et de l'Académie des Sciences, qui toutes deux le proclamaient le plus adroit des charlatans, que je résume mon opinion ; je l'appuie sur une base plus certaine : c'est sur le sentiment et l'avis de MM. Lavoisier, Bailly, Franklin, Guillotin, Darcet, Leroy, etc., etc., que je règle le mien.

Les salons de Paris, à l'époque dont je parle,

étaient séparés en deux camps, comme quelques années avant, au temps des Gluckistes et des Piccinistes; il y avait alors des sujets d'intérêt bien autrement vifs, qui devaient absorber jusqu'à la volonté de ceux qui avaient une existence : les mesmeristes et les académiciens se livrèrent à tout ce que cette lutte bruyante put inspirer des deux côtés. Toutefois Mesmer fut bien autrement en faveur auprès de ses partisans, que Gluck ne le fut jamais auprès des siens.

Le nouveau genre de littérature adopté dans le dix-huitième siècle était, comme toutes les littératures en France, favorable à la conversation ou plutôt à la discussion. Pour bien comprendre les différents personnages qui seront cités dans cet ouvrage, il faut suivre plusieurs d'entre eux, pour expliquer ensuite plus aisément l'intérieur de quelques-uns de ces salons, notamment à l'époque un peu obscure pour la dissemblance des opinions qui existaient déjà dans le monde, et surtout le monde de la haute classe, un peu avant la Révolution.

Aux querelles des économistes, à celles des mesmeristes, des gluckistes, à celle plus sérieuse des philosophes et du parti religieux, s'étaient jointes d'autres querelles qui, elles-mêmes, n'en étaient que des subdivisions. Mais leur objet n'en était pas moins très-sérieux, et amenait de nouveaux sujets de discussion, aussitôt que vingt personnes étaient ensemble ; les femmes elles-mêmes se mettaient sur les rangs pour combattre, et cela avec d'autant plus de raison que c'était presque toujours une querelle de famille [1]. Cette nouvelle discorde venait de la lutte éclatante entre les évêques pieux et les évêques philosophes; les gens sensés y voyaient un sujet d'alarme et de dissolution, et les autres au moins un sujet de scandale. M. de Juigné, archevêque de Paris, était le chef du parti pieux; son acolyte, plus hardi que lui, M. de Beauvais, évêque de Senez, tonnait courageusement du haut de la chaire de vérité devant le feu roi :

« *Encore quarante jours, et Ninive sera détruite !* » disait ce nouveau prophète...

Et quarante jours après, le Roi était sur la première marche de l'escalier mortuaire à Saint-Denis !...

Ce fut lui qui, dans l'oraison funèbre de

---

[1] Voici à ce sujet un mot du prince de Conti le père. Son fils, le comte de la Marche, prit parti pour le parlement Maupeou; le vieux prince était pour l'ancienne magistrature, et pensait que la France était perdue si elle demeurait exilée.

« Je savais bien, dit-il un jour devant cent personnes, que le comte de la Marche était mauvais fils, mauvais père et mauvais mari, mais je ne le croyais pas mauvais citoyen. »

Louis XV, disait encore : *Le peuple n'a pas le droit de parler, mais il a sans doute celui de se taire !... et son silence alors est la leçon des rois !*

Belle et méditative parole prononcée sur la tombe encore ouverte d'un roi dont le règne corrompu n'inspira à ses sujets que mépris et colère ! M. Dulau était aussi un des orateurs religieux les plus remarquables ; il était archevêque d'Arles, et éminemment distingué, non-seulement dans les affaires ecclésiastiques, mais habile comme homme du monde en ce qu'il savait faire tourner à l'avantage de son parti les moindres circonstances qui naissaient devant lui au milieu d'un salon. Il était admirable lorsqu'il se mettait à réfuter l'abbé Raynal, ou M. de Malesherbes, ou M. Turgot. C'était en effet un sujet digne d'attention, que de voir ces hommes, dont l'âme et le cœur ne respiraient que la vertu et l'amour du bien, différer largement d'opinions sur plusieurs points. Ces partis se trouvaient en présence chez le cardinal de Luynes, prélat d'une simplicité apostolique avec les lumières et les profondes connaissances d'un membre de l'Académie des Sciences. On rencontrait chez lui, en même temps, et l'évêque de Senez et M. de Pompignan, prélat d'une haute piété, l'archevêque de Toulouse et l'abbé de Périgord, aujourd'hui monsieur de Talleyrand, avec M. de Beaumont.

C'est ce parti religieux, censuré d'abord pour la sévérité de ses principes, persécuté même ensuite, qui le 2 septembre disait à ses bourreaux :

« Vous nous égorgerez..., mais vous n'obtiendrez pas le serment que vous voulez imposer à nos consciences!... »

Le salon de M. de Juigné était un des lieux les plus remarquables pour y entendre tonner la parole de vérité.

Cette querelle religieuse fut un des sujets les plus actifs de trouble et d'agitation.

Vinrent ensuite M. de Calonne et M. Necker... La Reine, qu'on a calomniée dans ses intentions, mais qu'il est difficile d'excuser dans ses actions à cette malheureuse époque, la Reine jouissait de la plus grande influence, et son crédit pouvait faire nommer un contrôleur-général des Finances, charge qui faisait alors reculer les plus intrépides. Dirigée par madame Jules de Polignac[1], elle voulut remplacer M. d'Ormesson, dont les scrupules fatiguaient la Cour ; le trésor était vide. Un homme éclairé, un homme intègre, n'eût pas osé se charger d'un

---

[1] Il n'est que trop vrai que, dans l'origine, la Reine fut pour ce malheureux choix!...

tel fardeau : M. de Calonne, qui avait une réputation mal établie, ou plutôt qui n'avait rien à perdre, l'osa.

Ce moment fut celui où les agitations de société furent le plus excitées. M. de Calonne, très-hardi, très-spirituel, possédant le talent de préparer et faire des actions odieuses dans l'exercice du fisc, et de tenir en même temps un langage de folie et de légèreté bien analogue à la langue de ce pays de cour, qui alors n'agissait que pour le démolissement de la monarchie, M. de Calonne avait un parti nombreux parmi des noms qui pouvaient beaucoup. Mais comme le parti de M. de Maurepas, qui voulait M. Necker, était aussi très-puissant, il ne fut pas muet dans cette circonstance importante : les pamphlets, les chansons, les lettres anonymes, inondèrent la société de Paris et de Versailles ; la finance et la Cour, complètement mêlées par les mariages, prirent parti suivant leurs affections et leurs alliances. Il suivit de tout ce tumulte que la société devint une arène, un *forum* où les causes se jugeaient, plaidées par des femmes, des hommes jeunes et vieux, des gens de tout état raisonnant sur toutes choses ; la raison n'en était pas mieux servie, mais la conversation y gagnait et était des plus animées, car nous n'étions pas encore arrivés au point où nous nous voyons. Nous disputons aujourd'hui ; alors on parlait, et tout au plus on discutait quand les avis différaient. La Révolution, qui vit éclore des opinions exagérées dans leurs expressions comme dans ce qu'elles inspiraient, nous donna, et nous a laissé ces paroles acerbes, ces mots injurieux, pour lesquels il faut une voix assez élevée pour l'emporter sur celle de son adversaire, qui, oubliant quelquefois le nom, le sexe et la qualité de la personne avec laquelle il se trouve en différence de sentiments, crie de manière à couvrir la voix la plus étendue. Voilà pour expliquer un des premiers changements qui ont eu lieu dans la bonne compagnie de Paris.

Mais, avant cette époque, il était survenu, dans le monde sociable de la Cour et de Paris, des événements qui devaient avoir une grande influence sur la destinée du pays : je veux parler de la scission qu'amena la querelle des parlements mêlée à celle des jésuites. Les deux armées une fois en présence, le combat ne tarda pas à s'engager, et la Reine, qui était à la tête du parti des parlements anéantis et exilés, se vit ainsi en butte aux vives attaques du parti contraire, qui était celui du parlement Maupeou. Je rappelle ce fait comme très-important, parce qu'il explique les causes de la première secousse donnée à l'édifice de la société des gens du monde, qui se trouvèrent eux-mêmes mêlés dans ces querelles.

Ces deux partis étaient forts; mais celui dont l'opinion était contraire à celle de la Reine devait lui nuire grandement par la suite, quoique ce parti fût contre les idées philosophiques que le siècle accueillait. Voici la liste des principaux chefs de ces deux partis.

A la tête de celui des parlements exilés par Louis XV, étaient :

La Reine;
Le comte d'Artois;
Le duc d'Orléans;
Le duc de Chartres;
Le prince de Conti;
La majorité des pairs du royaume;
Le duc de Choiseul et sa faction;
Le comte de Maurepas;
La minorité du clergé janséniste et son parti;
Les évêques philosophes;
Une partie des gens de lettres.

—

Parti des parlements établis par M. de Maupeou.

Monsieur;
Les trois tantes de Louis XVI (madame Adélaïde, madame Victoire, et madame Louise, la religieuse carmélite);
Le duc de Penthièvre;
Le chancelier de France;
La minorité des pairs, spécialement le maréchal de Richelieu et le duc d'Aiguillon;
Tout le reste de l'ancien ministère de Louis XV, et ce qui tenait à lui et au Dauphin, père de Louis XVI;
La majorité du clergé, ayant à sa tête Christophe de Beaumont, archevêque de Paris;
Les jésuites et leur parti;
Les dévotes de la Cour, ayant à leur tête madame de Marsan.

C'était alors qu'il aurait fallu un homme à forte tête comme Napoléon. Ce système de *fusion* qu'il regardait, justement, comme seul susceptible de sauver la France, c'était dans cette circonstance qu'il le fallait établir; il fallait des deux parlements n'en faire qu'un : car il était évident qu'une dispute entre ces deux corps, voulant ressaisir et conserver le pouvoir, devait amener une catastrophe. Qu'on approfondisse les causes des combats que se livrèrent ces deux partis : c'était la liberté naissante se heurtant contre le despotisme; la religion contre la philosophie; l'autorité absolue contre l'autorité tempérée; mais il n'est pas donné à tous les esprits de comprendre et de connaître le prix des *amalgames* politiques. Une telle mesure effraie, et souvent elle aurait tout sauvé.

Si l'exemple était jamais de quelque utilité, on pourrait, en regardant autour de soi, juger de la vérité de la bonté du système de fusion, surtout après de longs malheurs dans une nation... lorsqu'elle a été frappée tour à tour et du glaive et du feu par tous les partis : alors elle en arrive d'elle-même à cette fusion nécessaire.

Voyez la Suisse : le résultat de sa guerre de liberté fut de lui donner tous les gouvernements; sa paix intérieure fut la conséquence de cette fusion.

Voyez l'Amérique : après sa lutte avec la mère

patrie pour jouir du repos, elle créa un gouvernement mixte, qui tient de l'aristocratie, de la démocratie, et tout à la fois de la royauté et de la république.

Voyez l'Angleterre :... que de querelles ont précédé son système de grande fusion !... Tour à tour gouvernée par des tyrans, de grands chefs, saccagée, pillée, épuisée par tous ces partis, le corps de la nation réunit ses enfants, et tout fut d'accord : c'est à cette transaction peut-être que l'Angleterre doit sa gloire.

Voyez la France elle-même ; voyez Henri IV :... après avoir hésité... il appela dans son conseil des ligueurs et des royalistes, des huguenots et des catholiques ; il donna l'édit de Nantes... Que fit Louis XIV en le révoquant ?... Mais à l'époque dont je parle ici, c'est-à-dire dans la première période du règne de Louis XVI, la fusion n'était peut-être possible que pour un homme plus fort que lui. Il fallait donc subir toutes les funestes conséquences du choc journalier de deux partis dont les combattants se trouvaient souvent dans l'intimité l'un de l'autre, quelquefois de la même famille !... Cette querelle entre les deux partis jette un grand jour sur l'opposition qu'on voyait exister entre la Reine et ses tantes, ainsi que plusieurs autres personnes de la famille royale, et explique, quant à elle, l'inimitié qu'elle portait aux Maurepas et aux Vergennes... qui déjà lui étaient odieux comme ayant cherché à s'opposer à son mariage.

Quant aux conséquences funestes pour la Reine, les voici.

M. de Maupeou, qui était à la tête du parti contraire aux parlements exilés, comprit tout ce qu'il avait à craindre d'une association entre le frère du Roi et les premiers princes du sang : il fit aussitôt jouer une contre-mine. Ses moyens furent infâmes, mais efficaces : il fit circuler dans le monde que les rapports de la Reine avec le duc de Chartres n'étaient pas innocents... et cette infernale calomnie s'étendit jusqu'au comte d'Artois... Ce moyen tenté pour la détacher des deux princes ne servit qu'à la priver de la considération de la France!...

C'était donc avec la haine au cœur et le ressentiment des injures, que ces deux partis vivaient l'un près de l'autre et se voyaient chaque jour. Qu'on juge de l'effet de cette guerre sourde et intestine dans un pays où la société n'avait d'autre lieu de réunion que les salons de cinquante ou soixante maisons qui alors recevaient. Toutefois, on ne s'apercevait jamais d'aucune mésintelligence; le bon goût, les excellentes manières, dominaient encore, et pour longtemps du moins il y avait sécurité pour l'apparence. Par degrés tout s'est effacé; on s'est accoutumé à se dire en face des choses pénibles, et les disputes ont remplacé l'urbanité et la douceur des relations, et surtout cette douce paix, condition la plus positive pour que la vie habituelle puisse être heureuse et légère à porter !

Madame la marquise de Coigny, jeune et charmante femme un peu maligne, riche, ayant tout ce qui plaît et place convenablement dans notre société française, un beau nom, de la fortune et cette beauté sinon régulière, au moins de celle qui plaît, et chez nous cela suffit pour mettre à la mode (c'était le genre de célébrité alors de plusieurs femmes); madame de Sillery[1], madame de Simiane, madame de Condorcet, une foule de personnes jeunes, jolies, spirituelles, virent alors le moment de faire revivre ce temps de la Fronde où Anne de Gonzague, madame de Longueville et mesdames de Chevreuse dirigeaient d'un coup d'œil et d'un signe de main les opérations les plus importantes. Madame de Polignac, à la tête de la faction dont la Reine était la protectrice, et soutenue de sa faveur, avait de son côté son salon, qui était le rendez-vous des personnes dévouées à la

---

[1] Madame de Genlis.

M. de Vergennes n'était pas encore fait, et M. Pitt ne croyait pas encore autant à *notre tendre et constante amitié*. Louis XVI voulait régner par lui-même.... Ses intentions étaient admirables enfin!.... Que n'avaient-elles plus de force!

Un ami de Dorat, nommé *Masson*, jeune homme ayant de l'esprit et même au-dessus de la médiocrité des vers qu'il faisait, ce qui me fait croire que les vers étaient en entier de Dorat, tandis qu'on l'accusait de les faire retoucher par lui... ce jeune homme avait une sœur parfaitement belle, appelée madame de Cassini... Elle était belle, galante, spirituelle; elle crut que sa présentation à la Cour de Louis XV ne souffrirait pas de difficultés : elle se trompa... Le Roi répondit, en prenant sur la cheminée de madame Dubarry, chez laquelle il était alors, un crayon pour biffer le nom de madame de Cassini, en écrivant de sa main :

« *Il n'y a ici que trop d'intrigantes; madame de Cassini ne sera pas présentée.* »

Elle avait été la maîtresse de M. de Maillebois;

---

neur d'être votre très-humble et très-obéissant serviteur. » En même temps, il se tournait, avec un air ironique, du côté de M. Pitt. — « Et dont on l'est si peu, qu'on se bat avec lui le lendemain, » répondit froidement M. Pitt.

cause de la Cour et spécialement à la Reine. Ce salon, dans lequel on soupait tous les soirs et que la Reine présidait *elle-même*, était le rival de celui de madame de Coigny, qui chaque jour était plus à la mode et plus aimée de tout ce que la Cour avait de plus jeune et de plus spirituel, comme M. de Narbonne, MM. de Lameth, l'abbé de Montesquiou, l'abbé de Périgord, et une foule d'hommes et de femmes dont l'esprit et la grâce toute française faisaient de son salon un lieu charmant de causerie, car on tenait encore à l'urbanité des manières et à la grâce du langage [1].

J'ai donc commencé ma galerie de la Cour par celui de madame Necker, celui de madame Rolland, et par les deux oppositions si tranchées de madame de Coigny et de madame la duchesse de Polignac. J'ajoute celui de M. de Juigné, parce que l'opposition religieuse fut d'un grand secours à ceux qui mirent le trouble en France, avant que les affaires ne fussent en état de recevoir le changement nécessaire qu'elles devaient éprouver.

Les querelles de M. Necker avec M. Turgot et M. de Calonne furent encore un motif de disputes et

---

[1] Ce n'est pas par la douceur de sa voix et de son timbre que madame de Coigny donnait l'exemple chez elle, car elle avait un son de voix rauque le plus désagréable du monde.

de conversations animées. Le parti de M. Necker, défendu par M. de Maurepas, avait surtout dans l'origine un homme plus intelligent peut-être qu'habile, mais habile dans son intrigue et parfaitement secondé par les conseils de sa sœur, ce qui, à une époque où les femmes avaient un crédit et un empire qui leur donnaient encore une sorte de puissance apparente, si elle n'existait pas au fond, était d'une assez grande importance. Madame de Cassini, jadis maîtresse de M. de Maillebois, directeur de la Guerre, et militaire assez distingué, madame de Cassini, dont Louis XV *avait rejeté* le nom comme intrigante lorsqu'elle avait demandé à être présentée à la Cour, était sœur du marquis de Pezay, dont le nom est presque inconnu à beaucoup de gens aujourd'hui, et qui pourtant fut d'une haute importance dans nos affaires politiques, puisqu'il est positif que ce fut lui qui nous donna M. Necker. Ceci doit être rapporté maintenant pour donner une idée des premières années du règne de Louis XVI, dont je ne parlerai avec détail qu'à la seconde époque de mes *Salons*.

Louis XVI était le plus honnête homme de sa cour ; depuis sa première jeunesse il aimait à s'isoler ou bien à demeurer seul avec la Reine... Il n'aimait pas le monde, il s'en éloignait même, et lorsqu'il devint roi, il aurait cependant voulu parler elle sut le garder pour ami... Elle avait un frère qui était ce Masson, ami de Dorat, qui un jour prit le titre de marquis de Pezáy[1]. Il avait une jolie figure, de bonnes manières qu'il avait prises dans la société de sa sœur, qui, en hommes, voyait ce qu'il y avait de mieux à la Cour; il avait de l'ambition et ne possédait rien. Il y avait bien dans sa vie des circonstances qui pouvaient être par lui mises en œuvre, et le mener à un état heureux : mais son ambition voulait un grand pouvoir; il le rêvait et finit par l'obtenir, chose qui fut longtemps ignorée... Il composait des vers, des héroïdes, des madrigaux, tout cela fort pâle, fort tiède... et pour peu que Dorat se mêlât de corriger, je demande ce que devenait le peu de feu sacré que l'homme ambitieux avait prêté à celui qui *voulait être* poëte ; car l'ambition est un sentiment hardi pour lequel il faut que l'homme sente ses facultés et les mette en activité... L'âme de l'ambitieux ne peut être froide.

Les *soirées helvétiques* ou *helvétiennes* furent

---

[1] Ce fut sur lui qu'on fit ce quatrain ; il est de M. de Rulhières :

<pre>
Ce jeune homme a beaucoup acquis,
Acquis beaucoup je vous le jure.
Il s'est fait auteur et marquis,
Et tous deux malgré la nature.
</pre>

beaucoup vantées dans la société de madame de Cassini et dans celle d'un ami de M. de Pezay, le résident de Genève, un homme qui depuis devait être fameux, monsieur Necker... Mais la réputation de M. de Pezay ne dépassait pas alors ce cercle assez borné, attendu que les hommes de finance n'étaient connus dans la haute classe que par leurs alliances avec la noblesse... mais ceux qui étaient étrangers à notre patrie comme à nos coutumes nous étaient complétement inconnus... M. Necker de Genève n'était pas tout-à-fait dans ce cas; mais il vivait dans son hôtel assez solitairement, possédant une grande fortune qu'il avait gagnée dans ses spéculations de la compagnie des Indes, et nourrissant une grande ambition qu'il voulait au reste appliquer au bien public... Son caractère était honorable, et rien n'a pu le noircir même à une époque où la plus basse flatterie faisait incliner la tête devant Napoléon, qui avait pris M. Necker dans la plus belle des aversions, sans trop savoir pourquoi, ou plutôt parce que M. Necker réclamait deux millions qu'on lui avait pris, c'est le mot.

M. de Pezay avait aussi son ambition : à cette époque, les économistes, les encyclopédistes, avaient un peu tourné les meilleures têtes... d'où il suivait que les médiocres n'allaient guère droit leur chemin. M. de Pezay, n'étant connu de personne, voulut se faire connaître en innovant... Il écrivit à Frédéric, à Catherine II, à Joseph II, à tous les rois de l'Europe... Mais il n'eut aucune bonne chance ; Frédéric prit de l'humeur même, et lui répondit :

« *Il sied bien à une jeune barbe comme vous de donner des leçons à un vieux roi.* »

Frédéric aurait pu ajouter *comme moi*, car il y avait à cette époque, en Europe, de vieux rois qui auraient pu recevoir des leçons d'un enfant.

M. le marquis de Pezay, repoussé dans ses attaques sur la royauté étrangère, jeta ses filets sur la nôtre... Il aurait bien commencé par elle, mais une circonstance que je dirai tout à l'heure s'y opposait ; il voulut enfin dominer son étoile, et voici ce qu'il fit.

Un garçon des petits appartements, nommé *Louvain,* fut gagné à prix d'or pour déposer une lettre, à l'adresse du Roi, dans l'endroit le plus apparent d'une chambre où le Roi s'occupait ordinairement de ces sortes de lectures.

Cette lettre, écrite d'un fort beau caractère, était de nature à attirer, par cette seule raison, l'attention du Roi... Il écrivait admirablement, et aimait à trouver dans les autres ce qu'il possédait aussi... Mais la lettre elle-même pouvait être considérée par son contenu comme susceptible d'attirer l'attention spéciale du Roi.

Dans cette lettre, qui n'était *point signée*, on proposait au Roi (alors fort jeune) une correspondance mystérieuse et tout à son avantage; on lui donnerait, disait-on, des détails précieux sur l'esprit public, sur ce qu'on pensait de son administration, enfin sur tout ce qui pouvait stimuler la curiosité et surtout l'intérêt du Roi... Il fut au comble... Louis XVI, enchanté du ton de la lettre, conçut l'espoir d'avoir dans son auteur un véritable ami qui, au milieu de la corruption de cette cour, l'objet de son éloignement et presque de son aversion, serait pour lui un ange sauveur!... Il relut cette lettre... C'était, lui disait-on, comme le spécimen du reste de la correspondance...Elle contenait des détails sur l'Angleterre, sur l'intérieur de plusieurs familles françaises, depuis la roture jusqu'au prince et au duc et pair... Louis XVI fut ravi et espéra un second numéro, il ne se trompait pas... Le surlendemain, qui était un samedi, le Roi trouva une seconde lettre mieux faite que la première et plus intime dans ses détails. L'auteur disait cette fois qu'il était homme de naissance, qu'il connaissait les Anglais les plus riches et les plus renommés par leur position sociale, qu'il voyait également les personnes les plus remarquables de Paris et de Versailles, qu'il était agréable aux femmes les plus recherchées et les plus à la mode... Il concluait en disant au Roi qu'il l'aimait comme son souverain et puis comme l'homme le plus parfait de sa cour... Il assurait ne vouloir *rien* pour lui... Il communiquerait ses observations au Roi, et lui n'aurait que le bonheur de se trouver en relation avec le meilleur et le plus digne des maîtres. Tous les samedis comme ce même jour, il ferait parvenir au Roi un numéro de sa correspondance... Si cet arrangement convenait au Roi, l'auteur de la lettre le suppliait humblement de tenir son mouchoir à la main d'une manière qui le lui fît distinguer, pendant le moment de l'élévation, le lendemain à la messe, et de le quitter après l'élévation du calice, pour témoignage que l'auteur de la lettre ne déplairait pas en continuant sa correspondance. Il finissait en assurant Louis XVI qu'il lui donnerait des détails *positifs et intimes* sur les princes contemporains, les grands du royaume, les parlements, les ministres, les évêques des deux partis, les intendants, les gens de lettres ; enfin il assurait au Roi qu'il le ferait assister, comme dans une loge grillée, aux sociétés les plus recherchées de Paris, dont il lui importait surtout de connaître, à cette époque, l'esprit et les sentiments intimes. C'était enfin un ministre de plus qu'avait le Roi, un lieutenant de police, un M. de Sartines, et sans qu'il lui en coûtât rien.

On pense bien que le mouchoir fut tenu à la main et déposé suivant la recommandation faite. Louis XVI était jeune; et bien que rien ne fût moins romanesque que lui, il aimait cet ami mystérieux qui ne donnait qu'à lui seul des communications qui devaient produire un effet d'autant plus étonnant que le Roi paraissait n'avoir aucune connaissance intime. Aussi le conseil fut bien surpris lorsque le Roi annonça des nouvelles qui, au fait, étaient inconnues, même au ministre dont le département était intéressé à les savoir, et qui se trouvèrent exactes.

Bientôt cette correspondance devint si intéressante, que le Roi voulut en connaître l'auteur. Il dit à M. de Sartines de le découvrir, et le lui ordonna comme voulant être obéi.

Le soupçon tomba d'abord sur beaucoup de personnes, qui nièrent à la première enquête, mais qui, voyant que c'était pour une aussi importante raison, eurent l'air de laisser croire qu'elles étaient en effet auteurs de la correspondance; mais les agents de M. de Sartines découvraient bientôt la fausseté de la chose, et on recherchait de nouveau...Cependant la police était trop habilement faite pour ne pas découvrir un homme qui, d'ailleurs, se lassait de cause de la Cour et spécialement à la Reine. Ce salon, dans lequel on soupait tous les soirs et que la Reine présidait *elle-même*, était le rival de celui de madame de Coigny, qui chaque jour était plus à la mode et plus aimée de tout ce que la Cour avait de plus jeune et de plus spirituel, comme M. de Narbonne, MM. de Lameth, l'abbé de Montesquiou, l'abbé de Périgord, et une foule d'hommes et de femmes dont l'esprit et la grâce toute française faisaient de son salon un lieu charmant de causerie, car on tenait encore à l'urbanité des manières et à la grâce du langage [1].

J'ai donc commencé ma galerie de la Cour par celui de madame Necker, celui de madame Rolland, et par les deux oppositions si tranchées de madame de Coigny et de madame la duchesse de Polignac. J'ajoute celui de M. de Juigné, parce que l'opposition religieuse fut d'un grand secours à ceux qui mirent le trouble en France, avant que les affaires ne fussent en état de recevoir le changement nécessaire qu'elles devaient éprouver.

Les querelles de M. Necker avec M. Turgot et M. de Calonne furent encore un motif de disputes et

[1] Ce n'est pas par la douceur de sa voix et de son timbre que madame de Coigny donnait l'exemple chez elle, car elle avait un son de voix rauque le plus désagréable du monde.

de conversations animées. Le parti de M. Necker, défendu par M. de Maurepas, avait surtout dans l'origine un homme plus intelligent peut-être qu'habile, mais habile dans son intrigue et parfaitement secondé par les conseils de sa sœur, ce qui, à une époque où les femmes avaient un crédit et un empire qui leur donnaient encore une sorte de puissance apparente, si elle n'existait pas au fond, était d'une assez grande importance. Madame de Cassini, jadis maîtresse de M. de Maillebois, directeur de la Guerre, et militaire assez distingué, madame de Cassini, dont Louis XV *avait rejeté* le nom comme intrigante lorsqu'elle avait demandé à être présentée à la Cour, était sœur du marquis de Pezay, dont le nom est presque inconnu à beaucoup de gens aujourd'hui, et qui pourtant fut d'une haute importance dans nos affaires politiques, puisqu'il est positif que ce fut lui qui nous donna M. Necker. Ceci doit être rapporté maintenant pour donner une idée des premières années du règne de Louis XVI, dont je ne parlerai avec détail qu'à la seconde époque de mes *Salons*.

Louis XVI était le plus honnête homme de sa cour; depuis sa première jeunesse il aimait à s'isoler ou bien à demeurer seul avec la Reine... Il n'aimait pas le monde, il s'en éloignait même, et lorsqu'il devint roi, il aurait cependant voulu parler à chaque personne qu'il rencontrait, mais sans en être connu, pour savoir d'elle l'opinion de chacun sur son règne et prendre son avis. Lorsque Louis XVI monta sur le trône, on afficha sur la statue de Henri IV : Resurrexit ! « Quelle belle parole ! » dit-il, les yeux pleins de larmes...

Ce désir de s'instruire dans un roi ne peut être que bon, mais cependant il doit avoir des limites. Les avis ne sont pas toujours donnés par une bouche amie, et souvent la haine est le premier motif de l'empressement de ceux qui avertissent, afin de mettre le trouble dans l'âme au lieu de donner la paix.

C'était dans le but de s'instruire et de tout connaître que Louis XVI lisait les journaux étrangers. Il savait parfaitement l'anglais, qu'il avait appris pour lire les journaux écrits dans cette langue, s'étant aperçu qu'on lui faisait une traduction infidèle pour lui dérober une partie des injures qu'écrivaient alors les journalistes anglais sous la direction de M. Pitt; car à cette époque le fameux traité de commerce ¹

---

¹ M. Fox attaqua vivement M. Pitt dans le Parlement pour ce traité : chose étrange ! parce que c'était nous qui étions froissés et perdus par ses clauses... Un jour M. Fox dit en plein parlement : « Il est étrange que M. Pitt croie aussi facilement à l'amitié de gens qui ont aidé l'Amérique à se soulever et à nous échapper. En vérité, ajouta-t-il, c'est comme ceux qui prennent pour positif : « Monsieur, j'ai bien l'hon-

de M. de Vergennes n'était pas encore fait, et M. Pitt ne croyait pas encore autant à *notre tendre et constante amitié*. Louis XVI voulait régner par lui-même.... Ses intentions étaient admirables enfin!..... Que n'avaient-elles plus de force!

Un ami de Dorat, nommé *Masson*, jeune homme ayant de l'esprit et même au-dessus de la médiocrité des vers qu'il faisait, ce qui me fait croire que les vers étaient en entier de Dorat, tandis qu'on l'accusait de les faire retoucher par lui... ce jeune homme avait une sœur parfaitement belle, appelée madame de Cassini... Elle était belle, galante, spirituelle; elle crut que sa présentation à la Cour de Louis XV ne souffrirait pas de difficultés : elle se trompa... Le Roi répondit, en prenant sur la cheminée de madame Dubarry, chez laquelle il était alors, un crayon pour biffer le nom de madame de Cassini, en écrivant de sa main :

« *Il n'y a ici que trop d'intrigantes; madame de Cassini ne sera pas présentée.* »

Elle avait été la maîtresse de M. de Maillebois;

neur d'être votre très-humble et très-obéissant serviteur. » En même temps, il se tournait, avec un air ironique, du côté de M. Pitt. — « Et dont on l'est si peu, qu'on se bat avec lui le lendemain, » répondit froidement M. Pitt.

elle sut le garder pour ami... Elle avait un frère qui était ce Masson, ami de Dorat, qui un jour prit le titre de marquis de Pezáy[1]. Il avait une jolie figure, de bonnes manières qu'il avait prises dans la société de sa sœur, qui, en hommes, voyait ce qu'il y avait de mieux à la Cour; il avait de l'ambition et ne possédait rien. Il y avait bien dans sa vie des circonstances qui pouvaient être par lui mises en œuvre, et le mener à un état heureux : mais son ambition voulait un grand pouvoir; il le rêvait et finit par l'obtenir, chose qui fut longtemps ignorée... Il composait des vers, des héroïdes, des madrigaux, tout cela fort pâle, fort tiède... et pour peu que Dorat se mêlât de corriger, je demande ce que devenait le peu de feu sacré que l'homme ambitieux avait prêté à celui qui *voulait être* poëte; car l'ambition est un sentiment hardi pour lequel il faut que l'homme sente ses facultés et les mette en activité... L'âme de l'ambitieux ne peut être froide.

Les *soirées helvétiques* ou *helvétiennes* furent

---

[1] Ce fut sur lui qu'on fit ce quatrain; il est de M. de Rulhières :

> Ce jeune homme a beaucoup acquis,
> Acquis beaucoup je vous le jure.
> Il s'est fait auteur et marquis,
> Et tous deux malgré la nature.

beaucoup vantées dans la société de madame de Cassini et dans celle d'un ami de M. de Pezay, le résident de Genève, un homme qui depuis devait être fameux, monsieur Necker... Mais la réputation de M. de Pezay ne dépassait pas alors ce cercle assez borné, attendu que les hommes de finance n'étaient connus dans la haute classe que par leurs alliances avec la noblesse... mais ceux qui étaient étrangers à notre patrie comme à nos coutumes nous étaient complétement inconnus... M. Necker de Genève n'était pas tout-à-fait dans ce cas; mais il vivait dans son hôtel assez solitairement, possédant une grande fortune qu'il avait gagnée dans ses spéculations de la compagnie des Indes, et nourrissant une grande ambition qu'il voulait au reste appliquer au bien public... Son caractère était honorable, et rien n'a pu le noircir même à une époque où la plus basse flatterie faisait incliner la tête devant Napoléon, qui avait pris M. Necker dans la plus belle des aversions, sans trop savoir pourquoi, ou plutôt parce que M. Necker réclamait deux millions qu'on lui avait pris, c'est le mot.

M. de Pezay avait aussi son ambition : à cette époque, les économistes, les encyclopédistes, avaient un peu tourné les meilleures têtes... d'où il suivait que les médiocres n'allaient guère droit leur chemin. M. de Pezay, n'étant connu de personne, voulut se faire connaître en innovant... Il écrivit à Frédéric, à Catherine II, à Joseph II, à tous les rois de l'Europe... Mais il n'eut aucune bonne chance; Frédéric prit de l'humeur même, et lui répondit :

« *Il sied bien à une jeune barbe comme vous de donner des leçons à un vieux roi.* »

Frédéric aurait pu ajouter *comme moi*, car il y avait à cette époque, en Europe, de vieux rois qui auraient pu recevoir des leçons d'un enfant.

M. le marquis de Pezay, repoussé dans ses attaques sur la royauté étrangère, jeta ses filets sur la nôtre... Il aurait bien commencé par elle, mais une circonstance que je dirai tout à l'heure s'y opposait; il voulut enfin dominer son étoile, et voici ce qu'il fit.

Un garçon des petits appartements, nommé *Louvain*, fut gagné à prix d'or pour déposer une lettre, à l'adresse du Roi, dans l'endroit le plus apparent d'une chambre où le Roi s'occupait ordinairement de ces sortes de lectures.

Cette lettre, écrite d'un fort beau caractère, était de nature à attirer, par cette seule raison, l'attention du Roi... Il écrivait admirablement, et aimait à trouver dans les autres ce qu'il possédait aussi... Mais la lettre elle-même pouvait être considérée par son contenu comme susceptible d'attirer l'attention spéciale du Roi.

Dans cette lettre, qui n'était *point signée*, on proposait au Roi (alors fort jeune) une correspondance mystérieuse et tout à son avantage; on lui donnerait, disait-on, des détails précieux sur l'esprit public, sur ce qu'on pensait de son administration, enfin sur tout ce qui pouvait stimuler la curiosité et surtout l'intérêt du Roi... Il fut au comble... Louis XVI, enchanté du ton de la lettre, conçut l'espoir d'avoir dans son auteur un véritable ami qui, au milieu de la corruption de cette cour, l'objet de son éloignement et presque de son aversion, serait pour lui un ange sauveur!... Il relut cette lettre... C'était, lui disait-on, comme le spécimen du reste de la correspondance... Elle contenait des détails sur l'Angleterre, sur l'intérieur de plusieurs familles françaises, depuis la roture jusqu'au prince et au duc et pair... Louis XVI fut ravi et espéra un second numéro, il ne se trompait pas... Le surlendemain, qui était un samedi, le Roi trouva une seconde lettre mieux faite que la première et plus intime dans ses détails. L'auteur disait cette fois qu'il était homme de naissance, qu'il connaissait les Anglais les plus riches et les plus renommés par leur position sociale, qu'il voyait également les personnes les plus remarquables de Paris et de Versailles, qu'il était agréable aux femmes les plus recherchées et les plus à la mode... Il concluait en disant au Roi qu'il l'aimait comme son souverain et puis comme l'homme le plus parfait de sa cour... Il assurait ne vouloir *rien* pour lui... Il communiquerait ses observations au Roi, et lui n'aurait que le bonheur de se trouver en relation avec le meilleur et le plus digne des maîtres. Tous les samedis comme ce même jour, il ferait parvenir au Roi un numéro de sa correspondance... Si cet arrangement convenait au Roi, l'auteur de la lettre le suppliait humblement de tenir son mouchoir à la main d'une manière qui le lui fît distinguer, pendant le moment de l'élévation, le lendemain à la messe, et de le quitter après l'élévation du calice, pour témoignage que l'auteur de la lettre ne déplairait pas en continuant sa correspondance. Il finissait en assurant Louis XVI qu'il lui donnerait des détails *positifs et intimes* sur les princes contemporains, les grands du royaume, les parlements, les ministres, les évêques des deux partis, les intendants, les gens de lettres ; enfin il assurait au Roi qu'il le ferait assister, comme dans une loge grillée, aux sociétés les plus recherchées de Paris, dont il lui importait surtout de connaître, à cette époque, l'esprit et les sentiments intimes. C'était enfin un ministre de plus qu'avait le Roi, un lieutenant de police, un M. de Sartines, et sans qu'il lui en coûtât rien.

On pense bien que le mouchoir fut tenu à la main et déposé suivant la recommandation faite. Louis XVI était jeune ; et bien que rien ne fût moins romanesque que lui, il aimait cet ami mystérieux qui ne donnait qu'à lui seul des communications qui devaient produire un effet d'autant plus étonnant que le Roi paraissait n'avoir aucune connaissance intime. Aussi le conseil fut bien surpris lorsque le Roi annonça des nouvelles qui, au fait, étaient inconnues, même au ministre dont le département était intéressé à les savoir, et qui se trouvèrent exactes.

Bientôt cette correspondance devint si intéressante, que le Roi voulut en connaître l'auteur. Il dit à M. de Sartines de le découvrir, et le lui ordonna comme voulant être obéi.

Le soupçon tomba d'abord sur beaucoup de personnes, qui nièrent à la première enquête, mais qui, voyant que c'était pour une aussi importante raison, eurent l'air de laisser croire qu'elles étaient en effet auteurs de la correspondance ; mais les agents de M. de Sartines découvraient bientôt la fausseté de la chose, et on recherchait de nouveau...Cependant la police était trop habilement faite pour ne pas découvrir un homme qui, d'ailleurs, se lassait de l'incognito, et voulait enfin jouir de sa faveur, car il voyait qu'elle n'était plus douteuse : il se laissa donc trouver, et le Roi sut enfin que son correspondant était un homme qu'il pouvait avouer au moins, ce que son mystère prolongé lui faisait mettre en doute.

Le marquis de Pezay, une fois dévoilé, conçut les plus hautes espérances !.. Il avait surtout l'ambition de composer le ministère du Roi et d'y placer M. Necker. Ce qui est certain et en même temps fort curieux, c'est que jamais il n'y songea pour lui-même. Pourquoi cela ? C'est une particularité assez remarquable. Quant à M. Necker, c'est ainsi qu'on préluda à son élévation par cette correspondance, qui dura plusieurs années... M. de Pezay ignorait que M. de Vergennes lui en opposait une autre écrite également pour le roi *lui seul...* Mais elle était, m'a-t-on dit, plus sérieuse, et par cette raison devait moins plaire au Roi. Enfin, le marquis de Pezay reçut du Roi l'affirmation que sa correspondance lui était agréable et l'ordre de la continuer. Alors il voulut établir son crédit, et demanda au Roi de daigner s'arrêter un dimanche, en revenant de la chapelle, devant une travée qu'il désigna et où il devait se trouver. Curieux de connaître enfin son correspondant mystérieux, qui depuis deux ans lui était inconnu, le Roi s'arrêta plusieurs minutes pour causer avec lui, au grand étonnement de toute la cour; mais il redoubla lorsque le Roi, charmé de la bonne tournure, de l'élocution facile, du ton parfait de M. de Pezay, lui ordonna de le suivre dans son cabinet... Là, il causa de confiance avec lui pendant une heure. Au bout de ce temps, il lui dit: « Il faut que je vous fasse connaître à un homme qui lui-même sera ravi de vous voir. Passez un moment derrière ce paravent. » Le marquis obéit, et le Roi fit appeler M. de Maurepas[1], qui, alors vieux et presque toujours malade, ne venait que pour satisfaire son ambition en ce qu'il paraissait conserver par là une ombre de grand pouvoir.

«Mon vieil ami, lui dit Louis XVI lorsqu'il entra dans son cabinet, je vais vous présenter l'auteur de ma correspondance mystérieuse.

—Que votre majesté n'a jamais voulu me montrer, grommela le vieux ministre d'un ton grondeur.

—Je ne le pouvais, j'avais engagé ma parole, et

---

[1] M. de Maurepas avait un petit appartement que Louis XVI lui avait donné tout près du sien; il le *sonnait* comme Louis XV sonnait ses quatre filles. Il sonnait d'abord madame Adélaïde, elle *sonnait* alors madame Victoire, qui *sonnait* madame Sophie, et le dernier coup de cloche était pour madame Louise.

vous savez qu'elle est sacrée. Mais je vais vous faire faire connaissance avec l'auteur. »

Et prenant M. de Pezay par la main, il le présenta gracieusement à M. de Maurepas.

«Ah! mon Dieu! » s'écria celui-ci, stupéfait à la vue de M. de Pezay.

Le marquis s'inclina profondément, bien que sa main fût toujours dans celle du Roi.

«Votre majesté me pardonnera de rendre un hommage de respect aussi profond en sa présence à un autre qu'à elle-même. Mais M. de Maurepas est mon parrain.

— Votre parrain! s'écria le Roi à son tour dans un extrême étonnement.

— Son parrain,» répéta M. de Maurepas d'un air si accablé que M. de Pezay et le Roi ne purent retenir un sourire... C'était en effet une chose qui devait surprendre que cet homme, dont la finesse et l'esprit, les manières parfaites, lui donnent une grande ressemblance avec M. de Talleyrand, attrapé, joué par un jeune homme qu'il regardait comme trop enfant pour lui *confier la rédaction* [1]

---

[1] Malgré l'extrême douceur de ses manières, M. de Pezay ne pouvait retenir un sourire amer lorsqu'il disait que M. de Maurepas avait en effet refusé un jour de lui laisser rédiger le simple rapport de l'incendie d'une ferme royale.

d'un simple rapport. M. de Maurepas dissimula, mais la blessure avait été profonde ; il se sentit d'autant plus humilié que M. de Pezay était poëte, et que lui aussi faisait des chansons. Cependant il trouva des sourires et caressa même beaucoup M. de Pezay devant le Roi. Mais lorsque le filleul fut en route avec le parrain pour le remettre chez lui, il s'arrêta tout-à-coup, et regardant le jeune homme ambitieux et favori avec toute la haine impuissante du vieillard ambitieux sans pouvoir, il lui dit : « Vous êtes en relation avec le Roi! vous! vous! »

Et il joignait les mains en regardant au ciel comme s'il avait cru à quelque chose!

M. de Pezay, en prenant le parti qu'il suivait si obstinément depuis deux ans, s'était attendu à l'éclaircissement qui venait d'avoir lieu..., et s'y était préparé... Aussi eut-il bientôt ramené à lui M. de Maurepas. Il avait une grâce extrême, de la *cajolerie* même dans les manières, et ce qui nous paraîtrait aujourd'hui ridicule, et même absurde à n'être pas admis, n'était alors qu'un excès de politesse recherchée, trop affectée peut-être et révélant la province ; mais après tout l'inconvénient n'allait pas plus loin.

Après tout, il n'était qu'un intrigant un peu plus habile et mieux élevé qu'un autre, et voilà tout.

Ainsi donc, avant d'être au bout de la galerie, M. de Maurepas était ou paraissait apaisé, et le filleul avait persuadé au parrain que tout ce qu'il avait fait depuis deux ans n'était que pour lui-même, M. de Maurepas!... Mais le vieux renard n'était pas facile à tromper, et une fois sur la voie il devait trouver la trace de la bête lancée. Aussi, quelque temps après, se trouvant chez lui au moment où M. de Pezay discutait un peu plus vivement qu'il n'avait coutume de le faire avec madame de Maurepas, il dit avec aigreur :

« *Eh mais! voilà un jeune homme qui nous gouvernerait, ma femme et moi, si nous le lui permettions.* »

C'est l'influence positive de M. de Pezay qui fit renvoyer du ministère des Finances l'abbé Terray. Ce fut surtout *un compte rendu des conversations de Paris dans les salons les plus influents*, qui détermina le Roi à en faire une éclatante justice. Louis XVI ne pouvait supporter patiemment que les actes de son règne fussent l'objet de l'attention aussi spéciale du monde appelé *beau monde*, non qu'il le blâmât, mais cela lui était pénible; et M. de Pezay, en lui racontant *minutieusement* toutes les conversations du monde élégant de Versailles et de Paris, l'intéressait davantage qu'en lui donnant d'autres relations.

Ce fut alors que M. le marquis de Pezay commença à recueillir les fruits de son travail. Il fit paraître un ouvrage immense dont la faveur et la protection royale pouvaient seules lui faciliter l'exécution. Il était *très-intimement lié* avec madame la princesse de Montbarrey, proche parente de M. de Maurepas. M. le prince de Montbarrey, alors au ministère de la Guerre, ouvrit ses portefeuilles, et M. de Pezay fit alors paraître un ouvrage qui est vraiment remarquable par la beauté des cartes et de l'atlas complet, avec le titre de *Mémoires de Maillebois*. Ce n'est, du reste, qu'une compilation et une traduction de plusieurs ouvrages italiens [1], ce qui faisait qu'avant les campagnes d'Italie il pouvait servir, et même utilement; mais depuis ce moment *je crois* que nous avons fait mieux.

Dans l'année qui suivit celle où il ouvrit sa correspondance, M. de Pezay défit donc un ministre et en fit deux, M. de Montbarrey et M. Necker.... Quant à lui, il obtint une assez belle récompense pour la peine qu'il avait prise en faveur d'un roi

---

[1] On a fondu les cuivres de ces cartes pendant la révolution, ce qui rend les exemplaires restants de la plus grande rareté. L'atlas de cartes géographiques accompagnant les *Mémoires de Maillebois* est aujourd'hui d'un prix idéal qui n'est surtout pas en rapport avec la valeur intrinsèque de l'ouvrage.

de France. Il fut nommé inspecteur-général des côtes, avec un traitement annuel de 60,000 fr., et il obtint le paiement d'une fourniture de vin de 40,000 fr., faite par son père.

Ce fut alors que M. de Pezay présenta les plans de M. Necker à M. de Maurepas pour la forme, et au Roi pour le fond. Le trésor royal était dans un état de délabrement effrayant, et nul moyen d'avoir de l'argent!... M. Necker promit à M. de Maurepas de *faire* ou de se procurer les fonds nécessaires pour faire face aux dépenses de la guerre si elle avait lieu, et comme elle se fit en effet[1]. M. de Clugny, alors ministre des Finances, était malade et incapable d'agir; on lui adjoignit M. Necker. Quelques mois après, M. de Clugny mourut, et M. Necker lui succéda; il promit de fournir quarante millions comptant!...

J'ai montré, je le crois, à quel point j'estime M. Necker; je suis donc bien digne de foi lorsque je lui adresse un reproche, et c'en est un mérité que celui d'avoir été le courtisan de M. de Pezay!... Au moment où M. de Pezay faisait tant de démarches pour faire nommer M. Necker au contrôle-général, celui-ci allait *lui-même* apprendre le résultat des démarches du marquis, et, le manteau sur le nez, il

---

[1] Celle d'Amérique pour l'indépendance.

se tenait caché sous une remise chez M. de Pezay, attendant mystérieusement son retour de Versailles quelquefois jusqu'au matin.

A la nouvelle de sa nomination, le clergé jeta les hauts cris ; M. de Maurepas répondit froidement à un archevêque scandalisé de la nomination d'un protestant :

« *J'y tiens encore moins que vous, monseigneur, et je vous l'abandonne si vous voulez payer la dette de l'État.* » Taboureau des Réaux, ne voulant pas être sous les ordres de M. Necker, donna sa démission, qui fut acceptée[1].

En parlant du salon de madame Necker, il me faudra nécessairement y faire arriver M. Necker ; je dois donc aussi le peindre, et je vais le faire d'après les renseignements que j'ai eus sur lui par des personnes qui l'ont beaucoup connu, mais avec impartialité, chose qu'on ne peut trouver dans les ouvrages de madame Necker.

La figure de M. Necker était étrange et ne res-

---

[1] A la mort de M. de Clugny, on remarqua qu'il était le premier ministre des Finances depuis Colbert qui mourut en place ; il y en avait eu *vingt-cinq* ! — M. de Clugny fut remplacé par Taboureau des Réaux, homme intègre et éclairé, dont la sincère probité et les talents ne purent lutter néanmoins contre les intrigues de M. de Pezay, qui voulait que son protégé fût seul.

semblait à aucune autre ; son attitude était fière, et même un peu trop. Il portait habituellement la tête fort élevée, et malgré la forme extraordinaire de son visage, dont les traits fortement prononcés n'avaient aucune douceur, il pouvait plaire, surtout à ceux qui sentaient énergiquement; on voyait qu'en lui on trouverait une réponse à une démarche tentée avec force ou bien à un mot de vigueur. Son regard ¹ avait du calme même dans les occasions où l'émotion causée par une attaque violente pouvait faire excuser qu'il manquât de repos dans sa contenance. Quant à son talent, il en avait un positif ², et pour ses vertus je crois pouvoir affirmer aussi qu'elles étaient également positives. Son esprit était actif; il recherchait toutes les instructions, n'en repoussait aucune,

---

¹ Madame Necker, en parlant de M. Necker, est tellement exagérée qu'elle en arrive à être ridicule. Ainsi, par exemple, en parlant de M. Necker : « Il a surtout dans le regard je ne sais quoi de fin et de céleste, que les peintres n'ont jamais adopté que pour la figure des anges... » Et plus loin : « Duclos disait : Mon talent, à moi, c'est l'esprit; car il le mettait à la place de tout.... M. Necker peut dire : Mon talent, à moi, c'est le génie. »

² Je crois avoir déjà dit dans mes mémoires sur l'empire que mon père était très-lié avec M. Necker, et qu'il l'estimait beaucoup. C'est de lui que j'ai appris à l'estimer aussi.

et accueillait tous les mémoires qu'on lui présentait. Il n'était distrait par aucun des amusements qui, à cette époque, passaient pour devoir faire partie indispensable de la vie commune et sociale. Il ne jouait pas, et ne voyait d'ailleurs que très-peu de personnes de la Cour, même étant au contrôle-général.

Le caractère de ses écrits avait une couleur qui annonçait une révolution dans le pays comme dans les lettres, mais surtout révélait un grand amour de l'humanité; il parlait avec une exquise sensibilité, et cependant il avait une tournure dans le discours qui révélait des sentiments républicains; son style approche beaucoup de celui de Rousseau, et son imagination était brillante comme celle de sa fille. Comme elle, il donnait à toutes ses phrases une tournure que n'avaient aucun des écrits qui à cette époque inondaient la France. Ils avaient surtout un caractère de vérité qui séduisait lorsqu'il appelait l'attention sur les malheurs du peuple. Peut-être employait-il alors des figures et des ornements inconnus, surtout dans le ton sentimental, en écrivant sur des objets d'administration. Sa doctrine était pure, et c'est une chose digne de remarque, et surtout de haute estime, que dans les trois volumes qu'il publia d'abord il n'existe pas une seule citation, un seul mot injurieux qui pût accuser les ennemis qui agissaient contre lui sans mesure et sans impartialité. M. de Meilhan surtout, intendant de Valenciennes¹, chef du parti, c'est-à-dire du premier parti qui s'éleva contre M. Necker, ne mettait aucun frein à sa haine, et faisait que tous ceux qui le lisaient donnaient raison à M. Necker. Il était homme d'esprit, écrivain éloquent, homme d'honneur, ministre intègre ; il devait avoir raison sur un homme acerbe, qui l'attaquait de prime-saut avec la dague au point et l'injure à la bouche... la haine s'y voyait tout entière.

Toutefois on doit convenir que M. Necker, dans les opérations de son ministère, a peut-être devancé les opinions du siècle où il vivait....; il a administré un autre pays que la France, et croyait exister dans un autre temps que dans le XVIIIe siècle. Il détruisait au lieu de construire, s'écriait-on !... Il détruisait d'anciennes doctrines, qui s'en allaient croulant ; il avait raison en beaucoup de points, car ce qu'il abattait tombait de toutes parts de vétusté ; mais on ne veut jamais attendre chez nous... Nous jugeons et nous critiquons, nous dispensons la louange et le blâme avec une certaine

---

¹ Sénac de Meilhan, intendant de Valenciennes, l'un des ennemis les plus acharnés contre M. Necker.

assurance qui est bien ridicule. Nous avons en cela une affectation de vertu et des accès de morale qui font dire avec Saint-Lambert :

« *O philosophes dignes des étrivières, je vous honore! Mais je m'aperçois, par les trous de votre manteau, que vous n'êtes aussi que des hommes* [1]. »

Et cela est si vrai, qu'en vérité nous ne pouvons nous regarder sans perdre la tête. Nous sommes comme des jolies femmes en face d'un miroir.

M. Necker ne suivait aucune route connue. Madame Necker lui donnait souvent des conseils qui lui étaient fort utiles. Il agissait bien ; mais il y avait en France cinquante familles de la haute magistrature [2] qui se regardaient comme les gardiennes de ses coutumes héréditaires. Et telle était la force et la grande régularité de l'habitude

---

[1] C'est ce que Saint-Lambert écrivait après avoir lu la correspondance de Rousseau.

[2] Il y avait, en France, un respect religieux pour l'ancienne noblesse de robe, qui, en effet, était respectable et honorable sous tous les rapports : les Molé, les Lamoignon, d'Ormesson, d'Aguesseau, Trudaine, Joly de Fleury, Senozan, Nicolaï, Barentin, Colbert, Richelieu, Villeroy, Turgot, Amelot, d'Aligre, de Gourgues, Boutin, Voisins, Boullogne, Machault, Berulle, Sully, Bernage, Pelletier, Lescalopier, Rolland, de Cotte, Bochard de Sarron, etc., etc.

qu'un esprit juste, quoique médiocre, suffisait pour conserver ses anciennes coutumes intactes.

L'imagination de M. Necker, et, si j'ose le dire, de madame Necker, devint donc comme le fléau de l'ancienne administration. Madame Necker avait une grande influence sur son mari; elle balançait celle de la probité et de tout ce qui tenait à la marche du ministère. M. Necker l'écoutait avec une attention d'autant plus religieuse, qu'elle lui répétait TOUS LES JOURS qu'il était non-seulement DIEU, mais au-dessus de tous les dieux du ciel. Le moyen de douter après cela des paroles qui sortent des mêmes lèvres qui ont proféré de telles louanges ! Ces louanges paraissent d'abord ce qu'elles sont, bien exagérées, et puis on s'y habitue si bien, que le jour où elles cessent vous vous croyez injurié.

Cependant les soins de madame Necker ne pouvaient éloigner de M. Necker les cris, impuissans à la vérité, de l'envie et de la calomnie; mais enfin ces cris retentissaient autour du contrôleur-général. Ce qu'on lui reprochait surtout, c'était de se passionner pour la classe qui ne possède rien pour la défendre contre celle des propriétaires !... la question immense enfin des prolétaires !... « *Que devons-nous bientôt voir?* disait M. de Meilhan chez M. de Calonne. *Les scènes des deux Gracchus !...* »

La retraite de M. de Trudaine fit surtout un tort excessif à M. Necker. M. de Trudaine avait une réputation de droiture et de délicatesse dans sa manière d'administrer qui donnait beau jeu aux ennemis de M. Necker pour l'attaquer, en le rendant responsable de la retraite de M. de Trudaine. C'était en vain que M. Necker lui avait conservé les ponts et chaussées..., ses partisans ou plutôt les ennemis de M. Necker en faisaient un martyr...; car, en France, nous ne louons souvent un homme que pour mieux accabler son antagoniste.

Ce qui prouve à quel point M. Necker avait devancé son siècle, c'est qu'il attaqua l'administration de la loterie. Ce fut, dit-on, à la prière instante de madame Necker... Mais la détruire tout-à-coup, il n'y fallait pas songer. On laissa six administrateurs, on diminua le nombre des bureaux... mais elle subsistait, et elle subsista encore cinquante ans après les paroles sages et lumineuses de l'administrateur qui voulait retrancher du corps de l'état cette partie malade qui altérait le reste!... et nous venons de le faire!...

L'établissement du comité contentieux acheva de perdre M. Necker en mettant contre lui une foule d'individus, qui étaient certains de trouver les esprits prévenus pour eux et contre le directeurgénéral¹. Ce qu'il avait fait pouvait être bien pour le service du Roi ; mais *tous les malheureux qui étaient réformés, comment M. Necker s'en excuserait-il ?...* Madame Necker dit, en apprenant ce mot :

« *En vérité, on croirait voir une maison de grand seigneur au pillage dans laquelle arrive un nouvel intendant. C'est Gil Blas chez le comte Galiano... Et tous les domestiques crient au secours, parce qu'on ne veut plus qu'ils volent !...* »

Les réformes² furent faites, dit-on, sous la direction de madame Necker, quoiqu'elle se soit constamment défendue d'avoir aidé, en quoi que ce fût, M. Necker dans son ministère... Mais ce qu'elle avouait, c'étaient les avis qu'elle donnait à M. Necker pour qu'il se défiât de M. de Maurepas et de M. de Sartines. Le premier n'avait pas pardonné à M. de Pezay sa faveur mystérieuse, et l'autre n'avait pas pardonné davantage à M. de Pezay d'avoir fait le ministre de la police mieux que lui auprès du Roi. Ces deux hommes, dont le crédit

---

¹ Il ne fut contrôleur-général qu'en 1789.

² La ferme des postes mise en régie, et le bail cassé, les receveurs des domaines supprimés, les intendants de finances supprimés, les administrateurs réduits à six.

était puissant, et qui le voyaient attaqué par la nouvelle faveur du ministre étranger, le désignèrent pour victime, avec d'autant plus de joie, qu'en le frappant ils abattaient deux têtes ; car pour arriver à lui il fallait abattre l'homme qui l'avait placé en si haut lieu. Il leur était bien égal que M. Necker fît du bien à la France ! que leur importait ? ils voulaient se venger, et ils se vengèrent. Ils commencèrent par M. de Pezay. La chose était difficile, parce qu'il plaisait au Roi ; mais qu'il fût hors de sa vue, et la chose allait toute seule. Il fallait donc seulement l'éloigner. On lui persuada de faire une tournée comme inspecteur des côtes ; il en demanda l'ordre. Madame Necker lui conseilla de ne pas quitter Versailles. « Vous aurez quelque désagrément de cette absence, mon ami, lui dit-elle ; il ne faut pas quitter les rois... ils sont oublieux de leur naturel et faciles à influencer.

— Le Roi m'aime trop pour que je puisse craindre, » dit M. de Pezay d'un ton dédaigneux... et il partit. Ce voyage ne lui avait été conseillé, en effet, que par des ennemis... Il se conduisit dans cette tournée comme on l'avait espéré, c'est-à-dire avec un manque absolu de tact et de convenances. Il y avait sur son chemin de vieux officiers qu'il traita fort mal, et avec l'insolence d'un favori parvenu. Mais si le naturel des rois est *oublieux*, celui de

M. de Pezay était présomptueux ; les plaintes arrivèrent en foule à Versailles. Le Roi, ne voyant pas l'accusé, crut à tout ce qu'on lui disait ; on fit intervenir un homme qui déclara que le nom du Roi était gravement compromis par M. de Pezay, et le résultat de cette belle amitié royale fut d'envoyer un courrier à M. de Pezay pour lui commander de rester à Pezay, lieu dont il avait pris le nom[1]... Ce courrier lui fut envoyé par M. de Sartines... Le malheureux jeune homme, frappé de frayeur à la réception de ce courrier, qui avait ordre, en véritable envoyé d'un lieutenant de police, de remplir une double mission et de dire tout haut, devant les gens de M. de Pezay, que le marquis serait enfermé à la Bastille pour crime d'état s'il retournait à Paris... le malheureux, effrayé, jusqu'à la terreur, de ces nouvelles, ne réfléchit pas que, n'étant pas coupable, il n'avait rien à redouter avec Louis XVI, qui était juste et bon... Il fut saisi tout-à-coup d'un frisson qui devait être mortel... Quelques heures après, comme il était assoupi et accablé par la fièvre, un bruit de chevaux le réveille... C'est un courrier de M. Necker... Le malade se soulève... il ne souffre plus... C'est un courrier de M. Necker, de son meilleur ami !...

---

[1] J'ai déjà dit qu'il s'appelait Masson.

c'est son rappel!... Le courrier entre dans sa chambre, lui remet une lettre qui n'est pas de l'écriture de M. Necker... Le marquis ouvre d'une main tremblante et retombe accablé sur son lit! M. Necker lui demandait avec instance de lui *renvoyer* ou *de brûler* à l'instant même tout ce qu'il avait à lui en papiers, *même insignifiants!...* Deux heures après, un autre courrier entrait dans la cour du château... C'était un envoyé de M. de Sartines qui venait, par ordre du Roi, pour emporter les papiers de la correspondance de M. de Pezay avec le Roi!...

Ces deux messages rendirent la maladie mortelle en peu d'instants. Cette chute, dont la scène définitive avait lieu dans une province éloignée du Roi, de la Cour et de M. Necker, est un coup de politique vraiment habile, et montre que M. de Maurepas avait peut-être plus que de l'esprit; il avait d'abord une extrême méchanceté qu'il mettait en œuvre quand un homme lui déplaisait assez pour le faire sortir de son caractère habituel, c'est-à-dire de son caractère apparent, qui paraissait être l'indolence... M. de Pezay une fois abattu, le ministre genevois, *l'étranger, l'intrus, le ministre romanesque,* ne devait pas être difficile à terrasser... M. Necker fut d'abord attaqué par M. de Sartines, qui s'ex-

pliquait en public avec assez de véhémence...
M. de Vergennes, qui le blâmait le plus, était
celui des ministres qui le disait le moins. Quant
à M. de Maurepas, il marmottait en ricanant[1] :
« Je doute moi-même de la bonté de mon choix...
Je croyais être débarrassé des gens à projets, des
ennuyeux à grands mots; et puis quand j'ai éloigné
la turgomanie, voilà-t-il pas que je tombe dans
la nécromanie !...

Madame Necker, dont j'ai parlé, mais pas assez
pour la bien faire connaître, était un ange de vertu
au milieu de cette cour de Versailles, dont le bruit
seulement au reste parvenait jusqu'à elle... Son excellent jugement devait lui donner des lumières sur
le malheur qui menaçait son mari, et elle le lui montra en perspective, avec cette même fermeté qu'elle
aurait apportée à traiter le sujet le plus ordinaire.

Madame Necker[2] était née à Genève, d'un ministre protestant, dans le pays de Vaud, nommé Curchod de Naaz... Il n'était pas riche comme tous les

[1] M. de Talleyrand a beaucoup de ressemblance avec
M. de Maurepas : il est comme lui railleur, même dans les
choses sacrées, et d'une finesse d'aperçu qui tient plus au
talent qu'au génie.

[2] Suzanne Curchod de Naaz, fille d'un ministre protestant.
Elle est née à Genève, quoique son père eût sa cure dans le
pays de Vaud.

ministres de sa communion en Suisse ; cependant, malgré son peu de fortune, il donna à sa fille une éducation qui pouvait lui en servir. Elle fut élevée comme si M. Naaz avait eu un fils ; elle apprit le latin, le grec, et devint habile dans les plus fortes études. Lorsque son éducation fut achevée, madame de Vermenoux l'appela auprès d'elle à Paris, pour qu'elle apprît le latin à son fils. C'est dans la maison de madame de Vermenoux que M. Necker fit la connaissance de *Suzanne Curchod*. Il était lui-même, alors, dans une position qui, certes, n'annonçait pas celle qu'il eut depuis, et même bien avant d'être ministre. Il était dans une maison de banque alors comme commis ; je crois, la maison Thélusson. Le mariage se fit tard, parce que les deux fiancés n'avaient pas assez de bien pour se mettre en ménage. Enfin madame de Vermenoux les aida un peu, et le mariage se fit... Madame Necker fut, depuis ce moment, toujours un ange secourable. Lorsque M. Necker fut nommé directeur-général du royaume, elle pleura sur cette responsabilité qu'il prenait devant Dieu pour remettre les affaires d'un peuple qui n'avait pas la même croyance que lui...

« Nous sommes égaux devant Dieu, mon amie, lui répondit M. Necker !.. Cependant, si tu le désires, je refuserai. »

Madame Necker demeura quelques instants calme et réfléchie... Puis, relevant sa tête :

« Mon ami, lui dit-elle, il faut accepter!.. Vous vous devez au bonheur du genre humain, dont vous êtes une des plus belles parties. Accomplissez la mission que Dieu vous a donnée... Rendez les hommes heureux... je tâcherai de glaner après vous... »

Une fois ce parti adopté, madame Necker remplit la charge qu'elle avait acceptée, avec toute la bonté d'âme, toute la grandeur qu'elle y pouvait mettre. Naturellement bonne, elle voyait chaque jour une foule de malheureux qu'elle soignait et soulageait dans leurs besoins, sans que sa main gauche sût ce que faisait sa main droite... Elle allait, quand elle le pouvait, dans les hôpitaux. Enfin elle fonda elle-même un hospice dans Paris, où elle établit douze malades, et en fit la fondation à perpétuité, donnant, pour cette action noble et grande, une très-grosse somme d'argent!... Naturellement spirituelle et parfaitement instruite, madame Necker devait avoir une maison charmante... et elle l'eût été, sans une souffrance continuelle qui lui causait une douleur nerveuse dont les effets étaient bizarres ; elle était contrainte à demeurer debout, même au milieu de cent personnes... Son agitation presque convulsive l'empêchait de s'asseoir!... Elle était maigre, grande, blanche, et d'une extrême pâleur. Ce qui prouve, plus que tout ce qu'on pourrait dire, le calme de l'esprit de cette femme remarquable, c'est la gaîté soutenue de son humeur et même de son esprit, avec cette douceur toujours dans elle, toujours sa compagne. Où l'on en trouve la preuve, c'est dans le recueil de ses *pensées* et de ses *traits*. Parmi ces derniers, il s'en trouve beaucoup de très-plaisants, presque tous gais, et tous au moins intéressants. Le choix des anecdotes qu'elle cite, remarquable par cette humeur douce et tranquille qui n'a rien de la résignation, c'est-à-dire de ce qui éloigne de celle qui souffre, m'a charmée en lisant ses *Souvenirs*. Son mari en était fier, et il avait raison...

Les écrits de madame Necker sont distingués surtout par leur élégance et par le tour heureux des expressions. On lui a reproché d'être trop *pesante* dans sa diction; sans doute, à côté de sa fille, on lui trouvera un peu de monotonie et une couleur pâle; mais il y a du piquant dans sa manière de raconter, et la chose est visible en lisant ces anecdotes narrées avec simplicité; j'en vais donner un exemple. J'ai déjà dit qu'elle avait une santé déplorable; voici l'extrait d'une lettre qu'elle écrivait à M. de Saint-Lambert, son ami le plus intime:

« .... Ma santé n'a fait aucun progrès en bien : je ne l'ai pas dit à M. de Lavalette ; mais vous, monsieur, à qui ma vie est liée, je vous dois compte de *votre bien*, et j'ai droit de me plaindre du silence que vous gardez sur le *mien*. Je souffre toujours, mais il me semble, comme dit M. Dubucq, *que tout sert en ménage.* »

Cette dernière phrase est charmante, car elle est d'une simplicité douce, d'une gaîté qui est timide parce qu'elle craint de blesser un ami inquiet. Cette pensée m'a donné de madame Necker l'opinion qu'elle ne pouvait être que très-bonne... Elle dit plus loin dans une autre lettre :

« Le jour où l'on amena M. de Vaucanson chez madame du Deffant, la conversation fut assez stérile. Lorsque le savant fut sorti : Eh bien! dit-on à madame du Deffant, que pensez-vous de ce grand homme? *Ah!* dit-elle, *j'en ai une grande idée; je pense qu'il s'est fait lui-même.* »

« Deux hommes assis aux deux bouts opposés d'une table prirent querelle l'un contre l'autre. Monsieur, dit le plus irrité des deux, si j'étais auprès de vous, je vous donnerais un soufflet; ainsi tenez-le pour reçu. — Monsieur, lui crie l'autre, si j'étais auprès de vous, je vous passerais mon épée au travers du corps; tenez-vous donc pour mort. »

Je pourrais en citer beaucoup du même genre, qui prouvent que l'esprit de madame Necker était de cette nature plaisante qui montre qu'on est heureux de la joie d'autrui.

Une grande affaire, je ne sais plus sur quel sujet, se présenta avant que M. Necker se retirât la première fois du ministère. Attaqué de toutes parts, le directeur-général voulut, pour pouvoir résister, puisque le Roi voulait le garder, être ministre et entrer au conseil; c'était le seul moyen d'avoir de la force; M. de Maurepas, qui vit le Roi au moment de céder, éleva tout de suite un obstacle, celui de la religion. M. Necker était protestant; on lui proposa d'abjurer; il refusa. Lorsque madame Necker l'apprit, elle accourut à lui, et, se jetant dans ses bras, elle y pleura et répandit de douces larmes de joie.

« Je serai doublement heureuse maintenant en priant Dieu, lui dit-elle, car je lui offrirai, avec le mien, un noble cœur pénétré de sa divine bonté!... »

Ce fut dans ce moment difficile que M. Necker, dont le caractère était sévère et rude à manier, fit dans la maison de la Reine et celle du Roi les réformes les plus fortes [1]. M. le prince de

---

[1] Les trésoriers de la maison du Roi, et ceux de la Reine ;

Condé [1] fut atteint lui-même par la main réformatrice. Les plaintes les plus graves arrivaient à M. de Maurepas, qui répondait plaisamment : « Que voulez-vous ? ce Genevois est un *faiseur d'or;* il a trouvé la pierre philosophale. »

M. Necker, en effet, venait d'ouvrir l'administration provinciale de Montauban, et l'emprunt se faisait.

« Ainsi donc, disait Sénac de Meilhan à M. de Maurepas, un emprunt est la récompense d'une destruction, car cet homme détruit.

— Sans doute; il nous donne des millions en échange de la suppression de quelques charges.

— Et s'il vous demandait la permission de couper la tête des intendants ? (M. de Meilhan était intendant de Valenciennes.)

— Eh ! eh ! nous le lui permettrions peut-être... mais je vous l'ai dit, trouvez-nous comme lui la pierre philosophale, et vous serez ministre le même jour... »

Enfin, Monsieur et le comte d'Artois se mirent contre M. Necker !!... la lutte devait être un triom-

---

les trois offices de contrôleurs-généraux, ceux des trésoriers de la bouche, ceux de l'argenterie, celui des menus plaisirs, des écuries, et celui de la maison du Roi, etc., etc.

[1] Grand-maître de la maison du Roi.

phe pour les princes : mais la défense du ministre fut noble et digne. Accusé d'aller à la gloire, *comme Érostrate, en brûlant la monarchie,* M. Necker ne répondit à ces attaques de l'envie impuissante que par le silence ; mais dans le mémoire fait par ordre de M. le comte d'Artois, un passage trouva M. Necker vulnérable, et la blessure alla au cœur... ce passage concernait madame Necker !... On lui reprochait d'avoir été maîtresse d'école dans un village de Suisse ; il y avait de la méchanceté à cette action, qui n'avait pour but que de nuire. Peu après venait le parallèle de Law et de M. Necker.

On offense, on fait du mal... mais l'offensé, quoique bon, peut enfin se venger !... ce fut ce qui arriva. M. Necker fit accuser M. de Sartines [1] de

---

[1] Ce fait du renvoi de M. de Sartines est bien curieux. On avait besoin de dix-sept millions pour la guerre d'Amérique ; mais on voulait le cacher à M. Necker, qui alors était directeur-général. D'accord avec M. de Maurepas, alors ministre, M. de Sartines augmenta son budget de la marine de trois millions par mois. M. de Maurepas était malade ; M. Necker, qui ne savait rien de cet accord entre le Roi, M. de Sartines et M. de Maurepas, accuse M. de Sartines en plein conseil. Le Roi se trouve seul ; il n'ose dire : *Je sais ce que c'est !* M. de Sartines est renvoyé comme coupable. Le Roi dit ensuite qu'il l'avait *oublié !*... Le silence de M. de Sartines est bien beau.

prévarication, et il fut renvoyé dès le jour même du ministère de la Marine, où il était passé de la lieutenance de police.

Le jour où madame Necker apprit que son mari vengeait son injure en accusant M. de Sartines, elle se jeta à ses genoux.

« Celui qui se venge, lui dit-elle en pleurant, non-seulement n'est pas chrétien, mais est plus coupable que celui qui commet la faute. Au nom du Sauveur, secourez-le pour moi!... »

M. Necker fut inflexible.

« Il serait coupable à moi, lui dit-il, de faire ce que vous me demandez. Cet homme est coupable... Je dois ne pas laisser subsister plus longtemps dans la rapine et l'audace un homme qui n'est, après tout, qu'un espion revêtu d'un habit noir honorable. M. de Sartines est un misérable et un assassin, le meurtrier de Pezay! Pezay, mon ami, lui si bon, si doux, si inoffensif!... Il l'a traité comme les hommes de boue de son ministère!... Non, non... cet homme doit succomber... parce que tout a une fin... le doigt de Dieu l'a désigné. »

M. de Sartines fut en effet renvoyé avec la honte de l'accusation. M. de Maurepas était à Paris malade de la goutte et souffrait beaucoup en radotant un peu[1], parce que, comme disait M. Necker, tout a une fin. M. Necker profita habilement de cette absence et du renvoi de M. de Sartines. Ce fut alors que, par les conseils de madame Necker, il publia son fameux *compte rendu*. C'est un des événements les plus remarquables du règne de Louis XVI. Ce fut en vain que le comte d'Artois, toujours ennemi de M. Necker, comme de tout novateur, appela ce travail *un conte bleu*, parce que la brochure était recouverte en papier bleu : ce *tocsin*, qui devait sonner l'heure du malheur, ne fit rien contre M. Necker dans le même moment. Le Roi était juste ; il lut la brochure, et ne fit pas même attention à ce que lui dit son frère contre le directeur-général. Ses affaires prirent même un autre aspect, et mille voix s'écrièrent autour de lui et avec lui : *Chute du Mentor !...* car M. de Maurepas, malgré son esprit aimable, et tout homme du monde qu'il était, avait le défaut de vivre trop longtemps dans une place dont tant d'autres voulaient...

Le parti de M. Necker était nombreux, et comptait dans ses rangs les plus grandes dames et les hommes les plus influents. On y voyait figurer

[1] Il est remarquable combien M. de Maurepas a de ressemblance avec M. de Talleyrand !

la marquise de Coigny, la princesse de Poix, la comtesse de Simiane, la duchesse de Grammont, la duchesse de Choiseul, le duc de Praslin, presque tous les gens de lettres, madame de Blot, et tant d'autres dont les voix dominaient les autres bruits, dans le temps où le salon d'une femme de bonne compagnie était un tribunal où se jugeait, de l'aveu de tous, une cause comme celle de M. Necker. Les salons alors dirigeaient *l'opinion publique.*

Madame Necker fut encore admirable dans ce retour de faveur, parce qu'aux vertus natives et à la religion ordinairement inculquée comme principe, madame Necker joignait l'ardente piété des femmes protestantes.... Louis XVI parlait un jour de madame Necker à son mari, et regrettait que son état de santé l'empêchât de venir à la Cour... Le maréchal de Noailles se trouvait là, ainsi que le chevalier de Crussol et le baron de Besenval : tant que les deux derniers furent présents, M. Necker garda le silence; mais lorsqu'ils furent sortis, M. Necker dit au Roi :

« Sire, votre majesté est la seule personne dans sa cour que je juge digne d'entendre prononcer le nom de madame Necker... Le nom de ma femme est connu, sire, et souvent invoqué dans les asiles les plus obscurs et les plus misérables de votre capitale, ainsi que devant quelques amis tels que monsieur le maréchal... mais je crains que ce nom, que les anges ne redisent qu'avec joie devant le trône de Dieu, ce nom ne soit comme un reproche tacite dit en face de ces femmes sans pudeur qui osent rire de ses souffrances[1]!!! Ces mêmes grands seigneurs qui parlent contre ma vertueuse compagne, sire, devraient se rappeler que madame Necker, ayant appris que depuis VINGT-HUIT ANS M. le comte de Lautrec, capitaine de dragons, était enfermé au château de Ham, et qu'il avait à peine l'apparence de l'espèce humaine, dans le cachot où le malheureux était enseveli, résolut à elle seule, faible femme, de le sauver, ou du moins de le soulager!... Elle part pour Ham, s'informe de M. de Lautrec, et parvient enfin jusqu'au tombeau où l'infortuné gisait sur la paille presque sans vêtements, n'ayant enfin que ses cheveux et sa barbe pour couvrir sa poitrine et ses épaules!... Entouré de rats et de reptiles, seuls compagnons de sa captivité, M. de Lautrec était au moment de se détruire, car son état était insupportable, lorsque madame Necker, par ses soins, sa

[1] On avait fait des caricatures représentant madame Necker droite et pâle, se tenant raide et immobile devant son mari tandis que celui-ci dînait, et lui récitant un traité de morale. La maladie de madame Necker était une agitation nerveuse qui l'empêchait de se tenir assise.

bonté vraiment angélique, parvint à faire adoucir la captivité de M. de Lautrec : il put vivre, du moins, et bénir la femme généreuse qui, lui étant étrangère et parfaitement inconnue, a su le faire sortir de l'enfer où il gémissait.

« Voilà de ses actions, sire, poursuivit M. Necker en se tournant vers la fenêtre, pour dérober son émotion au Roi...

— Ah! ne me cachez pas vos larmes! s'écria Louis XVI, fort ému... Je suis digne de les voir, croyez-le bien, et surtout d'apprécier le trésor que Dieu vous a confié. »

Cette conversation fit du bien au cœur de M. Necker...; c'était *bien le Roi* dans de pareils moments!... mais ils étaient malheureusement trop rares.... et ceux qui les suivaient détruisaient l'effet que les précédents avaient produit. Un matin madame Necker entra chez son mari avec un visage serein, mais plus solennel qu'à l'ordinaire : « Mon ami, lui dit-elle, voulez-vous toujours lutter contre des factions sans cesse renaissantes? voulez-vous être la cause de la mort d'un homme, vous, à qui le sang chrétien est en horreur? Eh bien! hier une querelle eut lieu dans un bal chez madame de Blot, et les deux antagonistes se sont battus ce matin !... les oppositions se multiplient... les avez-vous comptées ? »

M. Necker fit un signe négatif.

« Eh bien ! j'ai eu ce courage, poursuivit-elle ; et il en reste dix !... »

M. Necker fit un mouvement d'effroi ; sa femme reprit :

« Les amis de Turgot ;

« Tous les économistes, ayant en tête l'abbé Baudeau [1] ;

« La haute finance ;

« La finance subalterne ;

« La haute administration ;

« Les propriétaires privilégiés ;

« Les anciens favoris du roi ;

« Les parlements : le parlement exilé et le parlement Meaupou ;

« Les ministres vos confrères ;

« Et M. de Maurepas.

« Ajoutez, à ce que je viens de mettre sous vos yeux, votre propre gloire, mon ami, qui vous commande de ne pas la commettre dans de pareils débats, et vous serez d'accord avec moi que votre démission doit être donnée au Roi dans cette même journée... Quittons Paris ; retournons à Coppet ; là nous aurons encore de beaux jours et de douces

---

[1] On l'appelait le père de la science ; il était l'élève du docteur Quesnay.

heures à nous consacrer mutuellement... Sans doute les cris de ce peuple qui t'aime me vont au cœur !.. Mon bien-aimé, il faut avoir un amour bien profond pour exiger un sacrifice semblable de toi ! Mais je sens que je t'aime, et que je t'aime pour toi !! *Je sens que tu es mon idole, mon Dieu ! Tu le sais, dans tous les temps tu fus le seul objet de toutes mes affections, toi qui ne peux me reprocher d'avoir donné à de vains plaisirs des jours que le devoir et la tendresse t'avaient consacrés ! Souffre que je sois auprès de toi l'interprète fidèle de la voix générale. ...... Viens regarder ton image dans un cœur qui ne fut qu'à toi, qui ne fut jamais rempli que par toi, viens y lire le tableau ineffaçable de tes rares vertus, et le garantir de tes propres inquiétudes !... Que ce cœur, qui ne t'a jamais trompé, t'apprenne à te rendre justice, et ne permets pas à la calomnie de troubler des destinées que tes éminentes vertus ont rendues si belles.* [1] »

Madame Necker pensait, avec raison, qu'en France *l'opinion publique* est une puissance à

---

[1] Tout ce qui est en italique est de madame Necker elle-même, et pris d'un portrait de M. Necker. (*Voir ses Souvenirs.*)

nulle autre pareille. Cette puissance n'est plus aujourd'hui ce qu'elle était, et nos enfants eux-mêmes ne la comprennent pas. Nous sommes des reines sans royaume, et nous ne savons plus dire même si nos fronts ont porté couronne...

A l'époque de madame Necker, *l'esprit de société*, le besoin de réunion, celui des égards et de la louange réciproques, avaient alors élevé un tribunal où tous les hommes de la société étaient obligés de comparaître. Là, *l'opinion publique*, comme du haut d'un trône, prononçait ses arrêts et donnait ses couronnes. On marquait du signe réprobateur celle ou celui qui se montrait en faute. *L'empire de l'opinion*, enfin, était immense, et cet empire était gouverné par une femme. C'était la maîtresse d'un salon qui présidait aux jugements qu'on rendait chez elle; c'était avec son esprit, son bon goût, qu'on les rédigeait, et son cœur, toujours à côté de son esprit, empêchait que celui-ci ne prît une fausse route.

En France, particulièrement, c'est le grand ascendant de l'opinion publique qui souvent oppose un obstacle à l'abus de l'autorité. Louis XIV la craignait; Louis XV et Louis XVI se faisaient rendre un compte exact des plus petites conversations de Paris pour juger par elles de l'esprit de la ville, de cet esprit qui forme un tout appelé l'opinion publique !... Napoléon !... avec quelle minutieuse exactitude il se faisait rendre compte des moindres paroles... De notre temps, cette opinion publique est moins forte, parce que les sociétés particulières sont détruites et que la société générale est disséminée et sans lien ; et cependant, malgré ce désaccord, il existe toujours une sorte de respect pour la *parole du monde.* On veut se soumettre à sa loi, et son mépris fait couler des larmes, comme sa louange et ses applaudissements font battre le cœur. Grâce à ce pouvoir, le vice, quelque hardi qu'il soit, se croyant bien fort de son impudence, après avoir fait une tentative et levé sa tête, à l'aide de la richesse et de l'apathie apparente du monde, le vice hideux et infâme est contraint de ramper comme toujours dans le silence et la fange du mépris.

Il est des femmes qui disent que leur conscience leur suffit, et que l'opinion du monde leur est indifférente si elle est injuste. Je ne les crois pas... car la chose est impossible... Il est des hommes qui disent aussi que l'opinion leur est égale... Eh bien ! à eux aussi je dirai que cela *n'est pas vrai.* Nul sous le ciel n'est invulnérable sous un regard de blâme ou de mépris, fût-il injuste même !... Il y a dans la malveillance un poison pénétrant dont le venin est bien âcre et bien brûlant... et lorsque le cœur d'un homme en est venu à ce point de ne pas sentir la douleur de cette blessure, c'est qu'alors ce cœur est devenu de marbre, et l'homme lui-même n'est plus qu'une pâture indigne de l'insulte.

A l'époque où M. Necker quitta le ministère pour la première fois, il y eut un mouvement tellement extraordinaire dans toutes les classes, qu'il faut y arrêter son attention pour montrer ce qu'étaient alors nos différentes sociétés. Chacun était agité dans la noblesse, dans la finance, dans le clergé; partout avait sonné la cloche d'alarme, partout le nom du Roi et de la Reine étaient prononcés avec celui de M. de Maurepas et de M. Necker, premier avertissement que le Gouvernement recevait de l'opinion publique.

Madame Necker, toujours soigneuse de la gloire de son mari, lui conseille alors de donner sa démission, si le Roi ne le fait ministre d'état. Le Roi hésite. M. de Maurepas rassemble tout ce qu'il eut jadis de crédit et d'empire sur un prince faible pour frapper l'homme que lui-même il éleva et que maintenant il veut abattre. Il est victorieux enfin, et l'emporte; M. Necker *est renvoyé*. M. de Maurepas est vengé de la mystification de M. de Pezay!.. mais il ne l'est pas de ce qu'il appelle les offenses personnelles de M. Necker.

Il le mande dans son cabinet, et là il lui annonce, avec la brutalité d'un homme mal appris, *lui*, le modèle de la politesse exquise, que le Roi lui donne sa démission, et que tous les ministres, *M. de Castries excepté*, donnent la leur si M. Necker demeure au ministère. M. Necker sort de chez M. de Maurepas, qui est convaincu *qu'il l'a insulté*, comme s'il dépendait de vouloir insulter pour atteindre quand on est haut placé ! M. Necker regarde avec pitié le vieillard, impuissant dans sa haine comme dans son pouvoir d'homme d'état ; il lui dit seulement que les coffres sont pleins et qu'il a accompli ses promesses. Et le lendemain, 19 mai 1781, le Roi reçut un petit billet de deux pouces et demi de large sur trois pouces et demi de haut, contenant ce qui suit, sans vedette ni titre :

« La conversation que j'ai eue hier avec M. de Maurepas ne me permet pas de différer de remettre entre les mains du Roi ma démission. J'en ai l'âme navrée. J'ose espérer que S. M. daignera garder quelque souvenir des années de travaux heureux, mais pénibles, et surtout du zèle sans bornes avec lequel je m'étais voué à la servir.

« Necker. »

M. Necker reçut des visites de condoléance de

M. le prince de Condé et du prince de Conti à
Saint-Ouen, et des ducs d'Orléans et de Chartres.

« Gardez-vous pour des temps meilleurs, » lui
dit madame Necker.

A cette époque de la première retraite de M. Necker, sa fille avait dix-huit ans; mais elle était tellement femme du monde que l'on pouvait déjà prononcer hardiment sur elle le jugement qui la proclamait l'un des esprits les plus lumineux de son temps comme publiciste. Mais je parlerai d'elle plus tard, et en son lieu. Madame de Staël ne doit être en concurrence avec personne; elle éclipse tout là où elle se trouve, et la maison où elle paraît doit être la sienne. Sa mère rend une lumière assez vive pour être admirée seule à côté de M. Necker, soit qu'elle s'y montre son guide sur la mer orageuse des mouvements politiques, soit qu'elle le console dans sa belle retraite de Saint-Ouen.

Le ministère qui remplaça M. Necker, M. de Fleury [1] (Joly), le marquis de Castries [2], le comte de Ségur [3], M. Amelot [4], M. de Vergennes [5], cette

[1] Successeur immédiat de M. Necker.

[2] Ministre de la Marine, depuis maréchal.

[3] Ministre de la Guerre, depuis maréchal, grand-père de l'auteur de l'ouvrage sur la campagne de Russie.

[4] De la maison du Roi.

[5] Des affaires étrangères.

réunion d'hommes, se comprenant mal, ne s'aimant pas, s'ennuyait et ne faisait rien. On changea encore de ministre, et M. d'Ormesson fut sacrifié à M. de Calonne. A dater du départ de M. Necker, l'anarchie se mit dans le département des finances... et dans tous les autres. Que devenait Louis XVI au milieu de ce conflit de passions personnelles et d'agitation publique?... Il voyait, sentait le mal, et ne remédiait à rien. Enfin le tumulte en vint au point de ne savoir comment la machine irait encore. Un jour M. de Castries se rappela que M. Necker l'avait fait entrer au ministère, et à son tour le désigna au Roi pour contrôleur-général. Le Roi le voulait bien; hélas! il voulait tout!... Mais autour de lui que de voix négatives!....... M. de Vergennes voulait tenir M. Necker éloigné du ministère, et encore une fois la Couronne se trouvait dans une position désastreuse.

Tout-à-coup on exile M. Necker pour un ouvrage dans lequel madame Necker avait écrit bien des belles pages. M. Necker l'adressa au Roi en *violant l'étiquette*. C'en fut assez; les ennemis de M. Necker se prévalurent de CETTE FAUTE : il fut non pas exilé, mais relégué hors de Paris. J'ai une lettre de Louis XVI, une lettre de trois pages, écrite à M. de Vergennes, dans laquelle il parle de M. Necker d'une manière outrageante!... Qu'est-ce qu'un roi qui peut traiter ainsi un homme qu'il a jugé digne de sa confiance pendant plusieurs années, surtout lorsque cet homme lui a donné des preuves de son habileté et de son attachement?...

« Qu'on ne me parle plus de M. Necker, s'écria Louis XVI, ni de M. de Mareuil! »

En janvier 1785, il disait de M. Necker : « C'est un homme de talent, sans doute, mais un brouillon fanatique qui, dirigé par sa femme, voudrait faire de mon royaume une *république criarde* comme est leur ville de Genève... »

Pendant ce temps M. Necker voyait M. de Castries en secret, et tout se préparait pour sa rentrée au ministère. C'est ce moment que j'ai choisi pour peindre madame Necker dans son salon... Elle avait, à cette époque, bien des sentiments qui l'agitaient, et que pouvait-elle faire? Rien comme femme du ministre; tout, comme femme privée, comme souveraine d'un royaume où l'opinion était elle-même une souveraine.

Des années s'écoulèrent ainsi; par l'histoire de la Révolution, qu'il faut suivre en même temps pour me bien comprendre, on peut voir ce que faisaient à cette époque les sociétés en France, et combien les salons étaient puissants..., comment ils pouvaient *et comment ils faisaient*. M. Necker et M. de Calonne, M. Necker et M. Turgot, en arrivèrent à être eux-mêmes les causes portées devant ce terrible tribunal du monde; il les jugea, comme toujours, sans y entendre grand'chose, parce qu'à l'ordinaire les parties sont absentes. Il y eut des pamphlets écrits, des brochures signées et avouées des auteurs ; les choses en étaient arrivées à un point alarmant pour la majesté royale. Louis XVI, qui la voyait en silence s'écrouler tous les jours sans songer à la soutenir d'un bras de souverain, Louis XVI songea cependant à sévir contre les ministres qui, soit en place, soit dans la retraite, troublaient l'ordre public et dérangeaient la société jusque dans ses bases.

Le 7 avril 1787, un dimanche, le Roi écrivit à M. de Calonne, alors contrôleur-général, pour lui demander sa démission... Il avait fait cette terrible profession de foi à l'Assemblée des Notables!... et pourtant il n'avait eu peur de rien... M. de Montmorin lui porta la lettre du Roi. La dénonciation de M. de Lafayette donna le coup de grâce à M. de Calonne, qui, au fait, pour être ministre des Finances, dans une aussi terrible crise, n'avait aucune des qualités requises... Il était agréable, mais toujours Robin, et son portrait, fait par madame de Staël, est fort éblouissant : ses amis le comparaient à Alcibiade ; mais, s'il lui a jamais ressemblé, c'était probablement pour avoir fait couper la queue à son chien. Le Roi lui envoyait sa démission dans sa lettre le plus gracieusement qu'il pouvait. Le vendredi suivant, le lieutenant de police, M. de Crosne, successeur de M. de Sartines et de M. Lenoir, alla porter *lui-même* à M. Necker l'ordre qui l'exilait à vingt lieues de Paris, lui laissant le choix du lieu de sa retraite. M. Necker, qui s'attendait à rentrer au contrôle-général, partit à l'heure même avec sa femme ; mais il fut contraint de s'arrêter à Marolles, à peu près à dix lieues de Paris, et de là il écrivit que madame Necker étant trop malade pour aller plus loin, il demandait de demeurer près d'elle ; ce que le Roi accorda. Il quitta Marolles quelques jours après, et se rendit à Château-Renard, près de Montargis. Mais en partant il avait quitté le lieu du combat en Parthe... en lançant une flèche qui avait porté au milieu du cœur, et la blessure était de telle sorte que la main seule qui l'avait faite la pouvait guérir. Le mal grandissait, la plaie s'envenimait... mais ce fut bien pis lorsque M. de Brienne s'en mêla : le sang français coula par flots ; la Seine reçut des cadavres. Enfin la Cour vit le danger ; elle fit donner un chapeau rouge à M. de Loménie, et rappela M. Necker. Madame Necker était alors plus malade que jamais, et ne pouvait demeurer dans un même lieu sans que des douleurs très-violentes la fissent aussitôt changer de place. Partout déjà sonnait le tocsin de la révolte; et pour accepter la place de contrôleur-général, il fallait le courage de madame Necker.

SALON DE MADAME NECKER.

1787.

Dans une pièce vaste et bien éclairée, dont les fenêtres donnaient sur un jardin, étaient plusieurs personnes autour d'une femme encore assez jeune, grande, élancée, et d'une pâleur qui révélait un état de souffrance habituel. Un mouvement nerveux paraissait agiter tous ses traits, et particulièrement sa bouche, lorsqu'elle gardait le silence. Elle était belle pourtant, si l'on pouvait l'être avec cette pâleur de mort qui couvrait son visage, et dont le regard éternel de ses yeux confirmait la triste vérité. Cette femme, en ce moment, racontait une anecdote à trois ou quatre personnes, qui paraissaient l'écouter avec une grande attention, et cela n'était pas extraordinaire, car cette femme était madame Necker. Le salon où elle se trouvait était celui du contrôle-général. M. Necker avait été nommé au moment où l'ardeur animait chacun pour ramener le calme, ne fût-ce même que pour l'apparence. A peine le retour de M. et madame Necker avait-il été connu, que leurs nombreux amis étaient accourus pour les revoir et leur dire toute la joie qu'on éprouvait de ce retour dans Paris et dans toute la France. Madame Necker souriait doucement en regardant M. Necker, qui, de son côté, renvoyant une partie de ce bonheur à sa femme et à sa fille, voyait doubler pour lui les jouissances de l'amour-propre par celles du cœur.

Madame Necker avait naturellement un son de voix très-grave, mais aussi parfaitement doux; avantage de femme que n'avait pas madame de Staël, dont la voix était belle, et même pleinement sonore, mais nullement harmonieuse. Quant à madame Necker, son état de maladie rendait son timbre encore plus doux.

— Madame, vous alliez nous dire une histoire de M. de Malesherbes au moment où M. de La Harpe est entré, lui dit le baron de Nédonchel[1];

---

[1] Je dirai, une fois pour toutes, que les histoires que je rapporte sont toutes véritables, ainsi que les noms des personnes que je cite.

voulez-vous ne pas nous priver de cette bonne chose? Qu'est-ce que M. de Malesherbes pouvait avoir de si curieux à montrer à madame de Pons, *lui* qui ne trouve rien d'extraordinaire, lui montrerait-on la tour de porcelaine de Pékin?

Madame Necker sourit.

— En effet, il s'étonne difficilement, lui qui aime tant à étonner les autres; mais ici la chose n'est pas ce que vous pourriez croire; voici le fait: M. de Malesherbes dit à madame de Pons: J'ai dans mon jardin un cèdre du Liban! — Ah! mon Dieu, dit-elle, que cela doit être beau, un cèdre du Liban!... allons le voir. Elle cherchait dans les nues, tandis que M. de Malesherbes, qui a la vue basse, comme vous savez, et qui est même myope, cherchait à ses pieds. Enfin il tombe par terre, et touchant ce qu'il cherchait de l'œil et de la main: Le voilà, le voilà! — Quoi donc? — Eh! le cèdre! — Et où cela? —

C'était un arbrisseau à deux lignes de terre!

Vous jugez des rires de madame de Pons.

— Y a-t-il longtemps qu'il n'a fait quelque belle surprise, opéré quelque magique étonnement? demanda quelqu'un à M. Suard.

— Je ne sais; mais il est à remarquer que cette manie qui lui donne un amusement, au reste bien innocent, ne nuisant à personne, n'a encore amené que des résultats heureux, et n'a produit aucun résultat fâcheux, pour lui au moins : pour les autres, je n'en dirai pas autant, et malheur à l'honnête homme si le coquin a offensé M. de Malesherbes !...

Dernièrement il était à Melun et voulait aller à Vaux. Ses chevaux étant fatigués, il les laisse à l'auberge et part à pied pour Vaux. Il faisait à son départ un temps superbe; mais à peine à moitié chemin, le ciel se couvre, et la pluie tombe fortement. M. de Malesherbes fut contrarié; mais il se résigna, et se mit sous un arbre pour s'abriter, car il n'avait pas même de parapluie. Enfin l'orage, car c'était plus qu'un grain, continuant toujours, il se détermina à gagner le château en recevant toute la pluie. A peine fut-il sur le chemin, qu'un paysan déboucha d'un des grands sentiers qui bordent la route, dans une petite carriole couverte d'une toile verte, et fort bonne en apparence, surtout pour un homme qui recevait pleinement l'orage sur une assez mauvaise redingote de bouracan fort légère. — Voulez-vous me donner une place à côté de vous, mon ami? demanda M. de Malesherbes au paysan; je vous donnerai pour boire.

Le paysan regarda M. de Malesherbes, et loin de se déranger pour lui faire place, il se mit au contraire plus en avant, et dit à monsieur le premier président, en regardant alternativement lui et sa redingote :

— Bah, c'est bien la peine!... le temps va s'éclaircir!... et vous êtes, ma foi, bien couvert!... Ce n'est pas comme cet homme-là.

Et il lui montrait un paysan qui travaillait aux vignes et n'avait que sa chemise.

— Mais il est jeune et je suis vieux, dit M. de Malesherbes avec une sorte d'expression, pour attendrir le méchant homme...

— Vieux!... mais pas trop!... Quel âge avez-vous ben?...

— Soixante ans, vienne la Saint-Jean, c'est-à-dire dans huit jours...

— Ah! ah! dit le paysan, fouettant toujours sa bête et trottant à côté du pauvre piéton qu'il éclaboussait de son mieux... — La patience de M. de Malesherbes est connue dans ces sortes d'aventures; mais celle-ci commençait à l'ennuyer, parce que le remède était aussi par trop près de lui. — Savez-vous si nous sommes encore loin du château, demanda-t-il au paysan?...

— Oh! monsieur... le voilà tout à l'heure! est-ce que vous y allez?...

M. de Malesherbes fit un signe affirmatif...

— Et moi aussi... j'y vais pour des affaires.

Il dit ce mot d'*affaires* avec un ronflement

dans la voix qui annonçait le maître de plusieurs gros sacs d'écus !...

— Et quelles sont vos *affaires?*... Peut-on vous le demander, si cela peut se dire ?

— Oh! mon Dieu, oui !... Je suis fermier de monseigneur, je tiens la ferme des Trois-Moulins... ici près... là tout au bord de l'eau... de beaux prés, ma foi.... et si beaux qu'ils tentent tout le monde !... J'ai un voisin, Mathurin le pêcheur, qui veut me prendre un de mes prés... J'ai plaidé... mais bah! il plaide aussi ! et je ne sais pas comment il s'arrange, je suis toujours condamné à quelque chose ;... ça n'est pas juste !... Enfin, on m'a dit comme ça que monsieur le premier président venait aujourd'hui par ici, et j'ai attelé ma jument, et me v'là... Je demanderai à monseigneur de me recommander à lui, et si je n'ai pas tout-à-fait tort, il me donnera raison... Avec des protections, la justice marche toujours.

Monsieur de Malesherbes ne riait plus... — Pourquoi dites-vous cela? Avez-vous donc des juges dans ce canton qu'on fait marcher avec de l'argent?... demanda-t-il au paysan d'une voix sévère.

Le paysan se mit à rire de ce rire malin et bête qui ne dit ni oui ni non. M. de Malesherbes répéta sa question.

— Je n'ai pas dit cela, dit le rustre pressé par son *nouvel ami*, mais je le crois...

Cependant la pluie redoublait de violence ; le paysan regarda le vieillard, qui marchait avec peine dans le sentier couvert d'une terre glaise glissante ;... il fit un faux pas... et faillit tomber... Le paysan se mit à rire...

— On voit ben que vous n'êtes pas habitué à marcher dans nos chemins... ça vous accoutumera...

Et il se mit encore à rire... En ce moment ils arrivaient au château... Le paysan entra au trot de sa jument dans la première cour, où il fut obligé de s'arrêter. M. de Malesherbes doubla le pas et gagna le château, où il fut reçu, comme vous pouvez le penser, avec la joie qu'il inspire toujours, mais sans étonnement, parce que ces aventures-là lui sont familières... Il dit son histoire avec le paysan et pria le duc de Praslin de le faire venir après le dîner *pour qu'il parlât au premier président...* En me racontant toutes ces scènes ce matin, ajouta M. Suard, je vous jure qu'il était plus amusant et plus extraordinaire que jamais dans les effets qu'il produit... Mais il s'est surpassé dans la description de l'étonnement du paysan en reconnaissant dans le premier président son voyageur qui glissait et se mouillait sur le chemin humide et crotté de Melun au château !... Sa détresse, en regardant les éclaboussures qu'avait faites sa malice sur la redingote de bouracan, était bien comiquement rendue par M. de Malesherbes...

— Et je suis sûre, dit madame Necker, qu'il a promis à l'homme de lui faire rendre justice s'il y a lieu?

— Vous en êtes assurée... Quand on le connaît comme nous, on en est sûr d'avance.

— Eh bien! voilà la confirmation de ce que je disais tout à l'heure : un homme qui aura été malhonnête envers un vieillard, un méchant homme enfin, va être plus favorisé que ce Mathurin le pêcheur, qui est peut-être un honnête homme. Je ne comprends pas beaucoup, je l'avoue, la morale de M. de Malesherbes. Je le lui ai déjà dit plusieurs fois et le lui dirai encore... Car enfin, rappelez-vous toutes les aventures qui lui sont arrivées; elles sont plus ou moins désagréables, mais elles le sont souvent pour lui en résultat... Et malgré cela c'est presque toujours une récompense qui est donnée à l'homme impertinent qui aura manqué de respect à un vieillard... M. de Malesherbes est vraiment bien singulier [1].

[1] Quelle que fût la bonté naturelle de madame Necker, on sait que M. de Malesherbes était l'ami le plus intime de M. Turgot, et presque, par cette raison, l'ennemi de

SALON DE MADAME NECKER.

Un Valet de chambre annonçant.

Madame la duchesse de Lauzun[1], madame la princesse de Monaco!

Madame Necker alla au-devant d'elles, et les saluant avec une réserve douce, sans froideur, mais avec dignité, les conduisit à un grand canapé où les deux jeunes femmes s'assirent.

Madame la duchesse de Lauzun parut d'abord vouloir parler à madame Necker avec un empressement mêlé d'émotion; mais en voyant autant de monde, elle fut embarrassée.

— En vérité, madame, je ne sais comment vous exprimer ma gratitude! M. le maréchal voulait venir avec moi, mais il est goutteux et souffrant, vous le savez... je suis donc venue seule, mais bien pénétrée, madame, de vos bontés pour moi. »

M. Necker!... M. de Malesherbes était ensuite plus qu'*irréligieux*; il était presque athée... et l'un des plus zélés philosophes, sorte de gens par leur nature peu aimés de madame Necker.

[1] Petite-fille de la maréchale de Luxembourg. *Voyez* le ravissant portrait qu'en fait J.-J. Rousseau dans ses *Confessions*. C'est elle qu'il embrassa un jour sur l'escalier du château de Montmorency... ce qui le fit renvoyer du château. — Madame de Lauzun était un ange.

MADAME NECKER, avec un accent plus affectueux qu'habituellement.

Je vous assure qu'en faisant ce portrait, je pensais tout ce que j'écrivais, et que rien n'y est exagéré. Tout est vous-même... et si ces messieurs veulent éprouver un double plaisir, ils écouteront M. de La Harpe, qui lit si merveilleusement bien... et qui voudra bien nous dire ce qui se trouve dans ce cahier.

(M. de La Harpe s'incline.)

Tous les Hommes, avec empressement.

Ah! oui! oui!... madame la duchesse, permettez-le.

LA DUCHESSE DE LAUZUN, très-embarrassée, se penchant vers madame Necker, lui dit très-bas :

Madame, je vous en conjure... ne lisez pas devant madame de Monaco!... elle, si belle, si charmante!... ah! ne me faites pas faire sans le vouloir une chose qui pourrait paraître de ma part une étrange preuve d'orgueil, et surtout de prétention si peu fondée!...

MADAME NECKER la regarde quelques instants en silence, puis elle dit à M. de La Harpe :

Aussi bonne que belle!...

LA PRINCESSE DE MONACO, qui causait avec le marquis de Chastellux, se levant.

Ah ça! si je comprends toute l'agitation qui est autour de moi, je crois qu'il est question de lire un portrait de madame de Lauzun!... Je ne sais pas si M. de La Harpe est susceptible?... ajouta-t-elle en se tournant vers lui avec un de ses plus charmants sourires.

M. DE LA HARPE.

Madame la princesse veut-elle me dire en quoi j'ai à me soumettre à ses commandements?

LA PRINCESSE DE MONACO, étendant la main vers lui.

En me donnant ce rouleau de papier pour que je lise moi-même ce que madame Necker a écrit et ce que nous pensons tous.

MADAME NECKER, allant à elle, la baise au front. La princesse s'incline, et dans ce mouvement plein de grâce, sa belle tête blonde ¹ se penche, et le chignon poudré et flottant se sépare et répand une odeur embaumée dans la chambre.

Vous êtes aussi une ravissante femme, dit madame Necker, toujours avec cette réserve qui ne la quittait jamais, mais à laquelle se mêlait une

¹ Mademoiselle de Stainville, femme du prince Joseph de Monaco, était une charmante personne; elle avait, à l'époque où elle se trouvait chez madame Necker, à peine dix-neuf

vive émotion... Elle prit les deux jeunes femmes presque dans ses bras, et les regardant toutes deux :

— Eh bien ! il sera fait comme l'a dit la souveraine

ans. Ses cheveux blonds étaient les plus beaux du monde... Arrêtée d'abord en 93, elle obtint de rester chez elle avec des gardes ; elle s'échappa et sortit de Paris... Elle erra plusieurs mois dans la campagne... Enfin, sa malheureuse destinée lui inspira la volonté de rentrer dans Paris... Elle fut arrêtée de nouveau, et cette fois condamnée à mort !... La malheureuse jeune femme écrivit à ce monstre à face humaine, à Fouquier-Tinville, en lui disant qu'*elle était enceinte*, espérant par cet innocent mensonge sauver sa vie... Le tigre ordonna le supplice... La veille de sa mort... la princesse de Monaco voulant laisser à ses deux filles un souvenir parlant de cette heure cruelle, coupa ses magnifiques cheveux blonds et les leur envoya. Comme on lui refusait des ciseaux, et qu'elle n'avait aucun instrument tranchant, elle cassa un carreau de vitre dont elle se servit !... Au moment d'aller à l'échafaud, elle craignit de paraître pâle et demanda du rouge.

— Si j'ai peur, dit-elle avec ce doux sourire d'ange qui était un des charmes puissants de son visage, que ces misérables n'en voient rien... Elle périt *la veille* de la mort de Robespierre, le 8 thermidor !...

Les deux filles qu'a laissées madame la princesse de Monaco sont madame la marquise de Louvois et madame la comtesse de La Tour-du-Pin.

Le fait de l'éloge de madame de Lauzun, lu par madame de Monaco, est exact ; il se passa, comme je le rapporte, chez madame Necker.

des suaves odeurs... nous ne sommes qu'avec des amis! eh bien! qu'une jolie femme prononce l'éloge d'une autre.

On se plaça autour d'une grande table ronde, recouverte d'un tapis de velours vert bordé d'une frange d'or; sur cette table était un flambeau d'argent à douze branches surmonté d'un abat-jour; autour de la table se rangèrent M. de La Harpe, M. de Chastellux, M. Suard, l'abbé Morellet, l'abbé Galiani, M. de Saint-Lambert, M. de Florian, M. Gibbon, M. de Chabanon et M. Moultou, etc. etc. A côté de madame Necker toujours debout, mais toutes deux assises, étaient les deux jeunes femmes, mises à la mode du temps; elles portaient un pierrot en pékin rayé avec un grand fichu en gaze de Chambéry, bordé d'une magnifique blonde... Le pierrot de madame de Lauzun était de pékin puce rayé, couleur sur couleur, d'une large raie satinée, et garni d'une ruche découpée; sur sa tête était un petit chapeau de satin rose, avec un bouquet de plumes également roses, posé sur le côté. Madame de Monaco était en cheveux, n'ayant que ce qu'on appelait alors *un œil de poudre*; elle était habillée d'une étoffe vert clair parsemée de petites roses...

Au moment où l'on allait commencer la lecture du portrait, on annonce:

M. le comte de Buffon, M. de Marmontel!...

MADAME NECKER, allant vivement à M. de Buffon.

Eh quoi! c'est vous!... et si tard!...

M. LE COMTE DE BUFFON, après lui avoir baisé la main.

Il n'est jamais tard pour venir à vous, car pour une si douce chose que celle de vous voir, on est toujours prêt!...(*Il s'incline très-bas devant les deux jeunes femmes.*) Madame la princesse de Monaco, veut-elle bien recevoir mon hommage [1]?

(Il s'approche de madame de Lauzun, qu'il connaît davantage, et lui prend la main, qu'il baise, toujours en s'inclinant profondément.)

---

[1] M. de Buffon, né le 7 septembre 1707, avait alors quatre-vingts ans; il mourut à Paris l'année suivante 1788, le 16 avril.

C'est encore une réputation trop exhaussée; quand on voit sur le piédestal de sa statue *que son génie égale la majesté de la nature*, on se demande quelle louange on donnera au vrai naturaliste qui soulèvera le voile de la nature et nous révèlera ses secrets. M. de Buffon a révélé seulement le secret d'écrire en prose avec tout le charme et la pompe de la poésie; mais pour être un brillant écrivain, on n'est pas un illustre savant, un homme nécessaire à la science spéciale de l'histoire naturelle. Je dirai plus, on peut lui faire à cet égard même de très-grands reproches. Ses tableaux sont ra-

MADAME NECKER.

J'espère, Marmontel, que vous n'aurez pas permis au comte de faire une trop longue course à pied?

vissants, mais souvent hypothétiques. C'est une faute, une grande faute; Voltaire l'a bien senti, Condorcet également; Linnée, son contemporain, Linnée, qui fut maltraité par M. de Buffon, Linnée aura peut-être une place dans la postérité que le temps ne lui ravira jamais. Il a attaché son nom à des classifications jusque-là incertaines, et le beau système de M. de Jussieu a même respecté Linnée dans beaucoup de parties. Quant à M. de Buffon, il faut, en faisant son éloge, parler en même temps de Guéneau de Montbeillard, élégant écrivain, et de l'abbé Bexon, pour l'histoire des oiseaux; de M. Daubenton pour la partie anatomique des quadrupèdes, ainsi que de Mertrud; et enfin, pour l'histoire des serpents et des poissons, de M. de Lacépède, dont le talent ressemble tant à celui de M. de Buffon, en ce qu'il montre plus de brillant et de coloris que de profondeur.

Aristote avait posé les premiers fondements de la zoologie; Pline mêla le vrai et le faux, le ridicule et le sublime, accueillant toutes les versions, mais racontant admirablement ce que lui-même voyait; puis vinrent ensuite Gessner (Conrad), Aldrovande, et plus tard *Césalpin*, *Agricola*, *Jean Rai*. Tous ces esprits, cherchant la lumière, avaient préparé les voies, et lorsque M. de Buffon fut transporté au Jardin du Roi, au milieu de ces trésors dont la profusion étonnait même la science, il n'y vint pas *seul*, et n'y travailla jamais sans aide *.

M. de Buffon est de Montbard; les détails de sa vie habi-

---

* Les deux frères de ma belle-mère, les oncles de Junot, qui

M. DE MARMONTEL.

Traverser les Tuileries seulement, madame.

MADAME NECKER.

C'est encore beaucoup.

tuelle me sont aussi familiers que ceux d'un de mes parents les plus proches. Je sais donc de lui des traits qui repoussent le génie. Cette manie de n'écrire qu'habillé ou tout au moins poudré, et en jabot de dentelle... c'est pitoyable, et cela révèle un talent lorsqu'on y ajoute ce mot :

Le génie, c'est l'aptitude à la patience.

Avec ce système, le génie devrait être bien plus fréquent, tandis qu'il est bien rare !... Je crois au contraire que le génie, c'est la conception instantanée et surtout rapide de ce qui s'offre à nous. Cette pensée est viable ou elle ne l'est pas. Le moule dans lequel elle fut jetée ne vous la rendra pas. Voilà du moins comment je comprends le génie. Il fut créateur, mais créateur comme la Divinité. Dieu n'a ni repentir ni calcul ; ce qu'il produit est parfait. Le génie !... oh ! quel abus on a fait de ce grand nom ! Le génie !... ce mot a été souillé... et maintenant il faudrait un autre mot pour désigner cette émanation de Dieu, cette parcelle du feu qui

---

s'appelaient messieurs Bien-Aymé, étaient les amis intimes de M. de Buffon ; l'un était évêque de Metz, et avant la révolution premier chanoine de la cathédrale d'Évreux ; l'autre, médecin ordinaire de M. le comte d'Artois. Mon oncle l'évêque de Metz était fort habile en botanique, et surtout en histoire naturelle, pour les insectes et les oiseaux. C'est lui qui a fait *en entier* tout l'article des Abeilles. Guéneau de Montbeillard était souffrant, et ce fut mon oncle qui s'en chargea.

M. DE BUFFON.

Lorsque les vieillards ne marchent pas, ils perdent l'usage de leurs jambes...

brûle devant son trône!... Quel abus nous avons fait et nous faisons encore des mots!!!

M. de Buffon n'aimait pas Linnée: cela devait être; mais pourquoi le laisser voir?... Linnée reçut longtemps les attaques peu courtoises de M. de Buffon sans lui répondre; cependant le savant de la Suède pensa que le silence était une approbation tacite, et il répondit; mais savez-vous comment? Le fait est assez peu connu.

Un jour, en parcourant les bruyères, les vallées et les lacs de sa province glacée, il trouva dans ses courses une plante fort ordinaire, laide et désagréable à voir, et même à étudier. Elle est de la famille des cariophyllées*; elle ne croît que dans des terrains arides et incultes. Les magiciennes de la Thessalie l'employaient dans leurs enchantements, et dans presque toutes ses touffes on est sûr de trouver un crapaud, parce qu'ils aiment cette plante; lorsque Linnée la trouva, elle était inconnue comme classification; il la plaça avec celles de sa parenté, et la baptisa du nom de BUFFONIA. Ce fut la seule vengeance qu'il tira de M. de Buffon, qui avait été fort mal pour lui.

Cette nature morale et cette nature physique s'alliant ensemble pour une passion humaine des plus basses, la vengeance, m'a toujours paru un texte bien remarquable à commenter!...

M. de Buffon était parfaitement aimable lorsqu'il était

---
* Cette famille a deux espèces, l'une vivace et l'autre annuelle.

MADAME NECKER.

Mais n'en est-il pas de même de leurs facultés ? Voyez Voltaire ! s'il n'avait pas toujours écrit, il n'aurait pas produit aussi tard ni aussi bien.

MARMONTEL.

Ah ! aussi bien !

(M. de Buffon sourit sans parler.)

M. DE LA HARPE.

Mais...

avec des personnes auxquelles il voulait plaire. Ses manières et son ton, tout en lui formait ce qu'on appelait alors un homme parfaitement aimable comme un homme du monde... Il avait ces formes non-seulement polies, mais complètement inconnues maintenant, et qui paraîtraient une sorte de caricature des manières d'aujourd'hui... M. de Buffon avait une belle tête de vieillard, et sa tournure avait de la distinction. Son père était conseiller au parlement de Dijon (Benjamin Leclerc).

Un fait que je tiens de mon oncle l'évêque de Metz, c'est que J.-J. Rousseau, passant par Montbard, voulut voir M. de Buffon ; il était absent. Jean-Jacques se fit conduire chez lui, et là ayant demandé à être introduit dans le cabinet où travaillait M. de Buffon, Jean-Jacques se prosterna et *baisa* le seuil de la porte. Mon oncle a été *témoin* du fait.

M. de Buffon mourut, à Paris, le 16 avril 1788 ; son fils périt sur l'échafaud, sans que son nom, dont la France devait être trop fière pour le souiller de sang, pût le préserver de la proscription des cannibales qui nous décimaient.

MARMONTEL.

Mon cher La Harpe, vous ne pouvez, avec toute votre amitié pour M. de Voltaire, lui reconnaître du talent dans ses derniers jours [1].

M. DE BUFFON, d'une voix égale et douce.

Messieurs, messieurs, point de discussion sur le génie du grand homme [2] !

MADAME NECKER.

Et notre éloge?

LA DUCHESSE DE LAUZUN, d'un ton caressant.

Pas aujourd'hui...

MADAME NECKER.

Et moi, comme auteur, et comme maîtresse de maison, j'ordonne ici... et *je veux* que vous entendiez votre amie vous louer comme vous devez l'être.

[1] M. de Voltaire était mort depuis neuf ans (1778).
[2] On sait qu'ils se détestaient; mais il y avait un raccommodage *reblanchi*, comme l'écrivait Voltaire au cardinal de Bernis.

LA PRINCESSE DE MONACO.

Je suis prête!...

> (Au moment où elle va commencer, une porte s'ouvre à côté de la cheminée; un homme sans chapeau et vêtu d'un habit noir sort par cette porte, suivi d'une jeune femme, dont la tournure est étrange et dont l'aspect présente celui de la force et de la santé. Cet homme était M. Necker, alors contrôleur-général de France, et la jeune personne était Germaine Necker, femme du baron de Staël, ambassadeur de Suède. A la vue du contrôleur-général, tout le monde se leva, et madame Necker s'avança vers son mari avec le respect qu'elle lui témoignait en toutes circonstances. M. Necker prit la main de sa femme et la lui serra avec tendresse. C'était un spectacle à la fois touchant et respectable que la vue de cet intérieur. Madame de Staël s'avança vers sa mère, qui l'accueillit froidement, quoiqu'elle l'aimât; mais leurs natures ne se ressemblaient pas assez.)

M. Necker avait à cette époque de sa vie quarante-cinq ans : sa taille était haute, sans être très-grande, mais il avait un art particulier de porter sa tête et d'ajouter à la hauteur de sa personne; son front, quoique élevé, avait une singulière particularité; il y avait de la femme [1] en lui; ni angles, ni nœuds, ni de ces *pattes d'oie* [2] qui vieillissent avant le temps les visages qui les ont;

---

[1] C'est le mot de Lavater.

[2] On appelle ainsi un rayon de petites rides qui se placent au coin de l'œil, entre l'œil et la tempe.

son œil était admirable ; il y avait dans son regard une douceur infinie, et puis une activité d'âme tempérée par la sagesse, fruit de ses longues études et d'une connaissance intime du cœur humain, qui lui donnaient une gravité douce échappant aux calculs matériels de la terre, et n'étant pas étrangère à ce monde invisible dont nous faisons partie sans pouvoir le comprendre. Dans ce regard *attentif*, on trouvait, dit Lavater, la force de combinaison plus peut-être que la force créatrice... son teint était d'un jaune pâle, ainsi que tous les hommes qui travaillent beaucoup. Sa bouche avait une ligne surtout très-remarquable, aiguë, sans dureté, qui permettait aux lèvres de sourire avec grâce ; c'était encore, comme sur son front et dans son regard, une beauté, ou plutôt un agrément de la femme qui existait dans sa conformation. Son menton était peut-être un peu long et replet, mais non pas comme le serait un menton d'homme éminemment gourmand. Il y avait en général dans tous ses traits une grande harmonie, et il ne pouvait se mouvoir sans se placer dans une attitude qui lui seyait.

Son nez n'avait aucune forme particulière : il n'était ni aquilin, ni grossièrement taillé, quoique fort, mais il était ce qu'il fallait pour rendre cette physionomie imposante par tout ce qu'elle exprimait en repos. Une qualité à lui particulière, c'était la grâce simple, chose si difficile à acquérir quand la nature ne vous l'a pas donnée, qu'il mettait à accueillir les étrangers qu'on lui présentait et les personnes qu'il connaissait et qu'il trouvait chez madame Necker en sortant de son travail. Il mettait à l'aise dans le salon où l'on était avec lui, et malgré ce qu'on a dit à Paris de la raideur de madame Necker, je tiens de plusieurs personnes dignes de foi qu'elle et lui faisaient à ravir les honneurs de chez eux. Quant à madame de Staël, elle était déjà à cette époque si bruyante et si démonstrative, qu'à côté d'elle une politesse ordinairement affable paraissait froide et sans couleur. Les jeunes personnes n'avaient alors rien de ce mouvement perpétuel qui l'agitait, et qui depuis s'est au reste fort calmé; mais nous avons pu juger de ce qu'il était lorsqu'elle avait quinze ans, et cela devait être étrange.

Lorsque M. Necker fut assis et que sa fille eut pris sa place à côté de lui, comme si elle eût cherché un appui, il se tourna vers la duchesse de Lauzun, qu'il connaissait mieux que la princesse de Monaco, et lui dit en souriant : — Est-ce qu'Émilie a reçu un portrait *qu'on m'a fait voir*, mais que je ne connais pas entièrement ?

LA PRINCESSE DE MONACO.

Nous en sommes là précisément, monsieur! Madame de Lauzun prétend qu'elle ne veut pas qu'on lise son éloge devant elle; moi je prétends qu'il y a de la vanité là-dedans.

M. NECKER, riant doucement, et à madame de Lauzun.

Mais savez-vous que cela y ressemblerait un peu? Vous! vous! de la coquetterie!

LA DUCHESSE DE LAUZUN.

J'avoue que cela m'émeut de penser qu'on s'occupera de moi exclusivement pendant tout un quart d'heure, et je suis sûre que madame de Monaco est comme moi.

LA PRINCESSE DE MONACO, souriant.

C'est selon!... mais allons, nous perdons un temps qui serait bien mieux employé.

(Elle se place dans le vrai jour, et commence à lire.)

« Pour connaître la nature humaine dans tout
« l'éclat dont elle est susceptible, et pour qu'elle
« nous inspire à la fois autant d'admiration
« que d'intérêt, il faut se représenter, sous les
« traits d'une jeune personne, l'union vérita-
« blement divine de la sagesse et de la beauté.

« Quand je considérais dans mon esprit l'accord
« touchant et sublime de ces deux perfections,
« quand je me blâmais ensuite de m'occuper trop
« exclusivement d'un prodige sans vraisemblance,
« je le vis se réaliser à mes yeux ; je vis Émilie[1].

« Qui connut cette femme charmante et ne
« ressentit aussitôt les douces émotions de l'amour
« et de l'amitié ? Ses grâces naïves pourraient
« inspirer, je l'avoue, des sentiments trop pas-
« sionnés, s'ils n'étaient réprimés par la noble
« décence de ses regards, et par l'expression
« céleste de sa physionomie ; car c'est ainsi
« qu'Émilie *en impose*[2], sans le savoir, et qu'elle
« ne fait jamais naître que des sentiments dignes
« d'elle[3].

« Heureuses les femmes qui ont su longtemps
« cacher leur mérite par la simplicité et la mo-
« destie, et qui ont appris leur secret au pu-
« blic avant de le savoir elles-mêmes ! Heureuses
« celles qui ont su se faire aimer avant de
« faire naître l'envie, et qui ont jugé de bonne
« heure que l'exemple donné en silence est le

---

[1] Je n'ai transcrit ici qu'une partie de ce charmant éloge de madame de Lauzun, écrit par madame Necker.

[2] Il est étonnant que madame Necker fasse la faute toutes les fois qu'elle se présente.

[3] Comme ce portrait ressemble à madame Récamier !

« plus utile de tous !... Émilie fait rarement
« l'éloge de la vertu ; car elle entrevoit sans
« s'en douter que ce serait parler d'elle. Elle
« craint les regards, les distinctions ; elle ne peut
« suivre la route commune et ne veut point paraître
« s'en écarter.

« La grande considération dont jouit Émilie
« dans un âge aussi peu avancé n'est pas due à
« la seule vertu ; car on trouve des femmes
« très-honnêtes et qui remplissent bien des
« devoirs austères, sans qu'elles aient obtenu
« cette fleur de réputation que possède Émilie...
« C'est donc à une âme *à elle,* dont sa physionomie
« est l'image, qu'elle doit l'estime et les égards
« dont elle est entourée. Les femmes qui veulent
« captiver l'opinion cherchent à s'insinuer dans
« tous les esprits par des propos flatteurs, par
« des attentions de tous les genres. Émilie, au
« contraire, n'a jamais montré aux indifférents
« d'autres sentiments que celui de la bienveil-
« lance, et néanmoins elle a réuni tous les suf-
« frages [1], comme les corps célestes qui, pa-

---

[1] Quel inconcevable rapport entre ce portrait et celui qui serait fait pour madame Récamier ! Beauté, bonté, agréments, considération, tout ce qui est attachant, ce qui tient à l'estime, au charme, à la renommée, tout ce qui fait aimer et plaire se trouve réuni sur les deux têtes de ces femmes

« raissant rester toujours dans la même place,
« attirent cependant tous les autres autour d'eux,
« sans mouvement et sans effort.

« Cette âme tendre, qui vit au milieu du monde,
« et comme le monde, semble transformer en
« actions vertueuses toutes les actions indifféren-
« tes, et se trouver, ainsi que Mornay, au mi-
« lieu des combats, non pour y prendre part,
« mais pour garantir la vertu, ce maître qu'elle
« s'est choisi, des coups qu'on veut lui porter.
« Ce caractère, d'une vertu simple et sans éclat,
« est le plus rare de tous ; car, en général, les
« femmes ressemblent à ces soldats qui s'étourdis-
« sent par leurs propres cris quand ils marchent à
« la victoire.

« L'éducation d'Émilie ressemble à la législa-
« tion de certains peuples qui ne traitait que des
« fautes légères, pour ne pas donner l'idée des

charmantes ! Comme on aurait été heureux de les voir toutes deux près l'une de l'autre ! leurs destinées sont également brillantes devant les hommes, pures et parfaites devant Dieu !... Toutes deux belles et vertueuses, toutes deux frappées par le malheur :—mais l'une au moins est demeurée pour donner à ses amis le seul bien que Dieu leur accorde, la présence d'un ange consolateur. Une chose remarquable, c'est que madame de Staël a fait de madame Récamier le même portrait que madame Necker de madame de Lauzun.

« grands crimes : aussi se trouble-t-elle par la
« crainte de la moindre omission ; aussi rougit-
« elle dès qu'on la regarde [1], et rougit-elle de
« s'être aperçue encore qu'on la regardait. Émilie
« connaissait bien mieux que personne l'impor-
« tance des petites choses dans l'exercice de ses
« devoirs, et rien de ce qui peut contribuer au
« bonheur des autres, ou augmenter leur affec-
« tion, ne lui paraît à dédaigner. C'est par un
« enchaînement de moyens très-délicats, connus
« ou plutôt devinés par les âmes sensibles, et
« qu'il leur est plus aisé de pratiquer que d'ex-
« primer ; *c'est par une constance à toute
« épreuve qu'Émilie s'est frayé une route vers
« le bonheur, à travers les circonstances les
« plus difficiles et les plus cruelles.* Pourquoi
« ne nous est-il pas permis de montrer, dans
« toutes les situations de sa vie, ce modèle de per-
« fection où les femmes peuvent atteindre, et dé-
« rouler toutes les circonstances de cette appari-
« tion de la vertu sur notre terre abandonnée?...

« La religion d'Émilie est une raison éclai-
« rée. Elle ne la montre pas par accès, mais par
« une suite d'actions qui ont entre elles un rap-

---

[1] Cette partie du portrait est surtout admirable et frappante de ressemblance.

« port constant et dérivent toujours des mêmes
« principes.

« O vous ! ange protecteur à qui le Ciel a confié
« les jours et les vertus de ma chère Émilie, ange
« qui suivez ses pas au milieu des dangers dont
« elle est environnée... »

Un Valet de chambre, annonçant.

Madame la comtesse de Blot[1] !

LA DUCHESSE DE LAUZUN, rapidement et à voix basse à M. Necker, tandis que madame Necker va au-devant de madame de Blot.

Je vous en conjure, monsieur, je vous supplie de ne pas faire continuer la lecture devant madame de Blot.

M. NECKER.

Pourquoi cela? elle est de nos amies. C'est une femme d'esprit, parfaitement agréable, et bien faite, je vous l'assure, pour sentir tout ce que vous valez... Je voudrais, au contraire, que l'on recommençât la lecture pour elle, et si vous étiez complaisante, autant que bonne et charmante, vous nous en laisseriez prendre la licence.

[1] Madame la comtesse de Blot était dame d'honneur de madame la duchesse d'Orléans.

LA DUCHESSE DE LAUZUN, rougissant et très-embarrassée.

Je ne puis, monsieur, vous exprimer toute ma gratitude de la bonté avec laquelle madame Necker veut bien parler de moi ; mais... je n'ai pas le courage de braver la censure de madame la comtesse de Blot.

M. NECKER, avec un sourire malin.

Vous êtes prévenue contre madame de Blot, et cela est très-naturel. Je sais pourquoi !

LA DUCHESSE DE LAUZUN, vivement.

Je n'ai nommé personne !

M. NECKER souriant encore.

Oh ! personne... positivement... non ; mais... vous savez que le regard est souvent plus éloquent que la parole même.

LA DUCHESSE DE LAUZUN, embarrassée.

Je vous assure, monsieur, que...

M. NECKER, la regardant avec un intérêt marqué.

Vous êtes un ange qui ne pouvez rien céler, et surtout qui ne *sait* rien céler !... Au reste, la personne qui est en guerre avec madame de Blot est assez hostile envers madame Necker et envers moi pour que je craigne son influence sur vous !...

LA DUCHESSE DE LAUZUN, avec intérêt.

Elle serait nulle, si elle voulait agir contre vous et madame Necker... Madame Necker !... qui est pour moi, comme l'amie... la mère la plus tendre et la plus éclairée !...

M. NECKER, après avoir hésité un moment.

Eh bien ! alors, comment pouvez-vous entendre madame la comtesse de Genlis parler sur ma femme comme elle le fait ?...

LA DUCHESSE DE LAUZUN, avec dignité et une sorte d'émotion.

M. Necker, comment *vous*, qui jamais ne dites une parole légère, pouvez-vous m'en adresser qui me soient presque douloureuses ?... Moi ! écouter, entendre dire quelque chose d'offensant sur madame Necker !... Vous ne le croyez pas !... Qui m'a accusée de cette faute ?... car vous ne pouvez m'en avoir soupçonné, vous !...

M. NECKER, lui prenant la main avec émotion.

Pardon ! pardon !... mais vous connaissez cette

histoire que fait courir madame de Genlis sur le compte de madame Necker?

LA DUCHESSE DE LAUZUN.

Non!... je n'ai rien appris! Qu'est-ce donc?

M. NECKER, souriant.

Puisque vous l'ignorez, je ne vous l'apprendrai pas, oublions-le; l'oubli de ce qu'ils disent devrait être la vraie punition des méchants.

UN VALET DE CHAMBRE, annonçant successivement.

M. le comte de Creutz... M. Chénier... Lord Stormont... M. de Grimm... M. Damdhume... M. de Chabanon... Madame la comtesse de Brienne... Madame la comtesse de Châlons... Madame la comtesse de Tessé... M. le marquis de Castries... Madame la duchesse de Grammont... Madame la princesse de Poix... Madame la princesse de Beauvau... Madame la duchesse de Choiseul... Monsieur l'abbé Raynal, etc.

La conversation devint générale; mais, ainsi que le voulait madame Necker, elle était toujours dirigée par la maîtresse de la maison... Elle voulait aussi qu'aucune des personnes présentes ne sentît qu'elle était sous la dépendance de la présidente du salon... Il *faut que le pouvoir agisse invisi-*

blement, disait madame Necker [1]... Et cela n'était pas toujours...

Le moment, au reste, l'exigeait impérieusement. On était à cette époque où, après les notables, l'Assemblée Constituante se formait dans l'avenir, et cette association du tiers, que M. Necker espérait enfin faire adopter, causait déjà un mouvement général fort actif. Les amis de M. Necker lui étaient demeurés fidèles... mais cette fidélité subsisterait-elle toujours?... il y avait une grande épreuve à soutenir... Le moment était critique, car le délire de la liberté américaine existait encore dans toute sa force, et cette liberté se voyait dans tout ce qui offrait un point d'opposition avec la Cour. M. Necker en était presque haï dans cet instant, et cette défaveur suffisait pour lui donner une faveur que peut-être, sans cela, il n'aurait pas eue en France, où tout ce qui fait réussir manquait à M. Necker, la grâce, la légèreté d'esprit, de cet esprit spécial à notre pays, qu'on ne

[1] Madame Necker prouvait ici ce qui se voit souvent; c'est que la théorie mise en pratique ne remplit pas toujours le même but. Il y avait chez madame Necker une sorte de froid dans la conversation qui ne se voyait nulle part, et sans qu'il y eût toutefois de l'ennui. Cela venait sans doute de l'état nerveux dans lequel elle était toujours. Elle ne pouvait s'asseoir et n'obtenait de repos que dans le bain.

comprend que lorsqu'on est né en France. Mademoiselle Necker aimait la discussion et la rendait animée, ce qui déplaisait à sa mère, surtout dans le moment où les affaires politiques demandaient un grand calme et beaucoup de circonspection. Madame Necker avait deux jours spécialement affectés pour recevoir... le lundi et le vendredi; le lundi était plus intime... La santé déplorable de madame Necker lui rendait, en général, ces jours-là fatigants, mais elle y était à côté de son mari... Elle le voyait, l'entendait, et pour elle, ce charme du cœur se répandait sur tout ce qui l'entourait. Pouvant difficilement s'asseoir, elle allait d'un groupe à l'autre, écoutait et revenait près de la cheminée, où bientôt elle était entourée à son tour, et M. Necker le premier était attentif à tout ce qu'elle disait, et recueillait avec une religieuse et scrupuleuse attention les anecdotes qu'elle racontait avec une grâce charmante. Il est faux qu'elle fût *guindée* dans sa conversation... Son maintien était raide, et puis cette malheureuse attitude, cette difficulté de s'asseoir était un des plus grands obstacles au charme du *laisser-aller,* qui était surtout alors ce qui dominait dans une société intime et de la haute classe ; mais madame Necker suppléait autant que possible à ce laisser-aller, par une finesse d'idée qui plaisait. Celle offerte par elle vous plaisait aussi par la manière dont elle la présentait... il semblait qu'elle était, depuis longtemps, au bord de votre pensée... Enfin, on se trouvait peut-être mieux avec elle qu'avec sa fille, malgré le brillant génie et la faconde toute sublime de madame de Staël... Elle inspirait tout d'abord une grande méfiance de soi-même... Ce sentiment est pénible...

Ce même soir où l'on avait lu le portrait de la duchesse de Lauzun, les groupes étaient plus nombreux qu'à l'ordinaire dans le salon de madame Necker. Dans l'une des parties les plus éloignées de la cheminée, on voyait madame de Staël, entourée de l'abbé Raynal, Marmontel, Grimm, la duchesse de Grammont, Cerutti et quelques amis de l'éloquence forte et passionnée de la jeune femme. Elle racontait en ce moment l'événement du portrait de Charles Ier, posé dans le cabinet du Roi par M. le comte d'Artois le jour où M. Necker proposa la réunion entière... Madame de Staël, sans réfléchir combien cette anecdote pouvait être pénible aux oreilles de son père qu'elle adorait, et pour qui elle professait un culte fanatique, racontait l'aventure avec une chaleur d'expression qui doublait encore lorsqu'on songeait qu'elle indiquait ainsi jusqu'où pouvait aller l'aveuglement de la famille royale, puisque le frère du roi voyait sa mort dans ce qui pouvait peut-être le sauver, si cette mesure eût été dirigée au lieu d'être arrachée *au pouvoir* par *la force!...*

— Mon père indiquait le seul moyen de salut[1], prononça hautement la jeune ambassadrice... Eh bien! que croyez-vous que fit M. le comte d'Artois?... poursuivit-elle en s'adressant à l'abbé Raynal... Lorsqu'il vit que la leçon n'était pas comprise par le Roi... il enleva le tableau et y substitua le même jour une gravure anglaise, représentant non pas la figure de Charles Ier... mais son supplice[2]...

L'ABBÉ RAYNAL.

Et que dit le Roi, cette fois, à la vue de la gravure?...

MADAME DE STAEL

Rien. La leçon demeura sans fruit comme la première. Mais ne trouvez-vous pas admirable

---

[1] Cette anecdote fut racontée le lendemain par madame de Staël elle-même chez son père. Je l'ai entendu raconter à M. de La Harpe.

[2] Cette sorte de prévision ne veut rien dire du tout : Louis XVI avait au contraire la crainte du sort de Charles Ier, et c'est pour l'éviter qu'il agissait ainsi qu'il l'a fait. Ce n'était donc pas Charles qu'il fallait lui montrer, il ne connaissait que trop cette tragique histoire, mais le moyen de l'éviter par une marche plus saine et du moins raisonnable.

qu'à de l'ignorance on joigne une hardiesse aussi grande?

Un Valet de chambre, annonçant.

Madame la marquise de Sillery...

En entendant ce nom, il y eut d'abord un silence général, et puis comme un murmure produit par beaucoup de chuchotements; madame de Genlis n'en eut pas du tout l'air embarrassée; madame Necker fit beaucoup de pas au-devant d'elle, et la prenant par la main elle la fit asseoir le plus commodément possible, l'entoura de soins, et lui montra sans affectation une bienveillance marquée.

MADAME DE STAEL, à M. de La Harpe, qui vient de se joindre aux hommes qui sont autour d'elle, mais à demi-voix.

Que nous apporte-t-elle aujourd'hui, madame de Genlis?... un traité sur l'éducation ou bien un conte de fée?... (M. de La Harpe sourit.) J'avoue, poursuivit madame de Staël, que je fus très-enthousiaste de madame de Genlis. Ma mère me conduisit à Bellechasse, où elle était déjà avec mademoiselle d'Orléans... Je venais de lire *Adèle et Théodore*; j'en étais enchantée, et je voulais en connaître l'auteur. Ma mère voulut bien y aller à ma prière, et nous entendîmes la lecture d'une pièce de madame de Genlis, qui me charma,

Zélie, ou l'Ingénue. Comme son style est pur et qu'elle dit à ravir, j'avoue que j'ai rarement entendu la lecture d'un morceau de littérature par son auteur, avec autant de plaisir qu'elle m'en fit ; mais, depuis, ce que j'ai appris de madame de Genlis m'a bien éloignée d'elle.

Madame de Staël ne voulait pas dire qu'elle savait tout ce que madame de Genlis disait de sa mère, de son père et d'elle-même...

Dans ce moment on entendit quelques voix animées s'élever à l'extrémité du salon, dans la partie où étaient madame de Genlis et madame Necker, ainsi que madame de Blot. Madame de Staël s'appuya sur le bras de son père, qui venait à elle, et s'approchant de l'endroit où la conversation paraissait animée, elle vit madame de Genlis et sa mère qui discutaient ensemble, et madame de Blot, dont le sourire fin et même malin appuyait ce que disait madame Necker, en jetant une sorte de ridicule sur madame de Genlis, dont l'émotion, visiblement excitée, contrastait avec le calme inaltérable de madame Necker... Elle donnait l'idée d'une sœur morave... toujours égale, comme soumise à une règle générale, tandis qu'elle n'obéissait qu'à celle qu'elle-même s'imposait. Lorsque madame Necker avançait une opinion un peu hasardée, rien dans ses manières, dans le timbre de sa voix, ne dénotait une discussion. Madame de Genlis, au contraire, était agitée ; ses yeux, qu'elle avait fort beaux, lançaient malgré elle des regards *plus qu'animés,* et le reste de sa physionomie, ses traits[1], qui demandaient de l'har-

[1] Madame la comtesse de Genlis, qu'on appelait alors madame de Sillery, par l'héritage de la terre de Sillery, avait été charmante et surtout très-gracieuse ; elle avait une très-singulière qualité dont elle-même se vantait, que lui avait donnée la grande habitude de jouer la comédie. Elle était *mime...* elle avait donc la possibilité de prendre souvent, non pas une nouvelle figure, mais une nouvelle physionomie. Son genre de visage comportait plutôt de la gaîté et de la malice que des sentiments profonds. On voyait dans ses grands yeux fendus en amandes une expression qui racontait tout autre chose que ce qui devait animer un visage de jeune femme. Sa bouche était grande, mais ses dents fort belles et ses lèvres bien faites... seulement un mouvement imperceptible ramenait les deux lèvres l'une contre l'autre, ce qui donnait alors aux coins de la bouche une expression tout-à-fait déplaisante et fort méchante ; et son nez, qui ne se sauvait de la réputation de gros nez que parce qu'il pouvait aussi prétendre à celle d'un nez retroussé, son nez recevait aussi un *plissement* qui le rendait tout autre, et changeait enfin tellement la physionomie de madame de Genlis lors d'une émotion vive, que j'ai entendu M. de Saint-Phare, qui passait sa vie chez moi et me parlait d'elle, qu'il aimait encore mieux que madame de Montesson, qu'il exécrait, me dire que madame de Genlis, assez maîtresse d'elle pour ne dire que ce

monie pour être agréables, révélaient par leur contraction une agitation intérieure dont elle n'était pas maîtresse. La position où elle était redoublait encore ce malaise ; dans ce cercle de femmes qui étaient ce soir-là chez madame Necker, madame de Genlis comptait bien peu d'amies, et elle le savait... Madame de Blot, à elle seule, suffisait déjà pour l'embarrasser. Madame de Blot, dame d'honneur de madame la duchesse de Chartres, avait conséquemment longtemps dominé madame de Genlis de son autorité, et depuis, elle était demeurée plus que malveillante pour elle ; elle était son ennemie. Madame de Genlis raconte comment cette inimitié était venue ; mais elle le raconte à sa manière, disant que *n'ayant pas lu la Nouvelle Héloïse, à vingt-deux ou vingt-quatre ans qu'elle avait alors,* madame de Blot l'entreprit sur ce chapitre devant madame la duchesse de Chartres et devant *M. le duc de Chartres,* et qu'elle la traita comme une personne qu'une autre assez impolie pourrait nommer *bégueule.* Voilà, du moins, ce que madame de Genlis laisse apercevoir dans sa propre narration... Elle parle de madame de Blot comme d'une femme ridicule,

---

qu'elle voulait, ne l'était pas assez pour contrefaire son visage.

et l'instant d'après elle en parle comme d'une personne spirituelle et au-dessus des autres. Le fait est que madame de Blot, quoiqu'elle ne fût plus une jeune femme, était toujours élégante dans sa taille et ses manières, et surtout dans sa mise, non-seulement par le choix des objets de sa toilette, mais par une grâce intime qui faisait imiter le lendemain par les autres femmes ce qu'elle avait porté la veille... Elle était supérieure comme esprit, de causerie surtout, *et d'esprit de salon* enfin, à tout ce qui était au Palais-Royal à cette époque. Le duc de Chartres la tenait en haine, en raison du pouvoir constant qu'elle exerçait sur toute la maison de la duchesse de Chartres, et puis pour cet empire que l'esprit et l'esprit sain peut aussi donner sur un caractère angélique comme l'était celui de madame la duchesse de Chartres. Madame de Blot avait de la gaîté dans l'esprit plus que dans le caractère, ce qui donne toujours du charme et du piquant à la conversation, parce qu'elle ne manque alors jamais de raison et qu'il en faut en tout, même pour causer; et puis parce que la passion ne nous entraîne plus hors des bornes de la discussion lorsque le caractère est paisible. Madame de Blot avait encore un autre avantage, qui lui avait valu de bonne heure la faveur de madame la duchesse de Chartres; c'était une extrême politesse et une attention soutenue à ne violer aucun des usages reçus. Aussi, madame de Blot attachait-elle une grande importance *au bon ton* et *aux bonnes manières* : la délicatesse de son goût, en ce genre, était extrême. Ce n'était pas sur ce point, au reste, qu'elle et madame de Genlis n'étaient point d'accord. Quoi qu'il en soit, le sujet de leur inimitié était toujours demeuré fort obscur, malgré la bonne volonté des curieux. Cependant la chose paraissait simple ; et plusieurs personnes de l'intimité de la cour du Palais-Royal m'ont assuré que M. le duc de Chartres aurait pu résoudre les doutes pour ceux qui voulaient en conserver. C'était du moins ce que disaient plusieurs hommes, qui riaient et causaient dans des groupes à l'extrémité du salon de madame Necker, et dans le billard qui le précédait... Quelquefois le nom de madame de *Sillery-Genlis* était-il répété avec une expression de malveillance... Cependant madame de Genlis ne perdait pas facilement contenance, et surtout l'assurance nécessaire à ce qui devait la faire sortir du salon de madame Necker comme victorieuse de la lutte engagée.

— Mais, madame, disait-elle à madame Necker, comment, avec votre goût si parfait, pouvez-vous vous refuser à voir dans M. de Voltaire ce même bon goût étouffé sous une vanité excessive qui le prive de la faculté de raisonner avec lui-même ?... car aussitôt que son amour-propre était offensé, il ne pouvait parler qu'avec une entière partialité... et quant à la flatterie, jamais il ne la trouva trop excessive. Je n'en veux pour preuve que ce qui s'est passé pour sa statue faite par Pigalle !... Au reste, qu'en est-il résulté ?... qu'un comédien a eu plus de bon sens que la flatterie outrée qui faisait insulter à la mémoire de Corneille et de Racine, en admettant une statue entière dans le lieu où ils n'avaient que des bustes.

— Madame, répondit madame Necker, de sa voix toujours égale et douce, M. Préville, en excitant la querelle dont vous parlez, a prouvé certainement plus d'orgueil que M. de Voltaire, en mettant, lui, homme vivant et comédien, son buste immédiatement après celui de M. de Voltaire,

---

[1] Cette querelle, qui avait eu lieu dans l'année, vers la fin de la précédente, fut ridicule pour les deux parties. Préville prétendit que la statue *assise* de Voltaire, par Pigalle, ne devait pas être dans le foyer de la Comédie-Française, pour y insulter de son fauteuil à Racine, Corneille, et Molière, qui n'y avaient que des bustes. En conséquence, la statue fut provisoirement reléguée *au grenier*, et Voltaire n'eut qu'un buste comme les autres. Jusque-là les manières seules étaient à blâmer, car pour le fond M. de Voltaire ne devait pas obtenir un honneur que n'avaient pas ses ri-

comme si de bien jouer une pièce était la même chose que de la faire; et cette statue de Pigalle, fruit de l'admiration de la France entière, a été d'abord reléguée au grenier, et depuis, par faveur spéciale et par celle toute particulière de M. le duc de Duras, elle est mise dans le vestibule au milieu des laquais et des cochers!...

Madame Necker était émue... Cette souscription pour la statue en marbre de Voltaire, exécutée par Pigalle, avait été remplie par les noms les plus illustres de France... L'idée était de madame Necker. Quelques personnes s'y refusèrent; mais le nombre en fut tellement circonscrit, que M. de Maistre est trop injurieux en disant sur M. de Voltaire le mot affreux qui se trouve dans les *Soirées de Saint-Pétersbourg* [1]...

---

vaux. Mais M. de Voltaire, depuis soixante ans, était le bienfaiteur, on peut le dire, de la Comédie-Française, et cette reconnaissance lui était due. Et puis il était mort; et cette persécution exercée contre un vieillard, mort depuis dix ans, par une femme que son esprit devait éclairer, est une chose inconvenante de madame de Genlis.

[1] M. de Maistre, dans l'une de ses Soirées de Pétersbourg, s'écrie :

« Vous voulez élever une statue à Voltaire, je n'y mets aucun obstacle; seulement, faites-la-lui élever par la main du bourreau!... »

Cette conversation se prolongeait, au grand chagrin de M. Necker, qui, à côté de sa fille, regardait madame de Genlis d'un air à la fois moqueur, et cependant assez sérieux pour lui imposer. Quant à madame de Staël, elle se contenait à peine. Sa mère le vit, et résolut de mettre fin à cette sorte d'agitation, si contraire aux habitudes de sa maison. Mais avant qu'elle eût pu reprendre la parole, madame de Genlis la prévint :

— Vous parlez, madame, dit-elle à madame Necker, de la *simplicité* de M. de Voltaire ; appellerez-vous ainsi le sentiment qui l'a porté à faire mettre dans son salon de Ferney, ainsi que je l'y ai vu lorsque je fus lui rendre visite, ce détestable tableau, véritable enseigne de village, dans lequel M. de Voltaire est représenté dans une gloire, ayant à ses genoux les Calas, et foulant aux pieds ses ennemis, Fréron, Pompignan et une foule d'autres personnes qui étaient dans la disgrâce de M. de Voltaire ; tandis qu'un magnifique Corrége était relégué dans une antichambre obscure, sans un rayon de soleil pour adoucir son exil ? M. Ott, peintre allemand, qui était également dans ce voyage de Ferney, l'a vu comme moi. Est-ce là de la simplicité ?

MADAME NECKER.

Vous m'avez mal comprise, madame ; en parlant de la *simplicité* de M. de Voltaire, j'entends un grand naturel dans son langage et de la facilité dans son débit. Ainsi, par exemple, il n'était pas comme beaucoup de personnes d'esprit que nous connaissons toutes, et qui s'écoutent parler avec une telle satisfaction d'elles-mêmes, qu'il n'en reste plus pour autrui...

MADAME DE BARBANTANE.

Ajoutez que M. de Voltaire avait beaucoup de bonté, et que son cœur était parfait. Quoi de plus touchant que la vie entière de cet homme !...

MADAME DE BLOT.

J'ai une lettre de lui, qu'il m'écrivit quelques jours avant sa mort, et dans laquelle il me parle avec une tendresse paternelle de tout ce qu'il savait devoir me toucher de près... Il y a dix ans qu'elle est écrite, et pour moi le souvenir en est aussi vif... Mais madame de Genlis n'a peut-être pas été reçue aux Délices lorsqu'elle fut en Suisse ?...

MADAME DE GENLIS, d'un ton assez aigre.

J'ai eu l'honneur, madame, de vous raconter, plu-

sieurs fois même, les détails de mon entrevue avec
M. de Voltaire... Je crois plutôt que c'est *lui* qui se
sera trouvé contrarié de n'avoir pas fait sur moi
l'effet qu'il s'attendait à produire. J'ai été naturelle, et M. de Voltaire s'attendait à des larmes,
de l'attendrissement au moins...

MADAME DE BLOT, avec un naturel affecté.

Et vous n'avez pas même été émue?... pauvre
petite!... Savez-vous qu'à l'âge que vous aviez
alors, c'est vraiment fort étonnant?... Quoi!... pas
même d'émotion?...

Et son regard se promena circulairement sur
le groupe de femmes assises près l'une de l'autre
qui les entouraient... Toutes, excepté l'ange de
duchesse de Lauzun, sourirent avec une malice
plus mordante que la phrase la plus claire. Madame de Genlis comprit toute l'étendue de cette
attaque muette; elle connaissait la valeur de tout
ce qui frappait, et elle savait bien que souvent
une histoire racontée sur quelqu'un lui est plus
nuisible, dès qu'il s'y trouve du ridicule, que si
cette même personne était attaquée sous le rapport
de l'honneur... Les conséquences de cette visite
devaient être ensuite d'autant plus connues dans
le monde, que madame de Genlis allait peu chez
madame Necker... Madame de Staël avait été con-

duite un jour à Bellechasse, par sa mère, pour y voir madame de Genlis... Son âme noble et franche, son bon cœur, et plus que tout, son génie, qui se révélait à elle, lui avait montré dans madame de Genlis ce qu'elle était en effet, une femme supérieure [1].

[1] Il est permis de dire ce que je dis là de madame de Genlis ; mais ce qui ne l'est pas, c'est d'avoir fait d'elle une biographie aussi burlesque, sans être amusante, que celle qui se trouve dans le *Dictionnaire de la Conversation*, et qui est signée *Jules Janin !*... J'ai d'abord cru que je me trompais, que la biographie n'était pas celle de madame de Genlis, et que l'auteur n'était pas Jules Janin. Mais, hélas ! à mon grand regret, c'était bien lui, c'était bien elle. Je n'aime pas à perdre mes illusions ; il est trop tard pour les remplacer. Voilà que je croyais qu'avec l'esprit ravissant de M. Jules Janin on ne se trompait jamais, surtout quand on faisait *des biographies* et des articles qui frappent *d'anathème*, du moins par l'intention. Il faut que le marteau retombe alors sur l'enclume, ou bien il blesse celui qui donne le coup. Comment M. Jules Janin peut-il dire que madame de Genlis est dans l'oubli *le plus entier ?*... *un sommeil de mort !*... *éternel !*... Mais où a-t-il pris cela ? Ce n'est même pas dans sa pensée ; car vingt lignes plus loin il dit que les ouvrages d'éducation de madame de Genlis sont *toujours* dans une foule de mains. Son opinion est vraiment originale. Ce ton tranchant avec lequel il prononce l'oraison funèbre de l'une de nos plus belles réputations littéraires a quelque chose d'amusant. Mais vient ensuite la partie plus sérieuse. Lorsqu'on parle d'un

Alors elle s'était livrée à son enthousiasme, non pas, je crois, en *baisant les mains de madame de Genlis,* comme elle le dit elle-même dans ses Mémoires (tome III, page 317), mais en lui auteur, qu'on le déchire, qu'on le frappe de son fouet d'Aristarque, il faut avoir non-seulement étudié tout ce qui le concerne, mais connaître sa vie dans tous ses détails. Ce n'est pas pour prendre la défense de madame de Genlis que je dis cela; je ne l'aime pas, et je n'estime pas son caractère : mais je suis juste, et je veux de l'équité, précisément parce qu'elle est répréhensible. Je trouve qu'il y a de la lâcheté à accuser un coupable faussement. Pour en revenir à madame de Genlis, à sa biographie du *Dictionnaire de la Conversation,* l'auteur ne se doute pas même de ce qui la concerne, si ce n'est ce qu'il en a recueilli dans les conversations de gens qui eux-mêmes ne la connaissaient pas, et *redisent* ce qu'*on a dit* sans approfondir aucune chose. Ainsi donc on voit dans la biographie de M. Jules Janin que M. de Genlis épousa mademoiselle Ducret Saint-Aubin, et lui donna une fortune et un état dans le monde. Madame de Genlis était bien fille du marquis de Saint-Aubin; mais elle s'appelait madame la *comtesse de Lancy*, étant chanoinesse d'Alix, à Lyon : il fallait être d'une très-bonne noblesse pour cela. M. de Genlis n'avait aucune fortune *que dix mille* livres de rentes; il se maria secrètement et contre l'aveu de ses parents, qui ne revinrent à lui que long-temps après, et ce fut sa femme qui opéra ce rapprochement. Ensuite, où M. Jules Janin a-t-il vu que son mariage avec M. de Genlis *fit surtout* le bonheur témoignant son admiration avec cette chaleur d'expression que nous lui avons tous reconnue, et qu'elle devait avoir à un degré bien puissant à l'âge de seize ans qu'elle avait alors... Quant

et la fortune de madame de Genlis, *en ce qu'il lui donna pour tante madame de Montesson?...* C'est une ignorance profonde des faits les plus simples concernant madame de Genlis. Madame de Montesson était tante de madame de Genlis et non de M. de Genlis; elle était *sœur* de la mère de madame de Genlis, de madame de Saint-Aubin. Jamais elle n'eut le moindre crédit sur madame la duchesse de Chartres, à qui jamais elle n'a même parlé, bien loin de lui *avoir donné madame de Genlis pour dame du palais*. Ce n'est pas non plus madame la duchesse de Chartres qui nomma madame de Genlis *gouverneur* * des enfants d'Orléans. Ce fut le prince, et ce n'était pas au Palais-Royal que se faisait l'éducation, mais bien à Bellechasse, où un pavillon avait été bâti exprès. Je pourrais relever cent fautes encore plus fortes. Je me contente de parler seulement de celles-ci, elles feront juger du reste... M. Jules Janin écrit beaucoup; il n'a pas eu le temps de lire aucun des livres de madame de Genlis; il s'en est fait rendre compte; on lui a fait un résumé que bien, que mal, et voilà une pauvre femme jugée. Mais aussi une femme est bien ridicule d'oser écrire, et surtout d'avoir une réputation; de faire

* Elle ne fut jamais non plus *gouverneur*. C'est un mot qui courut alors dans le monde; mais elle avait si peu ce nom, qu'elle a fait une sorte de journal-manuel intitulé : *Leçons d'une Gouvernante.*

à madame de Genlis, elle ne vit pas s'élever près d'elle une femme qui présageait une gloire assez lumineuse pour en déverser une partie des rayons sur toutes les femmes de son siècle, sans un sentiment de mauvaise nature. Sous le prétexte qu'elle n'aimait pas les personnes exaltées, madame de Genlis s'éloigna de madame Necker et de sa fille, et ne fut pour elles qu'une simple connaissance; en apparence du moins, car au fond elle était leur ennemie, et sa haine pour madame de Staël se fit jour en dépit de ses efforts pour la cacher, et se montra jusque dans les plus petites circonstances [1]... Au moment de cette soirée chez

des livres qui se lisent!... Tout en n'aimant pas madame de Genlis, je rends hommage à son talent; car elle en a un très-positif. Sans doute, il est moins lumineux que celui de madame de Staël, et aujourd'hui que celui de Georges Sand, dont le rare mérite est de puiser ses inspirations à un foyer dont la flamme est bien rare à présent, celui du génie de l'âme. Mais pour n'être ni madame de Staël, ni madame Sand, madame de Genlis n'en est pas moins un de nos talents littéraires les plus distingués. C'est une évidence, et la nier ne peut être que le résultat d'une pensée mal conçue ou d'un ressentiment particulier.

[1] Cette soirée, qui eut lieu en effet chez madame Necker un vendredi de la première année de la rentrée de son mari au contrôle-général, m'a été racontée par le cardinal Maury, par M. de La Harpe et par M. Millin, qu'on appelait alors

madame Necker, elle ne cachait même pas ses sentiments[1], et ce qu'avait dit M. Necker, pour l'histoire qu'elle attribuait à M. de Chastellux, répandue par elle, était commenté de la manière la plus moqueuse. Madame de Staël, instruite de ces particularités, et franche autant qu'elle était passionnée, était depuis ce temps d'une froideur même insolente avec madame de Genlis. Un mot que celle-ci avait eu la maladresse de dire sur

Grandmaison, comme son frère, et qui allait quelquefois chez madame Necker lorsqu'elle recevait. Il travaillait alors à un journal qu'on appelait *la Chronique de Paris*, et il était en seconde et même troisième ligne dans cette belle société littéraire, composée alors de tout ce que nous avions d'hommes habiles; mais cela ne l'empêchait pas de remarquer et même d'écouter. A l'époque où les querelles de madame de Staël et de madame de Genlis devinrent tellement vives qu'elles amusèrent tout Paris, lors de *Corinne* et de *Delphine*, le cardinal Maury et Millin se rappelèrent tout ce qui s'était passé entre ces deux femmes; et dans nos veillées du Raincy comme dans celles de Paris, ils nous racontaient tout ce qui se passait les lundis et les vendredis chez madame Necker : les soupers du vendredi étaient charmants, surtout quand M. Necker n'y était pas, disait le cardinal.

[1] Voyez, dans la *Bibliothèque des Romans*, *la Femme auteur*, ou *la Femme philosophe*, et une foule de petites nouvelles dans le même genre. Ce sont des pamphlets contre madame de Staël.

M. Necker avait été la déclaration de guerre, et l'hostilité était complète entre ces deux femmes... Madame de Staël avait pour son père surtout une de ces affections qui n'accordent aucune transaction.

La conversation, toujours pénible à soutenir lorsqu'elle est disposée à tourner à l'aigreur, devenait encore plus difficile pour la maîtresse de la maison, qui était calme, compassée et sans aucune imagination, bien qu'elle eût dans le langage une sorte de manière emphatique qui pouvait y faire croire un moment. Madame Necker avait été blessée de cette attaque directe relative à la statue de M. de Voltaire; elle savait que madame de Genlis avait tourné en ridicule le poëte et ses admirateurs, et cette preuve presque positive en était une nouvelle assurance... Elle reprit donc la dernière parole de madame de Genlis avec cette exquise politesse qu'elle apportait toujours dans la conversation, même dans une discussion avec une ennemie, et lui dit :

— Vous avez parlé, madame, de la vanité de M. de Voltaire ; je vais, si vous le permettez, vous montrer une lettre qu'il m'écrivit de Ferney lorsqu'il apprit que notre intention était de lui envoyer M. Pigalle.

Madame Necker passa chez elle, et rapporta, après quelques moments d'absence, une lettre de la main même de M. de Voltaire, chose qui n'arrivait que dans les grandes occasions. Voici cette lettre :

« ... J'ai soixante-seize ans, madame, et je sors à peine d'une grande maladie. M. Pigalle doit, dit-on, venir modeler mon visage ; mais, madame, il faudrait pour cela que j'eusse un visage... On n'en devinerait pas même la place : mes yeux sont enfoncés de trois pouces ; mes joues sont du vieux parchemin mal collé sur des os qui ne tiennent à rien ; le peu de dents que j'avais est parti. Ce que je vous dis là n'est point de la coquetterie, c'est une pure vérité. On n'a jamais sculpté un pauvre homme dans cet état ; M. Pigalle croirait qu'on s'est moqué de lui, et, pour moi, j'ai tant d'amour-propre que je n'oserais jamais paraître devant lui, etc. »

— Eh bien ! madame, dit madame Necker, après que madame de Genlis eut pris lecture de la lettre du patriarche de Ferney, car elle avait voulu qu'elle reconnût son écriture, que dites-vous de la vanité d'un homme qui convient avec lui-même, et avec vous, que sa nature est arrivée à être ainsi décrépite ?...

MADAME DE GENLIS, se levant.

Tout ce que je pourrais dire, madame, serait superflu ; car je suis confirmée dans ma première pensée, maintenant que j'ai lu cette lettre.

(*Souriant et regardant madame Necker.*) Vous m'accuserez peut-être d'entêtement, ce n'est que *persévérance* dans mon opinion.

MADAME DE BARBANTANE.

Ah! dans le fait! n'êtes-vous pas grande maîtresse de l'ordre de la Persévérance?... C'est une bonne manière d'avoir un brevet d'entêtement. On dit : *Je suis de l'ordre de la Persévérance* [1], *je ne change pas d'avis...*, et on a raison! C'est fort commode!

MADAME DE GENLIS, d'un air digne et sans paraître même émue de ce que vient de lui dire madame de Barbantane, salue madame Necker en souriant, et lui dit :

Quoique je sois *entêtée*, madame, permettez-

---

[1] Madame de Genlis avait fondé un ordre appelé l'ordre de *la Persévérance*; elle prétendit alors que c'était un ordre ancien et qui venait de Pologne. Madame Potocka et un Polonais lui donnèrent quelques idées là-dessus, et le roi de Pologne acheva la mystification que voulait faire madame de Genlis. Cet ordre a fait beaucoup de bruit; on prétendit dans le temps que la Reine avait demandé à en être, et qu'elle avait été *refusée* : je ne le crois pas, quoique madame de Genlis le nie dans ses Mémoires de manière à le faire croire. Au reste, l'anneau donné aux chevaliers ne leur imposait tout simplement que la perfection ; il portait en lettres émaillées : *Candeur et loyauté, courage et bienfaisance, vertu, bonté, persévérance.*

moi de vous dire que je suis fâchée de me trouver d'un autre avis que le vôtre : c'est un regret qu'on ne peut s'empêcher d'éprouver quand on vous apprécie comme je le fais... Permettez-moi d'ajouter que je suis effectivement de l'ordre de la Persévérance, et que je le prouverai par celle que je mettrai toujours à vous être agréable.

Tout cela fut dit si gracieusement, que madame Necker fut vaincue, et son adieu fut même amical. Madame de Genlis, contente d'avoir ramené à elle la personne qu'il lui importait le plus de mettre de son parti, s'en fut, non pas comme une femme, même de bon ton, s'en irait aujourd'hui, en courant et saluant, soit de la tête comme un sous-officier prussien, soit en traînant ou avançant une jambe et donnant une main[1] qu'on lui secoue avec force, mais en marchant doucement, soit pour s'échapper sans être vue, afin d'éviter de faire événement, et pour cela on saisissait le moment où il entrait une nouvelle visite, soit pour bien développer l'élégance de sa taille, qui

---

[1] Un homme d'un mérite supérieur, et qui joint à ce mérite un esprit spécialement fin et d'une nature à la *Sterne*, M. Dupin, le président de la Chambre, me disait un jour en parlant de ces *mains secouées*, façon de s'aborder aussi grossière que ridicule, mais en usage enfin, et voilà ce qui lui déplaît avec raison, qu'il fallait nommer cela des *patinades*.

alors avait tous ses avantages, en prenant congé de la maîtresse de la maison, lorsqu'on ne pouvait l'éviter. Cette politesse, que nous regardons aujourd'hui comme ridicule, était plus nécessaire au bonheur de la vie habituelle qu'on ne le croirait peut-être ; elle entretenait des relations douces et amicales entre des personnes qui, quelquefois, étaient disposées à s'éloigner l'une de l'autre. A cette époque il était encore facile de maintenir cette façon d'être : des traditions toutes récentes, des souvenirs de ce siècle qui nous avait fait proclamer le peuple le plus poli du monde entier, aidaient à conserver cette urbanité de manières, cette sûreté de commerce, cet échange réciproque d'attentions, de sacrifices même, sans lesquels une société n'a plus ni lois, ni frein, ni rien de ce qui donne de la force à ce code qui nous régit. A l'époque que je cite, il y avait d'ailleurs dans le monde de ces personnes qui survivent au siècle où elles ont vécu, et qui transportent dans l'autre les traditions et les coutumes du précédent ; ce qu'elles avaient vu, elles le racontaient à la jeune génération, qui voulait à son tour avoir à raconter que le temps où elle vivait était le plus poli et le plus remarquable comme exquises manières. J'ai connu chez ma mère de vieux amis de la maison, qui me tenaient sur leurs genoux et me racontaient qu'ils avaient vu

Louis XIV dans leur enfance. Ma mère avait elle-même été nourrie dans ces traditions, et je me souviens que ces vieux amis dont, entre autres, était M. le comte de Périgord[1], étaient bien intéressants à écouter, surtout ce dernier, qui avait une grâce et une politesse parfaites, et qui, du reste, était ordinaire d'esprit, mais ne le paraissait pas, tant sa conversation avait de douceur et de charme. Son suffrage était d'un grand poids[2] ; c'était presque un succès pour ceux qui entraient dans le monde. Aussi un jeune homme se faisait présenter chez lui comme une jeune femme se faisait toujours présenter dans ce temps-là, soit chez madame la maréchale de Luxembourg, soit chez madame de Coaslin, soit chez madame de Brissac, ou chez madame la duchesse de Brancas, dont l'extrême bon goût était le régulateur de celui d'une grande partie de la société : on voulait plaire à cette société, et pour cela il fallait être aimable pour sa patronne. On faisait des frais ; ils nous

---

[1] L'oncle de M. de Talleyrand. J'ai encore aujourd'hui ma bonne et excellente amie, la comtesse de La Marlière, qui, avec ses quatre-vingt-quatre ans, a toute la vivacité d'une femme de trente ans, et qui me parle de tout le dernier siècle avec un esprit qui est ravissant. Ce qu'elle sait est infini, ainsi que mon vieil ami M. Lageard de Cherval.

[2] *Grand-père* d'Élie de Périgord.

étaient rendus, et de là cet échange mutuel de prévenances et de marques d'intérêt. Le premier véritable ébranlement de cet édifice sacré de la société fut donné en 1787 à celle de Paris par la Révolution *commençante*. On se moqua de TOUT, de son père, de sa mère, même de Dieu.... pouvait-on ne pas se moquer de soi-même? Cela devait arriver et arriva en effet...; on fut encore bon, loyal et vertueux; on eut des façons *polies*, mais parce qu'il fallait cacher une laide nature. Jamais on ne parle davantage du bien que lorsqu'on est près du mal.

Je n'entends pas toutefois, par ce que je viens de dire, que la société de cette époque ne fût formée que d'êtres tellement excellents, que nous menions une vie de l'âge d'or. Tout au contraire, il y avait comme aujourd'hui des envieux et des envieuses, des intrigantes et des intrigants, et tout ce même arsenal des méchancetés du cœur; mais il y avait cette bonne éducation qui faisait éviter les gaucheries dans les méchancetés, et qui les dépouillait de ces épines, de cette enveloppe grossière qui est ajoutée dans notre temps aux mêmes perfidies, aux mêmes vices, et rend le fiel plus amer lorsqu'on arrive au fond du calice des unes, en augmentant la laideur des autres. On est grossier aujourd'hui sans être meilleur, voilà tout le changement. On a de l'impudence pour confesser une trahison ; on lève la tête pour la proclamer, et l'on appelle cette impudente effronterie de la *franchise*. Ajoutez à cette prétention que jamais le mensonge ne fut plus à l'ordre du jour parmi ce qu'on appelle encore le monde... On est vain du mal qu'on produit, on est comme stipendié du démon pour déranger la vie de la plus simple route... C'est une étude bien curieuse à faire que celle de cette société qui s'en va s'écroulant, s'abîmant sous ses propres ruines, et chantant Hosanna pour remercier Dieu de sa régénération ! Ce serait peut-être intéressant pour ceux qui assistent à la représentation, s'ils étaient dégagés de tout intérêt ; mais ce n'est pas possible... L'âme, le cœur, le mobile de tout ici-bas, l'*intérêt,* une cause quelconque enfin, nous attache à ce monde dans lequel nous vivons, et nous fait frémir le cœur lorsque nous voyons les insensés qui conduisent la voiture dans laquelle nous roulons aller toujours à côté du précipice... Ils y tomberont tous en répétant qu'ils connaissent la route.

— Vous ne connaissez que le vieux chemin, s'écrient-ils, on en a fait un beaucoup plus beau !

— Sans doute, mais nous avons sur vous l'avantage de connaître l'ancien et le nouveau, nous qui sommes de l'*ancien temps !*

Retournons chez madame Necker.

Lorsque madame de Genlis fut partie, les femmes qui composaient ce soir-là la société de madame Necker firent entendre un chœur de paroles qui, pour être cependant dites avec tout le bon goût possible, n'en atteignaient pas moins le but, et ce but était madame de Genlis. Elle n'était pas aimée depuis quelques années, et c'était elle-même qui avait aigri le monde contre elle, par sa suffisance, son ton aigre-doux dans le monde et sa conduite envers la Reine. A cette époque, comme toujours, une femme influente dans le monde par son esprit, sa figure ou sa fortune, savait bien nuire à n'importe qui[1], et madame de Genlis, parlant presque toujours au nom du duc de Chartres, était écoutée, bien qu'on ne l'aimât pas. Aussi était-elle dans une grande disgrâce auprès de madame de Châlons[2], jeune et charmante personne,

---

[1] Qu'on voie à quel point cela est vrai pour Napoléon : il avait madame de Staël contre lui ; eh bien ! elle lui a nui plus peut-être que 25,000 hommes.

[2] Madame de Châlons, jeune et charmante femme, et cousine de la duchesse de Polignac ; elle accompagna son mari en Portugal, où il fut nommé ambassadeur en 1790. Ce fut le dernier ambassadeur *de famille* que la France envoya dans la Péninsule. Il fut reçu avec le cérémonial le plus bizarre, où se trouvent de ces usages qu'on suit au-

cousine de madame la duchesse de Polignac ; auprès de madame de Brionne, parente de la Reine ; de la princesse de Beauvau, qui, en sa qualité de dame du palais, aimait la Reine comme toutes les per-

jourd'hui parce qu'on l'a fait hier. Ce cérémonial était le plus ridicule du monde; le détail s'en trouve dans mes Mémoires sur l'empire. Par exemple, l'ambassadeur était reçu à la descente de son vaisseau ou de sa galère, soit qu'il fût venu par mer ou par l'Espagne, les deux seules routes pour parvenir à Lisbonne, par le grand de Portugal le dernier ayant reçu la grandesse. Ils montaient tous deux seuls dans une voiture de la cour; l'ambassadrice prenait une autre route également dans les voitures de la reine*. L'ambassadeur et le grand de Portugal arrivaient à l'ambassade ; là, ils trouvaient une table somptueusement servie pour *trente* couverts, mais pas un convive. Ils se saluaient silencieusement et se mettaient à table. On offrait de deux ou trois plats au seigneur portugais, qui flairait seulement, et lorsque le cuisinier était bon, comme le mien, par exemple, qui était le meilleur de Paris**, c'était un sacrifice. Les deux

* La reine était folle, mais elle régnait toujours ; il y avait une régence, et les actes portaient son nom.
** Il était si excellent, qu'un jour M. de La Vaupalière le reconnut en mangeant d'une tête de veau en tortue chez moi... La Vaupalière s'écria :—Il ne peut y avoir qu'*un seul* homme dans Paris qui puisse faire ainsi une tête de veau ! C'est Harley !... C'était lui, en effet. Cet homme portait, vers la fin de son service, l'insolence culinaire à un tel point, qu'il ne faisait les jours de grands dîners chez moi que les trois ou quatre plats qui étaient devant moi, et qu'il savait que j'aimais ;... le reste du dîner était bon, mais avec une grande différence : c'était celui qui était

sonnes qui l'approchaient... Madame de Blot et madame de Barbantane étaient bien du Palais-Royal, ce qui leur donnait l'ordre d'être mal pour la Reine ; mais leur aversion pour madame de Genlis les mettait en harmonie avec les autres femmes. Ce fut en vain que madame Necker voulut prendre la défense de l'absente, le déchaînement était trop fort. Madame de Staël vint au secours d'ailleurs de madame de Blot, qui en ce moment expliquait à lord Stormont, qui arrivait, comment il les trouvait si animées, ajoutant que madame de Genlis avait avoué qu'elle n'avait pas même été émue pendant son voyage à Ferney :

hommes demeuraient ainsi en face l'un de l'autre pendant vingt minutes à peu près... ensuite le Portugais se levait, et l'ambassadeur le reconduisait jusqu'à sa voiture. Une fois parti, l'ambassadeur remontait, bâillait, s'il était triste de son humeur, chose qu'il n'avait point osé faire, et riait, qu'il fût gai ou non, car il le fallait bien, de cet original qui venait ainsi demander à dîner à des gens qui arrivent et n'ont pas encore leurs malles ouvertes... La même chose arriva pour nous ; ce fut l'ambassadeur d'Espagne, que nous ne connaissions pas, qui prêta tout ce dont on avait besoin. Voilà ce que c'était que le Portugal en 1806.

sous lui qui agissait. Quant à lui, il allait au spectacle à Lisbonne, au grand théâtre italien, avec la même fashionabilité que le premier secretaire d'ambassade. C'était un type très-curieux à étudier que Harley. Tel était le nom de mon cuisinier... il vit toujours.

— Même ayant M. Ott, un fameux peintre allemand, avec elle, dit madame de Staël.

Madame Necker ne dit rien, mais elle regarda sa fille avec une expression de mécontentement très-marquée.

Il était minuit. Tout ce qui n'était pas de l'intimité de madame Necker était parti; il ne restait plus que madame de Blot, madame de Barbantane, madame de Lauzun, madame de Monaco, madame de Brionne, madame la princesse de Poix, la seule personne de la Cour et même de Paris qui eût dans toute leur pureté l'esprit aimable et les exquises manières de la cour de Louis XIV, M. de La Harpe, Marmontel, l'abbé Raynal, le maréchal de Noailles, le comte de Creutz, ambassadeur de Suède, le comte Louis de Narbonne, Grimm, et plusieurs autres hommes qui, moins marquants que ceux dont je viens de dire les noms, n'en contribuaient pas moins à l'agrément des soupers de madame Necker, que sa fille au reste rendait charmants, lorsqu'elle y restait quand sa mère était trop souffrante pour les présider autrement que debout, ce qui faisait dire au maréchal de Noailles qu'elle ressemblait alors au spectre de Banquo dans *Macbeth*...

Ce même jour dont je raconte les événements, il y avait eu du mouvement dans Paris... Les amis de M. Necker étaient inquiets... La faction qui lui était contraire le poursuivait avec un acharnement auquel il ne répondait qu'avec un grand calme et de la dignité. Sa femme, qui pouvait paraître ridicule, mais ne l'était pas, avait, dans tout ce qui se rapportait à son mari et à ses intérêts de famille, une convenance égale à celle de M. Necker... Quant à leur fille, ses passions la portaient à parler avec véhémence sur les sujets les plus frivoles : qu'on juge de l'éloquence de son âme lorsqu'il s'agissait de son père! son père, qu'elle idolâtrait! Quelquefois elle avait avec lui une discussion sur un individu de la Révolution, un homme qui, la veille, le matin même, avait injurié son père à la tribune, ou bien dans un pamphlet... De l'individu, on arrivait aux choses, et la discussion s'engageait. C'était alors que madame de Staël était adorable!... elle conduisait la discussion juste au point où il fallait qu'elle parvînt pour faire briller le talent de son père, auquel elle était tellement supérieure, que la lutte n'était pas même possible ; et lorsqu'elle avait conduit son père *à la porte* du triomphe, alors elle se retirait modestement, mais si adroitement aussi, que personne ne se pouvait douter qu'elle-même n'était pas vaincue, et qu'elle cédait la victoire. Ceux qui ne connaissent pas madame de Staël et la jugent d'après les pauvretés qu'en rapportent quelques écrits de madame de Genlis et de quelques autres personnages n'ayant pas le talent de madame de Genlis, et n'étant renommés que par leur opposition au plus beau talent, au génie qui apparut dans le dernier siècle; les personnes, dis-je, qui veulent juger madame de Staël d'après *ces pièces-là,* rendront un arrêt complétement injuste, car madame de Staël avait autant d'âme, autant de cœur que de génie, et qui l'aurait vue dans l'exercice de cette coquetterie filiale l'aurait elle-même adorée!...

Ce qui restait ce soir-là au contrôle-général avait été invité à souper par madame Necker. Elle agissait ainsi dans la soirée : en voyant dans la foule une personne qu'elle voulait garder, elle le lui disait ou le lui faisait dire; mais il y avait *un fond,* comme on appelait sept à huit personnes de l'extrême intimité qui toujours étaient invitées de droit.

Les affaires politiques étaient alors d'une telle importance qu'une discussion élevée sur un fait quelconque chez M. Necker ne pouvait être que sérieuse... Madame Necker le sentit, et elle dirigea la conversation vers un autre but. M. de Chastellux prétendait que madame Necker arrangeait le matin la conversation du soir : c'est du moins madame de Genlis qui le raconte. Je parlerai en son lieu de cette anecdote, que je crois entièrement fausse, au moins dans quelques-unes de ses parties... mais ce jour dont je viens de parler, il y avait trop de monde d'ailleurs autour de madame Necker pour qu'elle pût diriger à son gré la conversation. Lorsque la foule fut partie et que le salon de madame Necker se trouva comme il devait être, alors seulement elle parut respirer... « C'est dans de pareils instants que je suis de plus en plus convaincue que je ne suis pas faite pour le grand monde, disait-elle à la duchesse de Lauzun !.... C'est Germaine [1] qui doit y briller et doit l'aimer, car elle possède toutes les qualités qui mettent dans cette position d'être à la fois redoutée et recherchée... tenez, regardez-la !...

En ce moment, en effet, madame de Staël était presque belle ; elle était toujours mal mise, même selon la mode et ses convenances, et elle l'était également selon sa personne, si difficile à encadrer dans une parure ordinaire qui ne fût pas ridicule... Mais ce soir-là, elle était bien ; ses bras et ses mains, d'une admirable beauté, ressortaient sur une robe noire qu'elle portait, soit par goût, soit qu'elle fût en deuil... Entourée de plusieurs hommes en adoration devant elle, appuyée pour

---

[1] Madame de Staël, Louise-Germaine, etc., etc.

ainsi dire sur son père, dont elle semblait interroger le regard pour deviner sa pensée, elle avait dans sa pose et dans l'expression de sa physionomie toute une poésie de l'âme, que plus tard elle a communiquée à tout ce qu'elle a écrit... Et puis, sans être belle[1] madame de Staël était déjà le modèle d'après lequel Gérard peignit sa Corinne vingt ans plus tard... C'était cette même richesse de forme et de santé... cette même pureté de lignes... ces contours puissamment arrondis qui revêtaient une organisation poétique... Corinne est bien la jeune femme qui jadis, au cap Misène, devait improviser dans ces temps fabuleux où les jours, les nuits et les heures avaient leurs guirlandes et leurs autels... Madame de Staël, jeune comme elle l'était en 1788, avait un charme très-puissant qu'elle exerçait sur tout ce qui l'approchait. Connaissant ses avantages, n'en perdant aucun, les faisant valoir même, madame de Staël, sans être une personne à prétention, en avait quelquefois les inconvénients, parce que l'excès de son naturel en faisait soupçonner la vérité... C'est ainsi qu'à l'époque où nous sommes arrivés, madame de Staël était une personne ex-

---

[1] Je ne parle pas de sa figure, mais de sa personne ; on sait qu'elle était admirablement faite, et que ses épaules, sa poitrine, ses bras et ses mains étaient d'une grande et rare beauté.

trêmement en dehors d'elle-même, et ne pouvait contraindre ses sentiments... Madame Necker, entièrement opposée non-seulement de système, mais de goûts, à la manière d'être de sa fille, formait avec elle une étrange disparate... Il y avait donc dans ce groupe de trois personnes s'aimant sans doute, mais se convenant mal, bien peu aussi d'éléments de bonheur... Il y avait même souvent des discussions qui se terminaient néanmoins toujours convenablement, parce que madame de Staël, tout en ayant raison, évitait de faire souffrir sa mère ou son père par un triomphe qui les eût blessés... Tous ceux qui ont connu madame de Staël peuvent certifier de la vérité du fait, et ce qui était surtout admirable, c'est qu'elle n'y mettait pas cette sorte de complaisance accordée à *un vieil enfant*... On voyait qu'elle cédait par respect et par convenance [1].

Ce même jour dont je parle, il avait été question de l'abbé Barthélemy (Anacharsis), et on en avait dit assez de mal. Quelques personnes avaient assisté à la séance académique du matin pour sa réception, et madame de Staël voulait entendre

---

[1] M. de Narbonne, le cardinal Maury, M. Suard, M. Frédéric de Châteauneuf, qui la virent plus tard à Coppet, me certifièrent tous cette vérité.

un avis sur cette grande affaire ; elle interpella donc M. de La Harpe, qui alors était son plus ardent admirateur, et lui demanda des détails sur la réception de l'abbé Barthélemy, qui avait été reçu par le chevalier de Boufflers. Madame Necker avait demandé à sa fille de détourner, autant que possible, la conversation des sujets politiques...... Madame de Staël aimait sans doute avec passion une discussion *tribunitienne,* et pour elle le forum eût été un lieu de prédilection... Mais les causes littéraires lui plaisaient aussi. C'est, au reste, à sa coutume de soutenir des causes politiques dans le salon de sa mère, et plus tard dans le sien lorsqu'elle fut ambassadrice de Suède, qu'on doit la funeste manie qui domina les femmes de cette époque, et fit de tous les salons de Paris autant d'arènes où les amants, les maris et les frères, soutenus, excités par la vue de celles qu'ils aimaient, prenaient, laissaient, reprenaient des opinions qu'ils *relaissaient* encore, selon les caprices dominants de la passion qui les faisait agir. Depuis la Fronde, il en allait ainsi ; et M. de La Rochefoucauld disait avant la bataille de Saint-Antoine :

> Pour obtenir son cœur, pour plaire à ses beaux yeux,
> Je fais la guerre aux rois, je l'aurais faite aux dieux !...

et par une suite malheureuse de cette même influence, il disait aussi après la bataille, mais d'une voix plus dolente :

> Pour obtenir son cœur, pour captiver ses vœux,
> J'ai fait la guerre aux rois, j'en ai perdu les yeux!

La *Fronde* se fit et se forma dans le salon de madame la duchesse de Longueville. Ce furent les mains blanches de madame la duchesse de Chevreuse, de madame la duchesse de Longueville, de Mademoiselle, *mademoiselle la Grande*, qui nouèrent les rubans bleus aux bouquets de paille et en firent le signe de ralliement des *frondeurs*... Et plus tard, est-ce que ce ne furent pas aussi les mains de toutes les femmes de Paris qui nouèrent en rosettes tous leurs rubans blancs, lorsqu'en 1814 le drapeau blanc flotta de nouveau sur les Tuileries... et dans ces mêmes années 1789 et 1791, les cocardes blanches et tricolores, avec l'influence immense de l'opinion sur celui qui recevait un ruban ou bien un signe quelconque et se disait :

Que pensera-t-on de moi dans cette maison?...

Tout cela venait de même source...

Et on ne pouvait s'empêcher de demeurer soumis à cette influence de *l'opinion publique;* car c'était ainsi qu'on nommait l'opinion qui partait d'un salon dont la coterie se composait de cent personnes ; mais elles connaissaient l'autre coterie d'une semblable opinion, et son influence doublait celle qui était immédiate... N'avons-nous pas vu, à l'époque désastreuse de l'émigration, une caisse à l'adresse d'un officier qui voulait demeurer dans ses terres avec sa femme et ses enfants?... Eh bien! cette caisse renfermait une quenouille et son fuseau!.... L'homme était frappé au visage de cette manière, et il devait subir l'influence que les femmes alors exerçaient sur l'opinion. Cette preuve de notre pouvoir fut la dernière, mais elle fut immense... non-seulement dans ses effets immédiats, mais dans son long retentissement, dans ses résultats funestes peut-être... non que je récuse le pouvoir que Dieu a mis en nos mains, mais je crois qu'il lui a donné une autre destination.

Madame de Staël ne le pensait pas ainsi... Elle croyait qu'il ne fallait que de la force pour pénétrer de son sujet un auditoire bien composé, et qu'il est du devoir d'une femme de lui inculquer alors les opinions qu'on veut propager. Le matin de ce même soir, madame Necker et elle avaient longuement agité cette question, et comme toujours, la discussion brouilla la question au lieu de l'éclaircir, et elles se trouvèrent un peu moins d'accord après la discussion qu'elles ne l'étaient. Le résumé allait néanmoins être arrêté, lorsque monsieur le comte Louis de Narbonne, qui alors était lié avec mademoiselle Contat, entra dans le cabinet de madame Necker[1], dont il était fort aimé..., quoique leur esprit fût tout-à-fait dissemblable.... C'est peut-être pour cette raison..... Quoi qu'il en soit, aussitôt que la mère et la fille l'aperçurent, elles le firent juge de leur cause, et il donna raison à madame Necker...

— Mais, ajouta-t-il, seulement pour ce soir ; car quand je devrais en voir les plus sinistres effets, je ne me refuserais pas au délicieux plaisir d'entendre ma-

---

[1] M. de Narbonne m'a souvent raconté que madame Necker évitait les discussions politiques avec autant de soin que sa fille les recherchait, et il me citait ce fait en me racontant qu'un jour, allant voir madame Necker le matin, il la trouva dans un entretien très-animé avec sa fille, et la suppliant de ne pas parler le soir politique dans son salon ; à quoi la fille répondait avec chaleur, comme elle en mettait à tout ce qu'elle faisait, qu'elle ne pouvait se promettre à elle-même d'être comme sa mère le lui demandait. Ma mère, dit-elle à monsieur de Narbonne en riant, croit faire de moi comme d'une masse de cire qu'elle jetterait en moule, et qui prend la forme qu'on lui donne... Il faudrait que je fusse de même... Cela ne se peut pas, n'est-ce pas? Cependant elle promit de ne parler que de littérature. M. de Narbonne était alors lié avec mademoiselle Contat; il venait de l'être avec madame de Coigny (la marquise), et cette époque de 89 était le moment où il commençait à trouver madame de Staël plus aimable que toutes les autres femmes.

dame, dit-il en se tournant vers madame de Staël et lui baisant la main... C'est un plaisir dangereux, je le sais, mais il faut y céder.

Madame de Staël rougit, ce qui ne l'embellit pas! mais M. de Narbonne commençait à être sous le charme... et elle-même y cédait aussi... Ce ne fut, toutefois, que long-temps après qu'ils furent liés plus intimement ensemble [1], c'est-à-dire quelques mois après; mais avant ce moment même il avait du pouvoir dans la maison, où son charmant esprit était apprécié ce qu'il valait, ainsi que son cœur... car il était aussi bon que spirituel.

En conséquence de sa promesse, madame de Staël, voyant sa mère inquiète de la tournure qu'elle allait donner à la conversation avant le souper, demanda, comme je l'ai dit, à M. de La Harpe, comment s'était passée la séance de l'Académie.

MADAME NECKER.

Oui... Comment le récipiendaire s'est-il comporté, M. de La Harpe?... Son discours...

M. DE LA HARPE, assez embarrassé, attendu que l'abbé Barthélemy est l'ami de la famille Necker.

.... Son discours... est un peu médiocre. C'est

---

[1] Je raconte cette soirée pour donner une idée des soupers intimes de madame Necker; c'était exactement ainsi.

l'ouvrage d'un homme âgé, qui a voulu atteindre à un but trop élevé pour lui. On l'a applaudi par bienveillance pour sa personne et son grand âge. On trouve dans son discours de ces fautes dont il est rare de se garantir aujourd'hui, mais dont l'abbé Barthélemy devrait être exempt... Par exemple, il dit en parlant de son prédécesseur Beauzée : « *La métaphysique de la grammaire offrait à ses regards une vaste région rarement fréquentée par des voyageurs; couverte, en certains endroits, de riches moissons; en d'autres, de roches escarpées et de forêts.* » Des moissons, des roches escarpées, des forêts, dans la grammaire ! Que de grands mots déplacés et vides de sens ! Et puis, en parlant de Beauzée, homme de talent sans doute, mais presque inconnu hors de France, il dit : « *Sa supériorité lui donne des droits à la modestie...* » Quelle phrase louche et entortillée !... Il semblerait qu'on ne doit être modeste qu'en étant supérieur... Je croyais, au contraire, que c'était même *un devoir* pour la médiocrité que d'être modeste.

LE MARÉCHAL DE NOAILLES.

Et le chevalier, comment s'est-il comporté ?... C'est lui qui m'intéresse après tout.

M. DE LA HARPE.

Sa réponse étincelle d'esprit... Mais il y aurait un reproche à lui faire peut-être... (*Ici M. de La Harpe regarde rapidement autour de lui pour voir s'il n'y a personne qui puisse prendre parti pour M. de Boufflers.*) Il donne trop facilement dans le phébus... Mais c'est un léger défaut que mille beautés font disparaître, et ce n'est qu'en ma qualité d'Aristarque que je me suis permis cette critique en répondant à M. le maréchal... Et dans une sorte d'analyse du *Voyage du jeune Anacharsis*, remplie d'imagination et de noblesse, dans laquelle il retrace l'état de dégradation où est la Grèce aujourd'hui sous des maîtres barbares [1], M. le chevalier de Boufflers s'élève à la hauteur du plus beau talent. Ce passage m'a tellement frappé, que je lui ai demandé sur l'heure même la permission d'en prendre une copie, et je l'ai sur moi.

MADAME NECKER.

M. de La Harpe, je vous demande instamment de lire ce morceau.

---

[1] Ce que pense et dit M. le chevalier de Boufflers dans son discours est bien curieux, il avait *deviné* l'avenir.

MADAME DE STAEL, allant à lui et lui serrant vivement la main, lui dit d'un ton caressant :

M. de La Harpe ! M. de La Harpe ! j'aimerais bien mieux quelque chose de vous. Mais après ce que vous écrivez, ce que je préfère, c'est ce que vous lisez !

M. DE LA HARPE, s'inclinant.

Madame !... votre bonté me confond ! (*Il tire un portefeuille de sa poche, dans lequel est le fragment du chevalier de Boufflers, et lit*[1] :)

« Mais quel autre Orphée, quelle voix har-
« monieuse, rappelle sur ces coteaux dépouillés
« les arbres majestueux qui les couronnaient, et

---

[1] Ce discours est celui de M. de Boufflers même ; je l'ai transcrit seulement par fragments, le trouvant moi-même fort beau ; cependant, il a les défauts de son époque, l'*abondance stérile* des épithètes et des épithètes *trois* par *trois*... Ainsi, par exemple :

.... Les tableaux *nouveaux*, *parlants* et *vivants*... L'*enthousiasme*, la *haine* et l'*impartialité*, tracent le portrait de Philippe. Chaque chose a repris sa *forme*, son *lustre* et sa *place*, etc., etc.

J'ai mis ce fragment, parce qu'il est peu connu et qu'il rappelle l'époque ; il est fort long, et je n'en ai pu placer qu'une petite portion.

« rend à ces lieux incultes l'ornement de leurs
« bocages frais, de leurs vertes prairies, de leurs
« ondoyantes moissons? Quels puissants accords
« ont de nouveau rassemblé les pierres éparses de
« ces murs autrefois bâtis par les dieux ? Tous les
« édifices sont relevés sur leurs fondements, toutes
« les colonnes sur leurs bases, toutes les statues
« sur leurs piédestaux. Chaque chose a repris sa
« forme, son lustre et sa place, et dans cette créa-
« tion récente, le plus aimable des peuples a re-
« trouvé ses cités, ses demeures, ses lois, ses
« usages, ses intérêts, ses occupations et ses fêtes.
« C'est vous, Monsieur, qui opérez tous ces pro-
« diges : vous parlez, aussitôt la nuit de vingt
« siècles fait place à une lumière soudaine, et laisse
« éclore à nos yeux le magnifique spectacle de la
« Grèce entière au plus haut degré de son antique
« splendeur. Argos, Sparte, Athènes, Corinthe et
« mille autres villes disparues, sont repeuplées...
« Vous nous montrez, vous nous ouvrez les tem-
« ples, les théâtres, les gymnases, les académies,
« les édifices publics, les maisons particulières,
« les réduits les plus intérieurs. Admis sous vos
« auspices dans leurs assemblées, dans leurs
« camps, à leurs écoles, à leurs cercles, à leurs
« repas, nous voilà mêlés dans tous leurs jeux,
« spectateurs de toutes les cérémonies, témoins de

« toutes les délibérations, associés à tous les inté-
« rêts, initiés à tous les mystères, confidents de
« toutes les pensées, et jamais les Grecs n'ont
« aussi bien connu la Grèce, jamais ils ne se sont
« aussi bien connus eux-mêmes que votre Ana-
« charsis ne nous les a fait connaître...

« Dans ces tableaux nouveaux, parlants et
« vivants, les objets s'offrent à nous sous tous
« les aspects. Les hommes et les peuples, tou-
« jours en rapport, toujours aux prises les uns
« avec les autres, nous découvrent à l'envi
« leurs vices et leurs vertus. L'enthousiasme, la
« haine et l'impartialité tracent alternativement
« le portrait de Philippe. Les tristes hymnes des
« Messéniens accusent l'orgueil de Lacédémone.
« Les Athéniens laissent entrevoir leur corrup-
« tion au travers de leurs agréments. Le suffrage
« ou le blâme distribué tour à tour par des parti-
» sans ou par des rivaux, tous les témoignages fa-
« vorables ou contraires soigneusement recueillis,
« fidèlement cités, sagement appréciés, suspen-
« dent et sollicitent des jugements que vous
« laissez modestement prononcer à votre lecteur ;
« il tient la balance, mais vous y mettez les
« poids.

« Enfin, est-il question de la plus noble pas-
« sion des Grecs, de leur patriotisme? En nous

« les offrant pour modèles, vous nous rendez leurs
« émules. Mais que dis-je! En fait de patriotisme,
« les exemples des Grecs nous seraient-ils néces-
« saires? Non, non; ce feu sacré, trop longtemps
« couvert, mais jamais éteint, n'attendait ici que
« le souffle d'un *roi citoyen*[1] pour tout em-
« braser. »

> (Ici de nombreux applaudissements interrompent M. de La Harpe... Madame de Staël, transportée de cette partie du discours de M. de Boufflers, témoigne son admiration et son contentement... Mouvement très-prononcé. Moment de repos pendant lequel on parle du discours... M. de La Harpe reprend sa lecture.)

« ... Déjà un même esprit nous vivifie, un
« même sentiment nous élève, une même raison
« nous dirige, un même titre nous enorgueillit,
« c'est celui de Français... Nous savons comme les
« Grecs qu'il n'est de véritable existence qu'avec
« la liberté, sans laquelle on n'est point homme,
« et qu'avec la loi, sans laquelle on n'est point
« libre (*Approbation nouvelle et prononcée*).
« Nous savons, comme eux, qu'au milieu des
« inégalités nécessaires des dons de la nature
« et de la fortune, tous les citoyens sont égaux

---

[1] Singulière coïncidence! Louis XVI, acceptant la constitution de 89, est appelé *roi citoyen*, comme Louis-Philippe, quarante-un ans plus tard!...

« aux yeux de la loi (*Nouvelle approbation*),
« et que nulle préférence ne vaut cette pré-
« cieuse égalité, qui seule peut sauver du
« malheur de haïr ou d'être haï. Nous savons,
« comme eux, qu'avant d'être à soi-même, on est
« à sa patrie, et que tout citoyen lui doit le tribut
« de son bien, de son courage, de ses talents, de
« ses veilles, comme l'arbre doit le tribut de son
« ombre et de ses fruits aux lieux où il a pris
« racine¹. »

Lorsque M. de La Harpe eut fini de lire, tout le monde l'entoura pour le remercier d'avoir apporté ce fragment...

— Voilà un morceau vraiment bien fait, dit madame de Barbantane. M. de Boufflers a montré en l'écrivant que l'auteur d'*Aline* pouvait produire des choses aussi fortes et profondément senties qu'il en fait de légères et d'agréables... Qu'en dit M. Necker ?

— Je le trouve fort beau, madame, et j'en ferai sincèrement mon compliment à monsieur le chevalier de Boufflers.

On annonce : Monsieur l'abbé Barthélemy.

¹ Ce qui est ici rapporté du discours de M. de Boufflers est textuellement copié dans le discours même de M. le chevalier de Boufflers. (*Note de l'auteur.*)

— Vous arrivez toujours trop tard, lui dit madame Necker, mais surtout aujourd'hui... M. de La Harpe vient de nous lire le discours de M. de Boufflers, et j'avoue que je n'ai pu résister au bonheur que j'ai éprouvé de vous entendre louer avec cette vérité [1]... et puis des louanges vraies dites par un homme d'esprit avec cette chaleur de cœur, c'est vraiment une chose si rare, qu'il faut en remercier le Ciel lorsque cela arrive à un de nos amis... Mais pourquoi venir si tard?...

— J'assistais à une lecture à laquelle très-peu de monde était invité. Monsieur le marquis de Montesquiou nous a lu un drame de sa composition qui, je l'avoue, m'a fait la plus profonde impression, intitulé *les Joueurs*... Le but en est fort moral, et tous les événements marchent avec une chaleur d'action remarquable.

— Je connais cet ouvrage, dit M. de La Harpe... Nous l'avons joué cet été à Maupertuis [2].

---

[1] M. l'abbé Barthélemy était un des amis de la famille Necker.

[2] Belle terre à quelques lieues de Paris, appartenant à cette époque à M. le marquis de Montesquiou. On y joua *les Joueurs* dans l'été de 1789, et M. de La Harpe y avait, en effet, un rôle, ainsi que Marmontel.

MADAME NECKER.

Comment ne nous en avez-vous pas parlé, M. de La Harpe?

MADAME DE STAEL.

Oui, vous savez que nous désirons connaître tout ce qui paraît dans toutes les branches de la littérature, et un ouvrage de M. de Montesquiou!... C'est un double intérêt... Est-ce bien?

M. DE LA HARPE.

Je m'avoue coupable ; car l'ouvrage vaut bien la peine d'une analyse et d'un éloge... Mais une fois dans ce salon, on est si agréablement détourné de la route qu'on s'est tracée en y venant, que je suis pardonnable.

MADAME NECKER, en souriant.

Et vous serez *pardonné*, si vous nous en dites votre avis : car c'est particulièrement à votre avis que nous tenons, vous le savez?

M. DE LA HARPE, s'inclinant.

Marmontel, qui était aussi à Maupertuis, et avait, comme moi, un rôle dans la pièce, vous dira, madame, que c'est un ouvrage de très-haute espérance, si l'auteur veut étudier l'art dramatique. Cette pièce des *Joueurs* est parfaitement conduite, et réussirait à la scène avec peu de changements. C'est une peinture des malheurs qu'entraîne avec elle la passion du jeu : toutes les bassesses qui se commettent dans les tripots, école de tant de fripons et l'écueil de tant de dupes, les crimes et les horreurs qui s'y multiplient, cet assemblage de la bonne et de la mauvaise compagnie associées ensemble pour même honte comme pour même joie, toutes ces turpitudes dont la société devrait rougir enfin, sont dépeintes dans la pièce de M. le marquis de Montesquiou avec une vérité profondément morale et très-dramatique ; les caractères sont bien tracés, l'intérêt est bien conduit, enfin c'est une bonne pièce : et une pièce en cinq actes et en vers, c'est une chose assez rare pour en prendre note ; mais voici qui est aussi bien curieux!... Il y a quelques années, que le marquis de Montesquiou fit lire sa pièce aux Comédiens français, mais sans faire dire son nom ; il laissa croire, au contraire, qu'elle était d'un jeune auteur sans nom et sans état : elle fut refusée à l'UNANIMITÉ. Elle est pourtant bien écrite, et elle m'a paru faire plaisir à la représentation ; après cela, ce n'est point un jugement sans appel que celui d'un parterre de comédie de société, ce n'est pas une épreuve aussi certaine qu'une représentation publique, et encore celle-ci ne l'est pas toujours. La pièce de M. de Montesquiou a été aussi bien jouée, au reste, qu'il est possible de jouer sur un théâtre de société...

MARMONTEL.

Comme madame la baronne de Montesquiou a surtout été charmante! quelle douce voix! quelle finesse! elle joue aussi bien les soubrettes que les amoureuses : deux emplois très-opposés cependant! elle a un son de voix ravissant, et une grâce inimitable dans toute sa charmante personne... Au surplus, La Harpe peut en parler mieux que moi, car elle a joué *Mélanie* d'une manière plus supérieure, dit-il, qu'il ne l'a jamais vu jouer.

M. DE LA HARPE.

C'est la vérité : elle fit fondre en larmes toute l'assemblée; elle y mit une telle expression, que moi-même je trouvai dans son rôle des nuances, saisies par elle, que je n'avais pas conçues dans le caractère de Mélanie.

MARMONTEL.

La Harpe, dis donc à ces dames les vers que

tu as faits pour madame la baronne de Montesquiou.

M. DE LA HARPE, embarrassé.

Je ne crois pas me les rappeler.

MADAME DE STAEL, avec un grand naturel.

Comment, vous! avec votre mémoire! allons donc!... c'est impossible.

M. DE LA HARPE, après avoir lancé un regard de reproche sur Marmontel, récite les vers.

A madame la baronne de Montesquiou.

De ses talents qu'a-t-elle donc affaire?
Pour nous charmer, il suffit de ces yeux,
De ce maintien, de ce port gracieux:
En se montrant, elle est sûre de plaire...
J'entends sa voix, et je suis dans les cieux.
Naïve Annette et touchante Émilie [1],
Si belle dans les pleurs! en riant si jolie!...
Lequel de tant d'attraits est plus puissant sur nous?
Son organe ravit et son jeu nous entraîne.
Son sourire est si fin! son regard est si doux!....
Lequel lui sied mieux d'être bergère ou reine?
Chacun de ses talents rendrait une autre vaine:
Eh bien! elle est modeste en les possédant tous.

[1] Ces noms étaient ceux des rôles qu'elle remplissait dans les différentes pièces qu'on a jouées à Maupertuis.

MADAME DE STAEL, avec force.

Ils sont charmants, ces vers! et surtout parfaitement vrais! Quand on connaît madame la baronne de Montesquiou, on est encore plus frappé de leur beauté.

MADAME NECKER, après avoir jeté un coup d'œil attristé sur sa fille, éprouve néanmoins un mouvement d'orgueil maternel en l'entendant louer une autre jeune femme sur tout ce qui lui manquait...; aussi dit-elle d'une voix émue :

Est-elle donc si agréable, cette jeune femme?

MADAME DE STAEL.

Ah! charmante! et aussi bonne que belle!...
En ce moment, on annonça le souper. C'était l'heure particulière de l'agrément de la maison de madame Necker. Avant cette heure, où ordinairement les personnes les plus froides prennent une sorte d'aisance et de *laisser aller,* il régnait toujours chez madame Necker un air solennel, maintenu par elle et M. Necker; il y avait une glace que toute la chaleur active et mouvante de leur fille ne pouvait *fondre*... mais l'heure du souper était celle des *bons contes :* chacun en faisait; ce n'était pas une grosse joie, mais une réunion de gens joyeux; enfin, on s'y amusait, tandis que,

malgré le génie de madame de Staël, l'esprit de madame Necker et le talent de M. Necker, on parvenait à s'ennuyer pendant les lectures et les discussions littéraires du soir ; mais au souper cela n'arrivait jamais... Ce soir-là on était préoccupé des événements qui se préparaient. Le 6 octobre venait d'avoir lieu, et le plus sinistre avenir se montrait à tous les yeux!... Madame de Staël, dont le beau talent voyait tout comme le plus habile publiciste, fronçait souvent le sourcil devant une réflexion plus ou moins sombre qui passait menaçante dans son esprit... Quant à madame Necker, toujours égale dans son humeur, quoique tremblante pour le sort de M. Necker, mais résignée et confiante en Dieu, elle ne paraissait nullement troublée... Debout [1] devant cette table que son mari et sa fille présidaient pour elle, elle n'en était pas moins l'âme de ces réunions vraiment remarquables par leur composition... M. Necker, malgré les occupations qui réclamaient de lui travail ou repos, tenait le fauteuil de président, et paraissait toujours écouter madame Necker avec un grand intérêt... La

---

[1] On sait qu'elle ne pouvait pas s'asseoir à cause d'un tremblement nerveux très-violent qui ne se calmait que dans le bain.

conversation devint générale : on parla théâtre, littérature, politique, et tout cela sans bruit, avec des paroles qui ne voulaient pas persuader en étant injurieuses ; il y avait *conversation* enfin, et jamais dispute. Quelquefois, cependant, Marmontel élevait la voix avec une sorte de rudesse qui tenait à sa personne[1] plutôt qu'à ses manières... il parlait vivement, et M. de La Harpe, toujours dans les bornes, lui répondait doucement, quoiqu'avec aigreur lorsqu'il était poussé trop avant dans ses retranchements. La discussion était sur des pièces données au public de Paris, très-difficile encore à cette époque, et qui faisait justice des mauvaises choses... Marmontel prétendait que l'on y mettait de l'esprit de parti, et qu'on sifflait les pièces qui ne flattaient pas l'esprit public.

— Mais, disait La Harpe, on profite au contraire de cet esprit du moment pour nous inonder de plates productions... Voilà le vieux d'Arnaud Baculard qui vient de faire jouer son *Comte de Comminges,* imprimé depuis trente ans et depuis trente ans mis au nombre des plus plates productions, si ce n'est même en tête. Eh bien ! parce qu'on parle d'abolir les couvents, il vient nous jeter aux

---

[1] Marmontel n'avait aucune élégance dans sa personne : il était lourd et carré, avait l'air *hommasse* enfin.

jambes son malheureux comte de Comminges!... »

— C'est donc bien mauvais? dit madame de Blot... Cependant le roman de madame de Tencin est bien touchant; c'est rempli d'intérêt.

— Et voilà pourquoi, madame, le drame de d'Arnaud est mauvais : il est fort rare qu'un roman, dramatique même, bien écrit, bien conduit, comme celui de madame de Tencin, soit bon à être mis en scène. Il n'y a rien de théâtral dans le comte de Comminges : sa situation est forcément passive, uniforme, et sans aucun moyen de péripétie une fois la reconnaissance faite : là, aucune de ces vicissitudes, de ces événements imprévus, de ces espérances trompées, enfin de ces mouvements nécessaires au théâtre... Les deux amants sont enfermés dans le même couvent et ne se reconnaissent que lorsqu'Adélaïde est couchée sur la cendre et au moment d'expirer... Encore son amant ne la reconnaît-il pas d'abord, et dit-elle plus d'une page avant qu'il soit *bien sûr* que c'est elle!... et quel style encore! c'est à n'y pas tenir. Enfin tout le drame, qui a trois actes, consiste en ceci : le comte de Comminges apprend des nouvelles fâcheuses, il se lamente... Il apprend une autre nouvelle, il se lamente encore plus fort et la toile tombe... Allons, Marmontel, sois de bonne foi : est-ce autre chose?

— Tu railles, et je parle sérieusement : comment nous entendre ?...

— Tu as trop bon goût pour ne pas être de mon avis, et ce comte de Comminges est ennuyeux... ton héros qui ne parle, ne vit, n'agit, ne meurt que pour l'amour, il n'est même pas amoureux !...

— Oh ! pour celui-là, c'est trop fort ! s'écrie madame de Staël... Comment ? le comte de Comminges n'est pas amoureux ?... Que je suis malheureuse !... Je n'ai pas vu la pièce, je ne sais ce qui en est !...

— Je vous en fais juge, madame la baronne : ce comte de Comminges, qui ne respire que pour l'amour, qui ne meurt que pour l'amour, eh bien ! il ne reconnaît pas sa maîtresse et passe sa vie à jardiner en creusant des fosses avec elle ; il lui parle (chose sévèrement défendue d'abord à la Trappe), et le plus merveilleux, c'est qu'il trouve que ce jeune moine ressemble à Adélaïde : c'est ce qu'il se dit pendant tout le second acte ; est-ce qu'il n'y a pas dans la figure de l'être aimé, dans sa voix, quelque chose qui ne peut échapper à l'amour ?...

— Et surtout à l'amour qui observe, dit doucement madame Necker...

— Et puis, dit La Harpe, tous les accessoires qu'on a pu mettre en œuvre pour faire un drame avec les décorations et le jeu du machiniste ont été employés... Il y a, entre autres choses, une profusion de fosses et de têtes de morts qui m'a rappelé ces vers de Collé... Nous sommes à souper, je puis les chanter? (*Il s'incline devant madame Necker et chante.*)

. . . .
Pour émouvoir le cœur d'abord
Ah! que c'est un puissant ressort
Qu'une belle tête de mort!

COLLÉ.

(Tout le monde rit.)

— Ah ça! et *Henri VIII*, dit Marmontel, est-il aussi dans ta disgrâce?

— Mon Dieu, que vous êtes amusants tous les deux! dit madame de Staël, en avançant sa chaise, posant ses deux bras sur la table et appuyant sa tête sur ses mains... M. de La Harpe, dites-nous donc votre avis sur *Henri VIII*, ma mère le permettra : n'est-il pas vrai, ma mère?

— Oh sans doute! s'écria madame Necker... Allons! que pensez-vous d'*Henri VIII*?

— Je dis, madame, que c'est une mauvaise pièce et que les vers en sont aussi mauvais que la contexture de l'œuvre.

— C'est clair cela! dit madame de Staël : voilà un

avis qui n'est pas fardé... Et comment la trouvez-vous mauvaise? pourquoi?

— Pourquoi, madame la baronne, pourquoi?... Par la raison que je trouve *Jeanne Gray* [1] un bon ouvrage ; parce que je suis vrai et que le faux me révolte... Dans *Henri VIII*, tout y est à contre-sens ; M. Chénier a pris l'histoire à rebours. C'est une pièce où il n'y a *ni intérêt, ni action, ni intrigue, ni marche dramatique* [2]*, ni mouvement, ni caractères, ni convenances, ni conduite*.

— Voilà une belle analyse ! dit Marmontel... Il y a cependant de la noblesse dans la diction, il s'y trouve de beaux vers.

— Cette diction dont tu parles est sentencieuse, mêlée de réminiscences de mauvais goût... Il y a, sans doute, quelques vers bien faits : encore cela

---

[1] Mauvaise tragédie de madame de Staël faite dans sa jeunesse. Je la connais, quoiqu'elle ait été longtemps presque cachée aux yeux du public. M. le comte Louis de Narbonne avait un exemplaire manuscrit de *Jeanne Gray*, et me le prêta. C'était celui qu'originairement avait écrit madame de Staël, sans y faire presque de corrections. Elle le lui fit redemander étant en Italie ; j'ignore s'il le lui renvoya et ce qu'il est devenu.

[2] Opinion textuelle de La Harpe dans sa Correspondance littéraire.

est-il douteux... ; mais sois toi-même de bonne foi, ôte quelques-uns de ces vers et tout le reste est d'un écolier...Quant au sujet, c'est celui de *Marianne*... Mais il est moins heureux, parce que Hérode a de l'amour au moins pour sa victime, et que la jalousie effrénée qui la lui fait condamner, comme dans *Zaïre*, enlève l'odieux de cet homme qui, ayant le pouvoir en main, pouvant ordonner, ordonne la mort d'une femme innocente pour en posséder une autre. C'est un bourreau et une victime... On ne peint pas, pour une société élégante dont le goût est délicat, de ces sujets de place de Grève... Henri VIII est tellement déterminé, dès la première scène, à épouser Jeanne Seymour, et conséquemment à faire mourir Anne de Boleyn, qu'on n'a aucune incertitude sur la chose... L'atrocité du caractère d'Henri VIII est si marquée, son pouvoir si positif, Anne de Boleyn tellement privée de tous moyens de défense, que la chose est certaine : ainsi donc, pas de nœud, pas d'action, peut-on dire, pour alimenter cinq actes. Et cette Jeanne Seymour qui est là sans savoir ce qu'elle veut ou ne veut pas !... et ce rôle ne pouvait être crayonné plus fortement, attendu qu'une paire de monstres conjurant ainsi le meurtre juridique d'une belle jeune créature comme Anne de Boleyn eût été par trop révoltant. Il est vrai qu'au quatrième acte, on emploie un moyen neuf pour émouvoir le public et le roi ; mais il paraît qu'Henri VIII était comme moi et qu'il n'aimait pas les ressorts postiches ¹.... Ce moyen est : la jeune Élisabeth, amenée à son père qu'elle vient prier pour sa mère... Cela rappelle la scène des petits chiens dans *les Plaideurs !*

.... Venez, venez, famille désolée !...

Est-ce qu'on amène ainsi un enfant sur la scène ?...

— Ah ! Racine n'en a pas introduit, lui, et comme ressort actif encore !

— Quelle comparaison me fais-tu là !... Racine a mis un enfant sur la scène, dans *Athalie*, parce qu'il n'a que l'intéressant de l'enfance sans en avoir le ridicule... Mais dans son chef-d'œuvre en ce genre où l'intérêt pour un enfant est le mobile de l'action, dans *Andromaque*, il s'est bien donné de garde de faire paraître Astyanax, quoiqu'il parle de lui d'un bout à l'autre de la pièce...

— Mon Dieu, mon Dieu, que vous êtes divertissants avec vos querelles ! s'écriait madame de Staël... Et elle se remettait plus à son aise en re-

---

¹ On appelle scènes et ressorts *postiches*, tout ce qui est en dehors de l'action, et qui pourrait en être ôté sans nuire à sa marche.

gardant La Harpe et Marmontel avec ses grands et beaux yeux si expressifs, et dont l'âme s'échappait en ce moment en traits de feu pour aller la révéler à tous ceux qui l'approchaient... Marmontel, voyant que le jeu lui plaisait, continua sa revue et nomma *le Philinte de Molière,* que Fabre d'Églantine venait de donner à la nouvelle Comédie-Française.

— Qu'est-ce donc que ce M. Fabre d'Églantine, M. de La Harpe? demanda madame de Barbantane, qui toujours voulait savoir quelle origine avait le talent... Il est noble cet homme-là?...

MADAME DE STAEL.

Ah! mon Dieu! je ne sais s'il est noble ou non, mais de ma vie je n'ai entendu un pareil vacarme à celui qui s'est fait l'autre jour à une mauvaise pièce de lui, appelée, je crois, *le Présomptueux...*

M. DE LA HARPE.

Ou l'Heureux imaginaire...

MARMONTEL.

Mais n'est-ce pas copié sur la pièce des *Châteaux en Espagne* de Collin d'Harleville? Quelle chute! le parterre était de bonne humeur, au reste.. Au troisième acte, cependant, il a fallu baisser la toile.

Mais qu'est-ce donc que M. Fabre d'Églantine effectivement? le connais-tu?

M. DE LA HARPE.

C'est un M. Fabre autrefois comédien et directeur en province : il arriva à Paris avec un portemanteau rempli de pièces de la force de celle que vous avez vue l'autre jour... Il alla porter le produit de ses veilles aux comédiens, qui, dans un moment de disette, de famine même, ont accueilli *le Présomptueux* et une certaine *Augusta,* une tragédie du même auteur qui est, je crois, le pendant du *Présomptueux*[1]!...

MADAME DE BLOT.

Mais vous ne nous avez pas dit si ce jeune homme était d'une bonne famille. Madame de Barbantane vous le demande encore.

M. DE LA HARPE s'inclinant en souriant.

J'allais y arriver, madame... M. Fabre était, comme j'ai eu l'honneur de vous le dire, comédien et directeur de troupe en province ; il s'appelait

---

[1] Tout ce qui a rapport à Fabre d'Églantine fut dit chez madame Necker un soir à souper, et le nom de M. Abauzit fut pris comme point de comparaison pour la patience.

alors M. *Fabre*; aucune particule ne suivait ni ne précédait son nom. Mais M. Fabre devint auteur... M. Fabre composa... M. Fabre concourut..... M. Fabre apprit, je ne sais comment, que :

> A Toulouse il fut une belle,
> Clémence Isaure était son nom;
> Le beau Lautrec brûla pour elle, etc.;

et M. Fabre obtint la fleur qu'*aimait* [1] Clémence Isaure, il obtint l'églantine... et voilà l'histoire de ses parchemins.

MADAME DE BARBANTANE.

Comment ! c'est ainsi qu'il s'appelle *Fabre d'Églantine ?*...

MARMONTEL.

Ma foi, madame, il y a beaucoup d'origines récentes qui ne sont pas si parfumées !...

---

[1] La complainte dit :

> L'églantine est la fleur que j'aime,
> La violette est ma couleur;
> Dans le souci tu vois l'emblème
> Des chagrins de mon triste cœur, etc.

M. DE LA HARPE. (Il a toujours une expression sardonique en parlant de Fabre d'Églantine [1].)

Fabre, ayant obtenu l'églantine, travailla pour le théâtre, et, comme j'ai eu l'honneur de vous le dire, apporta cette foule de mauvaises pièces... *les Gens de lettres ; le Présomptueux*, plate parodie des *Châteaux en Espagne; Augusta,* mauvaise tragédie, ou plutôt mauvais roman calqué sur *la Vestale,* mauvais drame de je ne sais plus quel auteur, qui parut il y a environ vingt ans, et dont le sujet mieux traité eût pu fournir une pièce intéressante [2].

L'Abbé BARTHÉLEMY.

Il me semblait que la pièce avait été jouée plusieurs fois. La tragédie est restée...

M. DE LA HARPE, avec une extrême politesse, mais très-sèchement, tout en s'inclinant.

Je vous demande pardon, monsieur l'abbé, mais la pièce fut retirée à la troisième représentation... Les comédiens français, plus courageux que ceux de la Comédie Italienne, apparemment parce que c'est

---

[1] Il avait été maltraité par Fabre dans *le Poète de province, ou les Gens de lettres.*

[2] Témoin le charmant opéra de *la Vestale,* par M. de Jouy.

l'ouvrage d'un comédien, se sont efforcés, mais vainement, de relever la pièce. *Le Journal de Paris* est plus plaisant que le reste; il a inséré une lettre dans laquelle sont des reproches au public sur sa *sévérité;* et pour prouver le talent de l'auteur, on cite deux vers de sa pièce, dont l'un est ridicule et l'autre niais...

MADAME DE STAEL.

Vous les rappelez-vous, M. de La Harpe?... oh! cherchez bien!

M. DE LA HARPE.

Je crains de les avoir oubliés... ils sont si nuls!... (*Se recueillant.*) Les voici :

> Romains... c'est un mortel qui va juger un homme.
> . . . .
> L'excès de la vertu n'est pas toujours un bien...

C'est trop fort aussi.

L'Abbé BARTHÉLEMY.

Mais, M. de La Harpe, il me semble que vous avez entendu la dernière pièce de M. Fabre d'Églantine; du moins m'a-t-il dit vous l'avoir lue... et que vous en aviez été content... Quant à moi, je dois ici faire une profession de foi; c'est que depuis Molière c'est la meilleure pièce que nous ayons eue... qu'en pensez-vous, M. de La Harpe ?

M. DE LA HARPE, évidemment contrarié et même blessé.

Vous avez raison, monsieur, et M. Fabre d'Églantine, qui a eu jusqu'ici un si constant malheur, est en effet bien heureux que cette dernière œuvre soit, comme vous le dites, et comme je le pense, la meilleure pièce depuis Molière.

MADAME DE STAEL.

Ah! mon Dieu! qu'est-ce que vous dites donc là?...

M. DE LA HARPE.

La vérité, madame! il y a des défauts, sans doute, mais beaucoup de beautés. Le titre en est mauvais... Son Philinte n'est pas celui de Molière ; c'est un égoïste : c'est ce caractère bien saisi, bien rendu. M. d'Églantine aurait dû l'appeler *l'Égoïste*, car c'est lui qui, le premier, a tracé à merveille ce caractère odieux. L'idée morale est de punir l'égoïsme par lui-même : ce qui arrive par la propre faute de l'égoïste, voilà pour l'idée morale ; quant à l'idée dramatique, il l'a également bien conduite. Il y a du drame dans cette pièce, je le répète ; elle va être reçue, et je crois son succès certain... N'est-ce pas votre avis, monsieur l'abbé? ajouta La Harpe en se tournant vers l'abbé Barthélemy.

L'Abbé BARTHÉLEMY.

Parfaitement... mais vous voyez bien que cet homme, qui fait une œuvre aussi remarquable, n'est pas un sot.

M. DE LA HARPE, vivement piqué, et se balançant sur sa chaise.

Ma foi, monsieur l'abbé, vous me forcerez d'être ce que mon austère franchise m'avait d'abord fait paraître, et ce que ma courtoisie pour vous m'avait fait adoucir, et je dirai qu'un homme qui, pendant quinze ans de sa vie, c'est-à-dire depuis vingt ans jusqu'à trente-cinq, ne produit que des satires et de méchants vers, et tout-à-coup vous montre une pièce qui, comparativement aux autres, est un chef-d'œuvre, je dis, monsieur, que c'est au moins un grand sujet de réflexions...

MADAME LA DUCHESSE DE CHOISEUL, bas à l'abbé Barthélemy.

Mon cher abbé, vous avez fait ce soir un ennemi mortel à ce pauvre Fabre d'Églantine.

L'Abbé BARTHÉLEMY.

J'en ai peur!... mais le mal ne vient pas de moi.

La conversation devint générale ; madame Necker causait avec chaque personne du souper, et faisait ainsi le tour de la table ; elle s'arrêtait le plus souvent auprès de M. de La Harpe, devenu son favori depuis la mort de Thomas, et en face de M. Necker... Tout-à-coup quelqu'un prononça le nom de M. de Piis. Madame de Simiane dit aussitôt :

— Ah !... je demande grâce pour mon protégé ! C'est un homme qui a bien de l'esprit...

MARMONTEL, regardant madame de Simiane, qui était une des femmes les plus jolies et les plus gracieuses de France à cette époque.

Comment ! madame la comtesse, Piis est votre protégé !... mais que faut-il donc faire pour obtenir ce bonheur-là ?

MADAME DE SIMIANE.

Faire comme lui de jolis vers...

MARMONTEL.

Ah ! mon Dieu !

MADAME DE BARBANTANE.

Piis est fort aimable !...

MARMONTEL, riant toujours.

Oh! sans doute, madame la marquise; cependant.... demandez à la Harpe...

M. DE LA HARPE sourit... et dit à madame de Simiane:

Vous a-t-il jamais lu son poëme sur quelque chose.... comme l'alphabet, par exemple, madame?

MADAME DE STAEL, MADAME DE BARBANTANE, MADAME NECKER et MADAME DE BLOT, s'écrient:

Sur l'alphabet!

M. DE LA HARPE.

Mon Dieu, oui!

MADAME DE STAEL.

Mais c'est impossible!

MARMONTEL.

Ah! madame, il est des hommes à qui rien n'est impossible pour exécuter des merveilles dans un certain genre. Et pour parler comme M. de Piis [1],

---

[1] M. Auguste de Piis fit en effet paraître ce poëme sur l'alphabet en 1787 ou 1788. Il ne fut connu qu'un ou deux ans après, comme je le dis ici.

nous allons vous montrer comment l'A *s'arroge* sa place, en véritable *insolent* qu'il est, tout en haut de *l'alphabet*, et que

> A s'Adonner A mal quand il est résolu
> Avide, Atroce, Affreux, Arrogant, Absolu,
> Il Assiége, il Affame, il Attroupe, il Alarme...

MADAME DE STAEL, s'agitant sur sa chaise en riant aux éclats.

Grâce! grâce! Marmontel... j'en meurs!... mais cet homme est un fou!

MARMONTEL.

Il est fort raisonnable! s'il était fou, il ne serait plus amusant, et je le maintiens le plus sage de la ville.

M. DE LA HARPE.

Et puis, madame, il faut vous calmer sur les méfaits de l'*A*. M. de Piis nous apprend plus loin que

> ... Il n'est pas toujours Accusé d'Attentats...
> Avenant, Attentif, Accessible, Agréable,
> Il préside à l'Amour, ainsi qu'à l'Amitié.

Madame Necker, qui jusque-là était demeurée à moitié sérieuse, ne peut retenir un éclat de rire à cette dernière parole. Tout le monde rit non-seulement du ridicule des vers, mais de la manière admirablement burlesque dont M. de La Harpe les a dits... Voyant qu'il amusait[1], il continue :

> A la tête des Arts à bon droit on l'admire,
> Mais surtout il Adore... et si *j'ose le dire*...
> A l'aspect du Très-Haut sitôt qu'Adam parla,
> Ce fut apparemment l'A qu'il articula.

Je ne doute pas, mesdames, que vous ne soyez enchantées de l'*A* qui *s'adonne au mal* et qui *assiége*... En fait de rébus, c'est, je crois, très-bien faire... mais jugez de la fin.

> Le C, rival de l'S avec une *cédille*,
> Sans elle au lieu du Q dans tous nos mots *fourmille*;

---

[1] J'ai moi-même entendu M. de La Harpe dire à un jeune auteur de Brives[*] que mon beau-frère lui avait recommandé, et auquel il prenait assez d'intérêt pour lui donner des leçons et des avis : « Mon jeune ami, lorsque vous êtes dans une maison pour y faire une lecture ou pour y passer la soirée et porter ainsi votre tribut de paroles, regardez; et si vous voyez une expression d'ennui, ne vous fâchez pas; n'ayez jamais l'air piqué, rien n'est plus sot, et surtout n'en a plus l'air... Prétextez un mal de dents, un mal de tête... Si vous causez et que la conversation faiblisse, conduisez-la jusqu'au point de pouvoir vous éloigner sans vous faire remarquer. Enfin, lorsque vous plaisez, saisissez l'à-propos, et dominez fortement. » M. Alphonse Brénier a profité des avis de M. de La Harpe; je ne sais si ce sont eux qui lui ont fait trouver une place à la Colombie qui lui a donné 10,000 francs de rentes.

[*] M. Alphonse Brénier.

L'E s'Évertue ensuite, etc.
L'I, droit comme un piquet, établit son empire.
Le K, partant jadis pour les Kalendes grecques,
Laisse le Q, le C, pour servir d'hypothèques.
Le P, plus Pétulant, à son Poste se Presse.
. . . .
S'arrête, éclate et meurt, dès que son Pétard Part,

dit-il plus loin pour une fusée ; car vous saurez, madame, qu'il a l'ambition avec ce poëme de faire revivre la poésie imitative ; mais son *pétard part* ne vaut pas :

A ce péril pressant nous échappâmes, car
La porte était ouverte, et nous passâmes par.

Ailleurs ce sont des moutons

Qui bêlent pêle-mêle!...

Et puis une bouteille qui fait ses glouglous...

M. NECKER.

M. de La Harpe, je vous envoie un verre de vin de Malaga et un verre de vin de Tokai ; celui-ci vient de Vienne directement, voyez si ses glouglous valent ceux de M. de Piis.

M. DE LA HARPE, remerciant.

Sans aucun doute... mais comprend-on qu'un homme qui ne date pas son ouvrage des Petites-

Maisons fasse un raisonnement assez étrange pour l'amener à publier pareille extravagance? En vérité, cela fait peur!...

MARMONTEL.

Ma foi, je crois que Ducis est tout aussi timbré que Piis. As-tu lu ses dernières pièces?

MADAME DE STAEL.

C'est prodigieux!... mais puisqu'il comprend Shakspeare, comment un soleil aussi pur ne l'éclaire-t-il pas d'un seul de ses rayons, le malheureux?...

M. de La Harpe ne répliqua pas, parce qu'il n'aimait pas Shakspeare. L'école de M. de Voltaire ne comprenait pas ce prodigieux génie... et il était convenu parmi ses disciples que Shakspeare était *un barbare, un ignorant.* Nous n'étions pas heureux, au reste, dans nos jugements à cette époque; car dans le même temps, c'est-à-dire dans le même siècle, nous méconnaissions encore *Athalie! Athalie,* chef-d'œuvre admirable que nous n'avions pas d'excuse pour méconnaître, nous. Quant à Shakspeare, quelque difficile qu'il soit, c'est un sacrilège de ne pas le comprendre. Shakspeare est l'Homère du théâtre! Nous l'avons méconnu un temps; Dieu veuille qu'aujourd'hui, où nous admettons ses beautés, nous les sentions toutes! Madame de Staël avait une de ces âmes qui vont au devant du génie; elles le devinent au parfum qu'il répand. Aussi, avant le moment où elle put lire les auteurs célèbres dans leur langue, elle les étudiait dans les traductions. Mais déjà familière, à l'époque que nous suivons, avec les hautes merveilles littéraires des autres nations, elle ne pouvait entendre M. de La Harpe concentrer toute la littérature dans notre langue : elle n'était pas encore ce qu'elle est devenue depuis, une femme que la voix universelle proclame la première de son temps, n'importe la nation qui la réclame; mais dès lors elle sentait que pour comprendre un auteur, il faut le lire dans la langue où il écrivait. Qu'importe une traduction à celui qui peut sentir les beautés du Dante, de Cervantes et de Calderon, de Schiller et de Klopstock, dans leur idiôme?

Un homme qui sait quatre langues vaut quatre hommes, disait Charles-Quint.

Je ne sais pas jusqu'à quel point cet adage est vrai; cependant il a une grande force quand on voit à quel degré les hommes d'une nation pourraient arriver pour le bien des peuples, s'ils savaient étudier dans les annales d'un autre peuple, dans ses légendes, ses chroniques, à ne prendre la chose que comme publicistes seulement, et nullement sous le rapport littéraire.

Madame de Staël demanda donc à M. de La Harpe s'il lisait Shakspeare dans l'original; il lui dit que non, mais avec *un dictionnaire* [1]... Alors, lui dit madame de Staël, je ne vous reparlerai plus de Shakspeare : nous ne nous entendrions pas. M. de La Harpe comprit qu'il se trouvait en mauvaise attitude, et il se sauva sur Ducis; heureusement pour lui qu'il avait plus que le moyen d'avoir raison, car on venait de donner *le Roi Lear* et *Macbeth!*... Aussi le malheureux Ducis, renvoyé à La Harpe pour supporter sa mauvaise humeur, passa-t-il sous son scalpel avec une sévérité cruelle; et pour dire la vérité, lorsque La Harpe, d'une voix moqueuse, disait ces vers du *Roi Lear :*

> .... Végétaux précieux,
> Si vous pouvez *m'entendre* et *sentir mes alarmes,*
> *Fleurissez* pour mon père, *et croissez sous mes larmes,*

il était impossible de garder son sérieux... Des végétaux qui croissent sous des larmes !... qui entendent !... M. de La Harpe avait d'ailleurs le beau rôle en cela, et madame de Staël, toujours prompte dans la discussion, avait oublié ce qui est le pal-

---

[1] Je le lui ai entendu dire *moi-même;* et il ajoutait : *Cela est égal...*

liatif à toute discussion un peu vive. Madame Necker y remédia, car elle voyait le front de l'Aristarque devenir nébuleux, et jamais un de ses convives ne sortait de chez elle avec une impression pénible. — M. de La Harpe, lui dit madame Necker, il faut d'autant plus pardonner à ma fille de vous avoir un peu contrarié, que j'ai été témoin de son attendrissement à la pièce qui le lendemain lui fit oublier les absurdités du *Roi Lear*.

M. DE LA HARPE.

Avez-vous donc été voir *le Roi Lu*[1], madame ? C'est une ravissante parodie, en effet, où vous aurez pleuré à force de rire.

MADAME NECKER.

Non, non, pas de parodie. Ce que ma fille a vu est aussi une traduction, mais une belle et véritable traduction de Sophocle[2].

(M. de La Harpe baisse les yeux ; mais on voit une grande joie se répandre sur sa physionomie.)

---

[1] *Le Roi Lu*, charmante parodie du *Roi Lear*; elle fut donnée en même temps que trois ou quatre autres très-drôlement faites, et bien dans le genre parodie.

[2] *Le Philoctète* de Sophocle, traduit presque littéralement par La Harpe, est une des bonnes pièces qui soient au

MADAME NECKER, en souriant.

Eh bien, M. de La Harpe! reconnaissez-vous maintenant la pièce qui a dû faire oublier *le Roi Lear?...*

M. DE LA HARPE.

Madame, je ne sais si je puis me livrer à l'excès d'orgueil que me donnerait une telle approbation. Madame la baronne de Staël a eu la bonté de me dire qu'elle était contente, et j'avoue que ma reconnaissance est profonde.

MADAME DE STAEL vivement, et rendue à son équité naturelle.

Oui, oui, sans doute! c'est admirable!... et surtout traduit avec une perfection de style et de versification, comme tout ce qu'écrit M. de La Harpe.

MADAME DE SIMIANE.

Connaissez-vous les vers de M. de Florian sur Philoctète? Ils sont charmants... Allons, M. de La Harpe, dites-nous ces vers, voulez-vous?

MADAME DE STAEL, en riant.

Comment, madame, vous voulez que M. de La

Théâtre-Français, comme traduction. La couleur locale y est assez bien conservée.

Harpe vous récite *lui-même* des vers à sa louange? mais c'est impossible.

MADAME DE SIMIANE, bas à la duchesse de Lauzun.

Encore un moment, et il les dirait.

MARMONTEL.

Mais je les sais, moi, et si madame Necker veut bien le permettre, je m'en charge...

MADAME NECKER, souriant avec un signe de tête.

Ce sera un double plaisir pour nous...

MARMONTEL. Il se recueille un moment pour se rappeler les vers...

Vers à M. de La Harpe en sortant de la représentation de Philoctète, par M. de Florian.

Que tu m'as fait verser de pleurs!
Comme ton Philoctète est touchant et terrible!
Que j'ai souffert de ses douleurs!
Je ne sais pas le grec, mais mon âme est sensible;
Et pour juger tes vers, il suffit de mon cœur.
La Harpe, c'est à toi de remplacer Voltaire!
Il l'a dit en mourant! l'Hercule littéraire
T'a choisi pour son successeur.
Va, laisse murmurer une foule timide
D'envieux désolés, d'ennemis impuissants.
Prends Philoctète pour ton guide:
Comme lui tu souffris du venin des serpents
Et possèdes les traits d'Alcide.

MADAME DE STAEL.

A merveille, Marmontel!... à merveille!... voilà de bons vers, bien dits, justes dans leur louange et vraiment bien faits! j'aime la poésie comme celle-là.

MONSIEUR DE LA HARPE, totalement revenu de son humeur, s'inclinant devant madame de Staël.

Puisque vous aimez les beaux vers, madame, pourquoi ne pas vous faire dire l'ode que Marmontel a faite sur la mort du duc Léopold de Brunswick [1].

---

[1] Celui qui périt dans l'Oder en cherchant à sauver deux hommes qui se noyaient. Ce trait, l'un des plus beaux des temps modernes, est de l'année 1787. La pièce de vers de Marmontel est vraiment fort belle; c'est ce qu'il a fait de mieux peut-être, en ce genre surtout, car Marmontel manquait totalement la réussite de la chose qu'il tentait aussitôt qu'il lui fallait aborder le style noble et les mouvements oratoires de grand effet. Le style poétique et noble ne lui allait pas plus que le rhythme alexandrin, tandis que le style léger et le rhythme des vers à cinq pieds lui réussissaient presque toujours. Le principal mérite de ce petit poëme, c'est que Marmontel a su faire un petit morceau bien complet ayant un commencement, un milieu et une fin. La marche en est rapide, et l'intérêt n'y est jamais entravé. Ensuite, une remarque à faire, c'est de voir comme ces deux hommes se

MADAME NECKER.

Je l'ai entendue... mais je crois que ma fille ne la connaît pas.

MADAME DE STAEL, se levant.

Je vous demande pardon, je l'ai lue!... Non, non, s'écria-t-elle en rencontrant le regard de reproche de madame Necker et se rasseyant, non, non, je ne la connais pas, et je veux l'entendre. Allons! Marmontel!...

MARMONTEL.

Je vous supplie de m'excuser!... mais ce n'est pas un prétexte, je ne m'en souviens pas! ceci est une vérité...

MADAME DE STAEL. Son œil s'enflamme et s'anime à mesure qu'elle parle et qu'elle est devant cette sublime action... son regard est errant quoique animé.

Oh! oui! Marmontel a dû faire quelque belle chose en parlant de l'action de ce prince devenu en un moment trop grand, trop colossal pour qu'une couronne puisse aller à son front!... Quelle âme de prince que celle qui vous fait renvoient les louanges et la flatterie. Cette scène, au reste, est parfaitement vraie et point inventée.

élancer dans un fleuve qui gronde¹, pour lui arracher deux victimes!! Et c'était à l'ombre du repos que germait une telle âme!... Quand César se jeta dans une barque et affronta la tempête, il allait au-devant de l'empire de Rome... de l'empire du monde!... et puis il était *avec sa fortune*, il jouait sa vie contre une vague dans laquelle était un trône... Mais celui-ci! où allait-il en se jetant dans l'Oder?... vers deux malheureux qui lui tendaient les bras!... Il les entendait crier au secours, et le noble jeune homme affronta la tempête sans savoir s'il était suivi!... *et sans être suivi!...* Cependant, en arrivant sur le lieu du malheur, il montrait à tous ses mains généreuses remplies d'or!... Oh! Marmontel! Marmontel! vous nous direz vos vers, n'est-ce pas?...

Marmontel, qui l'avait écoutée, comme tout le monde, avec attendrissement, surtout en voyant ses beaux yeux à elle-même remplis de larmes, et toute sa personne agitée d'un tremblement nerveux, effet ordinaire d'une âme forte dans un corps robuste, ne lui répondit qu'en lui baisant la main en silence... Madame de Staël, assise près de son père, s'était appuyée sur lui, et sa tête reposait

---

¹ L'Oder avait débordé, et les inondations étaient affreuses.

sur son épaule... Là, elle pleurait encore au seul souvenir de cette aventure, qui d'ailleurs s'était passée seulement quelques semaines avant... Madame Necker était mécontente; mais, selon sa coutume, rien ne paraissait au dehors. Cette concentration d'émotion l'a tuée, je crois, beaucoup plus tôt que la nature ne l'eût permis... Quant à M. Necker, en écoutant madame de Staël, il se sentait fier d'une telle fille.

Il la soutenait avec une tendresse protectrice qui inspirait de la confiance pour le bonheur de cette femme qui paraissait avoir un si grand besoin d'affection !...

— Il faut que je sois aimée, disait-elle souvent... ou ma vie est tellement glacée, qu'elle s'arrête en moi !... mon cœur ne bat plus quand je crois qu'on ne m'aime pas.

Après être demeurée quelques moments en silence sur l'épaule de son père, madame de Staël releva sa tête et rencontra de nouveau le regard presque fixe de madame Necker, qui, debout devant elle, les bras croisés, vêtue de blanc ce jour-là comme presque toujours, la regardait avec une expression de blâme très-manifeste. A cette époque, madame de Staël était encore assez jeune femme pour plier sous la volonté de sa mère... Elle baissa les yeux et se retira des bras de son père, où elle avait été chercher un cœur parmi cette multitude qui l'entendait sans la comprendre, quelque admiration qu'elle lui inspirât!... Elle rougit, et malheureusement cela lui allait mal; elle le savait, ce qui redoubla son embarras...

—Allons, Marmontel, vos vers!... répéta-t-elle d'une voix faible.

MARMONTEL.

Moi, madame!... après cette prose sublime que vous venez de nous donner en la sortant de votre cœur... vous voulez que j'aille vous ennuyer de mes vers!... Mais la patience de M. Abauzit n'y suffirait pas!... et cependant Dieu sait s'il en avait.

MADAME DE BLOT.

Ah çà! voilà déjà bien des fois que j'entends parler de ce M. Abauzit... Qu'est-ce donc que cet homme-là?

M. DE LA HARPE.

C'est un Genevois... un ami de madame Necker... Mais c'est à elle de vous faire connaître M. Abauzit; c'est à un ange à faire connaître un sage, puisqu'il n'y a pas de saints dans sa religion.

MADAME NECKER.

Mais vous avez donc oublié tout ce qu'en a raconté Rousseau?... il l'a rendu célèbre parmi nous... Rappelez-vous ce qu'il en dit....

MADAME DE BLOT.

Je vous jure que ce nom m'est inconnu... J'ignore même en quoi il peut être fameux.

MADAME NECKER.

Pour une vertu qui est rare parmi nous et le devient chaque jour davantage... Si M. Abauzit eût vécu du temps d'Épictète, il en eût été fort estimé ; aujourd'hui cette vertu commence à passer un peu pour de la niaiserie.

MADAME DE BARBANTANE.

Ah!... je me le rappelle maintenant!... Oui, oui... je vis cet homme un jour, comme il sortait de chez vous!... Dites-nous donc quelque chose de lui....

Tout le monde se réunit pour prier madame Necker. — Oh! oui! quelque bonne histoire de M. Abauzit, contée par vous, s'écria madame de Staël, et ce sera parfait, ma mère!...

Madame Necker se rapprocha de la table, jeta un coup d'œil autour d'elle pour voir si le service n'interromprait pas sa narration, et quand tout fut prêt, elle commença :

—Vous saurez que M. Abauzit ne s'est jamais de sa vie mis en colère... Jamais il ne s'est fâché... Jamais enfin une émotion n'a dérangé le calme inaltérable de cette physionomie d'honnête homme qu'il porte à si bon droit ; mais ses amis crurent que cette égalité d'humeur pourrait enfin céder à une contrariété quelconque... Ils consultèrent une vieille gouvernante qui, depuis *trente ans*, était à son service. Cette femme chercha longtemps comment elle pourrait arriver à la vulnérabilité de son maître... car elle l'aimait et ne pouvait se résoudre à l'affliger et à le faire paraître autrement qu'il n'était, puisque ces amis eux-mêmes déclaraient que c'était un pari... Cette femme protestait que depuis trente ans elle n'avait pas vu son maître une seule fois *en colère !*... — Une seule fois !... Mais c'est impossible ! s'écriait-on ; une colère en trente années !... ce n'est guère !... Allons, conviens d'une seule fois ! — Mais je ne puis pas mentir ! disait la bonne femme. — Mais comment parvenir à le fâcher ?... Aide-nous. — Ah voilà le difficile ! comment le fâcher ?... Il y a des gens qu'on ne sait comment satisfaire ; lui, c'est de le *fâcher* qu'il faut venir à bout...

Enfin, après beaucoup de recherches dans sa pensée, après avoir examiné son maître dans l'habitude de sa vie, la vieille Marguerite crut avoir trouvé le moyen de faire gagner le pari. — Quoique en vérité, disait-elle, je ne comprends pas pour quelle raison. vous voulez faire sortir mon bon maître de sa paix !.. — Que t'importe? nous l'aimons autant que toi. — Cela n'est pas sûr. — Nous l'aimons, te dis-je, et tu le sais bien ; ainsi tu ne dois avoir nulle inquiétude sur les suites de tout ceci... Voyons, qu'as-tu imaginé ?

— Le voici : M. Abauzit aime par-dessus toute chose à être bien couché ; c'est une des habitudes de sa vie intérieure à laquelle il tient le plus... Je ne ferai pas son lit et dirai que je l'ai oublié.

L'expédient parut admirable ; le lendemain, les amis de M. Abauzit viennent le prendre et le mènent promener avec eux ; ils passent la journée ensemble, et le soir ils le remettent chez lui, assez fatigué de sa journée et content de trouver son lit et le repos.

Son lit !... il n'était pas fait, comme on sait... Le lendemain matin il dit à Marguerite :

— Marguerite, il paraît que vous avez oublié de faire mon lit, tâchez de ne pas l'oublier aujourd'hui...

— Eh bien? demandèrent les amis, lorsqu'ils vinrent le matin pour savoir le résultat.

— Rien du tout, dit la gouvernante... Il m'a dit de ne pas l'*oublier* aujourd'hui !...

— *Mais tu l'oublieras?...* Songe aux conditions!...

Le lendemain, même affaire ; le soir, M. Abauzit rentre encore fatigué d'une longue promenade et trouve son lit dans le même état que le matin... En se levant, il appelle Marguerite :

—Tu as encore oublié de faire mon lit, Marguerite ; je t'en prie, songes-y donc?

Le matin, même enquête des amis, même réponse de la vieille gouvernante. C'était le second jour... Le soir, en arrivant devant son lit, M. Abauzit le trouve dans l'état où se trouve un lit fait ou plutôt défait depuis trois jours ; le lendemain matin, il appelle Marguerite :

— *Marguerite*, lui dit-il, mais sans élever la voix, *vous n'avez pas encore fait mon lit hier ; apparemment que vous avez pris votre parti là-dessus et que cela vous paraît trop fatigant ; mais après tout, il n'y a pas grand mal, car je commence à m'y faire.*

Touchée de cette bonté, car ici ce n'est plus de la patience, et je crois que M. Abauzit l'avait devinée, Marguerite se jeta aux pieds de son maître en fondant en larmes, et lui avoua tout!...

Est-ce que ce trait ne figurerait pas admirablement dans la vie de Socrate?

MADAME DE STAEL, émue et irritée en même temps.

Ah çà!... j'espère que M. Abauzit a chassé, le même jour, la vieille gouvernante avec ses trente ans de service, et qu'il n'a jamais revu ses amis prétendus qui pouvaient se jouer de lui au point de faire des expériences sur son humeur et même sur son cœur!... C'est tout simplement indigne...

MADAME NECKER, en souriant.

Voilà mon champion!... Il met flamberge au vent pour combattre les brigands de cœur...

MADAME DE STAEL, souriant aussi.

Fais-je donc si mal?... Cette histoire de M. Abauzit, que je trouve admirable par le rôle qu'il y joue, m'a toujours révoltée, en songeant à celui de ses prétendus amis qui disent aimer un homme, et qui travaillent à l'envi à détruire en lui une qualité que peut-être il a acquise au prix de souffrances inconnues, de peines ignorées!... Non, je suis fort sévère pour de pareilles choses. Ai-je donc tort, mon père?

M. NECKER, touché de cette demande.

Non, mon enfant! il y a une équité de cœur dans votre indignation qui trouve en moi une entière approbation. (*Et l'attirant à lui, il l'embrassa et la retint longtemps sur son cœur.*)

MADAME NECKER.

Vous avez raison tous deux... La question, présentée sous cet aspect, la place en effet comme un acte d'égoïsme complet de la part des amis de M. Abauzit. Mais lui, il n'en est pas moins un véritable sage.

MADAME DE STAEL, entourant sa mère d'un de ses bras tandis qu'elle passe près d'elle, et l'embrassant d'un air caressant.

Et vous en faites un saint, ma mère, par votre ravissante manière de conter...

MADAME NECKER, l'embrassant sur le front et se dégageant d'elle sans affectation, car tous les mouvements violents lui étaient étrangers et presque désagréables, lui dit en souriant :

Vous êtes une *flatteuse*, ma fille, je le sens ; mais il est doux de se laisser flatter par ceux qu'on aime... Messieurs, il faut nous retirer, mais avant vous boirez un verre de vin de Champagne à santé de M. Necker...

M. DE LA HARPE, s'inclinant.

J'accepte pour moi et pour Marmontel...

MARMONTEL.

Et moi pour moi seul. Tu n'es pas digne d'apprécier le vin de Sillery de madame Necker.

MADAME DE STAEL.

Comment madame de Genlis ne lui commande-t-elle pas de devenir mauvais? Elle le ferait, j'en suis sûre, si elle le pouvait.

MADAME NECKER, avec le ton du reproche.

Ma fille!!...

MADAME DE STAEL.

Ma mère, demandez à madame de Blot et à madame la duchesse de Lauzun si j'ai tort d'être méchante!.. Méchante, d'ailleurs!... En quoi le suis-je donc pour elle, moi?...

PLUSIEURS VOIX ENSEMBLE.

Vous ne l'êtes pour personne!... pour personne!!!

MADAME DE STAEL, avec émotion.

Eh bien! eh bien! qu'est-ce donc? Sans doute je ne suis pas méchante; qu'y a-t-il d'étonnant?... Je ne fais là que mon devoir de membre social de la grande famille humaine... Je disais donc, ma mère, que je n'étais pas méchante pour madame de Sillery; et après tout je pouvais l'être, mais je ne l'ai pas été. Je ne me suis pas réjouie du mal que dit de moi M. de Champcenetz, parce qu'il en disait d'elle!... Jamais, je l'avoue, je n'ai porté le degré de haine jusque-là. C'est pourtant ce qu'elle a fait.

MADAME DE BARBANTANE.

Qu'est-ce donc que cette histoire? Je ne connais pas cela? En quoi donc madame de Genlis et vous, mon cœur, avez-vous pu être réunies?

MADAME DE STAEL.

Oh! c'est une vieille histoire... mais plaisante, après tout, et bien originale.

MADAME DE BARBANTANE.

Mais encore!...

MADAME DE BLOT.

Ah! je me rappelle!... madame la duchesse de Chartres s'en est bien amusée.

MADAME DE STAEL.

Eh bien donc! c'était... l'année dernière, je crois. (*Se tournant vers M. de La Harpe.*) N'est-ce pas,

M. de La Harpe? (*M. de La Harpe s'incline.*) Depuis que c'est la mode *d'avoir de l'esprit* et qu'on ne peut s'en passer, il faut bien en avoir, et en avoir à tout prix, car en France la mode est une maîtresse exigeante; ce qu'elle prescrit, il le faut faire; et tous ceux qui n'ont pas l'esprit nécessaire pour faire dire qu'ils en ont s'arrangent pour y suppléer, par des libelles, par exemple, et par des pamphlets... C'est la manière la plus aisée de se passer d'esprit; de la méchanceté, et tout est dit. Or, il existe un homme qu'on appelle M. de Champcenetz, qui s'est fait enfermer trois fois pour des livres ou plutôt des libelles diffamatoires, qui respirent la plus atroce méchanceté. Il croit peut-être, au milieu des désordres politiques où nous sommes, que le gouvernement ou le parti de l'opposition le remarqueront et l'emploieront en lui donnant une grande place pour l'acheter; il ne sait pas, le pauvre simple, que pour être acheté il faut *valoir*. Être connu à force de scandale n'est pas chose difficile. Qu'importe le moyen? Seulement il s'est trompé dans le résultat. Il n'est pas assez méchant pour être acheté, il l'est assez pour qu'on n'en veuille pas; et on l'a enfermé parce qu'il allait jusqu'à l'insolence: mais la prison a été son seul salaire. Lorsqu'il a vu que le gouvernement et les gens de parti étaient aussi ingrats, alors il a tourné son dard contre nous autres pauvres femmes, et dans un petit écrit contenant une plate parodie du songe d'Athalie (avec des notes) et une épigramme fort insolente, il jette tout le fiel dont il peut être pourvu. La parodie est contre madame la comtesse de Genlis et ce bon M. de Buffon, qui, *chargé d'ans et de gloire*, et la tête courbée sous le poids de cent couronnes... ne mérite pas en vérité de recevoir le venin d'une vipère ignorée... L'épigramme me concernait!... Cela ne m'empêcherait pas d'y reconnaître des beautés si elle était bien faite, mais elle est mauvaise... elle n'est même pas amusante.

M. NECKER, vivement.

Et comment n'ai-je pas connu cette affaire?

MADAME DE STAEL, en riant.

Pourquoi, mon père? Parce que je vous donne ma parole d'honneur, que moi-même je l'oubliai deux jours après... et qu'aujourd'hui je n'y songerais plus, si la charmante leçon que M. de Rulhières donne à ce misérable Champcenetz ne m'était demeurée dans cette mémoire qui n'oublie jamais, dans celle du cœur, car j'ai eu de la reconnaissance pour celui qui m'a su venger sans donner de la publicité à mon offense. Quant à madame de Genlis, ainsi attachée à ma personne, elle m'en a voué un surcroît de haine. Vous conviendrez que cela est injuste!...

MADAME DE BARBANTANE.

Oh! la drôle d'histoire avec tout cela!... Vous et madame de Genlis, ayant M. de Buffon pour chevalier!... (*Elle rit.*) De celui-ci du moins on ne médira pas... Eh bien! je crois que je viens de faire un vers sans m'en douter!...

MADAME DE BLOT.

Et les vers de M. de Rulhières, qui se les rappelle ici ?

MADAME DE STAEL.

Moi...

MADAME DE SIMIANE.

Double plaisir pour nous... Vous dites si parfaitement les vers !

MADAME DE STAEL.

Être haï, mais sans se faire craindre,
Être puni, mais sans se faire plaindre,
Est un fort sot calcul. Champcenetz s'est mépris;
En recherchant la haine, il trouve le mépris.
En jeux de mots grossiers parodier Racine,
Faire un pamphlet fort plat d'une scène divine,

Débiter pour dix sous un insipide écrit,
C'est décrier la médisance,
C'est exercer sans art un métier sans profit.
Il a bien assez d'impudence,
Mais il n'a pas assez d'esprit.
Il prend, pour mieux s'en faire accroire
Des lettres de cachet pour des titres de gloire ;
Il croit qu'être HONNI, C'EST ÊTRE RENOMMÉ ;
Mais si l'on ne sait plaire, on a tort de médire ;
C'est peu d'être méchant, il faut savoir écrire,
Et c'est pour de bons vers qu'il faut être enfermé.

MADAME DE SIMIANE.

Oh merci, madame la baronne !... Mon Dieu !... que je voudrais les savoir par cœur, ces vers !... Sont-ils imprimés ?

MADAME DE STAEL.

Non, madame [1], mais je les écrirai, et j'aurai l'honneur de vous les envoyer.

Madame de Simiane s'inclina en souriant, et sa gracieuse figure parut encore plus charmante, embellie par ce sourire auquel répondaient ses yeux... *On croyait voir* dans son regard.

« Madame, dit-elle à madame Necker, je ne

---

[1] Ils l'ont été depuis, mais je ne sais où et comment ; car je ne crois pas qu'ils soient dans les œuvres de M. de Rulhières, avec les *Disputes* et les *Jeux de mains*, deux petits poëmes ravissants également de lui.

vous dirai pas de vers, car je n'en sais pas faire ; mais je puis vous en faire dire de charmants, s'il plaît à l'auteur. — Monsieur de Marmontel, je vous dénonce à madame Necker pour un improvisateur excellent. Nous étions à Auteuil, madame, il y a quelques jours ; au dessert, on pria M. de Marmontel de chanter un couplet... Il n'en savait pas. Alors on lui imposa d'en *faire* un, et comme il refusait encore, on lui dit qu'il serait obligé de travailler sur un *mot;* on lui donna ce mot, il fit le couplet... et ce couplet est charmant. Allons, baronne, donnez-lui un *mot !...* »

Marmontel se récria !... C'était une perfidie !... « Eh bien ! dit madame Necker, je vais vous donner un *mot,* et vous nous ferez un couplet... »

Elle rêva un moment... Tout-à-coup le bouchon d'une bouteille de vin de Champagne vint à partir...

« Ah ! s'écria-t-elle, le voilà tout trouvé !... *Champagne !...* »

Marmontel rêva quelques instants... puis, sans écrire, sans revoir ce qu'il venait de faire, il s'adressa à madame Necker en lui chantant le couplet suivant :

> Champagne, ami de la folie[1],
> Fais qu'un moment Necker s'oublie,

[1] Ce couplet fut improvisé un soir à souper, l'un des petits

Comme en buvant faisait Caton ;
Ce sera le jour de ta gloire :
Tu n'as jamais sur la raison
Gagné de plus belle victoire.

jours chez madame Necker, par Marmontel, à qui madame Necker donna en effet le mot CHAMPAGNE.

SALON

DE MADAME DE POLIGNAC.

Il me faut bien donner ce titre à la réunion des personnes que je vais faire passer sous les yeux du lecteur... Car il est difficile, pour ne pas dire impossible, de rendre compte du *salon* de la Reine, et c'est pourtant Marie-Antoinette qui sera la véritable *maîtresse de maison* à Trianon, Compiègne, Marly, Versailles, et surtout dans le salon de madame de Polignac ; c'est la reine de France, laissant à la porte la hauteur et la morgue souveraine pour être la plus aimable femme de la Cour de France et présider les soupers du salon de la duchesse de Polignac avec cette grâce charmante qui faisait, comme la tradition nous l'a conservé, que jamais on n'oubliait son sourire, comme on n'oubliait jamais aussi son regard de dédain.

Marie-Thérèse l'avait élevée pour être *reine de France :* avec cette finesse de tact que les femmes apportent à juger les choses, elle avait compris que, dans cette Cour voluptueuse et polie où sa fille allait être souveraine [1], puisqu'elle n'avait aucune autre puissance au-dessus de la sienne, il fallait qu'elle doublât cette puissance par le charme de ses manières... Elle voulut que sa fille fût la première de la Cour de France par sa grâce et son esprit du monde comme par son rang. Elle voulut que son langage même ne rappelât en rien le Nord et son accent sévère... Elle demanda pour la jeune fiancée du Dauphin, une fois que le traité fut conclu par les soins de madame de Pompadour et de M. le duc de Choiseul, un homme assez habile pour lui enseigner à la fois la langue française dans son élégant idiôme, car à cette époque il y en avait deux fort distincts, l'un pour la haute classe et

[1] La reine Marie Leczinska était morte le 24 juin 1768 ; il n'y avait à la Cour que les filles du Roi et madame du Barry, favorite en titre, et présentée à Mesdames l'année qui suivit la mort de la Reine. (22 avril 1769.)

l'autre pour celle inférieure, et les manières d'une femme du monde, jointes à celles que la dignité allemande savait si bien inculquer de bonne heure aux princesses de la famille impériale. M. le duc de Choiseul, consulté par l'impératrice sur le choix à faire, consulta à son tour M. de Brienne, depuis cardinal de Loménie, homme du monde comme lui, et l'un des plus élégants de son temps en même temps que le moins moral. Il lui recommanda l'abbé de Vermont, qui fut en effet envoyé à Vienne auprès de la jeune archiduchesse, qu'il trouva déjà formée pour être la plus aimable princesse de l'Europe. Elle était agréable sans être belle, et possédait les grâces qui ne s'apprennent pas et devant lesquelles viennent échouer l'envie et l'opposition des femmes les plus belles... Ayant la volonté d'*être ce que sa mère voulait qu'elle fût,* Marie-Antoinette se prépara à être doublement la souveraine de la France. Élevée par une mère comme Marie-Thérèse, nourrie dans les principes du goût le plus exquis des arts et surtout de la poésie, c'est ainsi qu'elle entra dans le royaume dont elle devait être reine n'ayant pas encore quinze ans [1].

---

[1] Marie-Antoinette-Josèphe-Jeanne de Lorraine était née à Vienne le 2 novembre 1755.

Elle avait dans sa personne l'élégance de son esprit et de ses goûts. Sans être très-grande, sa taille avait une juste proportion, qu'elle doublait lorsqu'elle traversait la galerie de Versailles avec cette dignité gracieuse qui la rendait adorable et se manifestait par le moindre de ses mouvements... Ses cheveux étaient charmants, son teint admirable, ses bras et ses mains beaux à servir de modèle. Si l'on ajoute à tous ces avantages une bonne grâce inimitable et le prestige magique du rang de reine de France, on ne s'étonnera plus de l'enthousiasme délirant qu'inspira si longtemps Marie-Antoinette à la France entière.

Sa première éducation lui avait donné le goût de la vie intime, de la société privée... Accoutumée de bonne heure à vivre familièrement avec sa nombreuse famille, elle sentit avec peine cette privation d'un intérieur de société dans lequel elle pût causer, faire de la musique, broder en écoutant une lecture, vivre enfin pour elle, lorsqu'elle avait vécu pour la Cour et fait son devoir de Reine. Cette vie familière lui avait d'ailleurs été prescrite, pour ainsi dire, par sa mère lorsqu'elle avait quitté Vienne... Marie-Thérèse, qui connaissait l'intérieur de toutes les Cours de l'Europe, avait surtout cherché à parfaitement connaître aussi celle dans laquelle allait vivre sa fille bien-aimée : elle savait qu'en France tout se fait par le monde et ses relations... Les volontés royales étaient elles-mêmes soumises à ce tyran, qui, à cette époque surtout, dominait tout et faisait la loi. Nulle part le tribunal de l'opinion n'était aussi sévère, non pas qu'il y eût plus de mœurs, il y en avait moins qu'ailleurs au contraire : mais la règle établie par le code du monde social avait prononcé, et ses arrêts s'exécutaient, n'importe sur quelle tête ils étaient lancés... Marie-Thérèse le savait ; elle savait aussi qu'une main habile pouvait facilement conduire cette société élégante et en devenir la Reine, comme elle l'était des belles provinces de France... Elle donna des instructions à Marie-Antoinette pour ajouter encore aux premières, données moins secrètement. Celles-ci furent uniquement consacrées à tracer à la Dauphine une règle de conduite comme la mère d'une jeune fille les lui donnerait à son entrée dans le monde... Ceci expliquera comment la Reine avait des amitiés intimes peu de temps après son arrivée en France, et comment elle voulut organiser une société *à elle*... La pièce que je place ici est authentique... J'ai conservé l'orthographe de l'Impératrice et sa manière de nommer les individus sans leur donner aucune qualification... Ce fut au moment même de se séparer de sa fille que l'impératrice lui remit cette liste, avec prière d'y donner la plus grande attention :

« Eux et leurs amis, voilà où vous devez placer votre confiance et vos affections... Quant à vos sympathies personnelles, ne vous y laissez aller qu'après un mûr examen...

Liste des gens de ma connaissance [1].

Le duc et la duchesse de Choiseul [2];
Le duc et la duchesse de Praslin;
Hautefort [3];
Les Duchâtelet;

---

[1] Cette liste étant écrite de la main de l'impératrice Marie-Thérèse, je la copie exactement sur l'original. Cette recommandation montre à quel point l'Impératrice connaissait la France et l'intérieur des familles de la Cour.

[2] Le comte de Stainville, dont le père était le marquis de Stainville, ministre de l'Empereur, grand-duc de Toscane, près la Cour de France, et grand-chambellan. — Le comte de Stainville, ambassadeur de France à Rome, fut nommé à son retour à Paris à l'ambassade de Vienne. Il était Lorrain, titre de faveur à Vienne. Ce fut lui qui fit réussir le mariage de l'archiduchesse avec le Dauphin de France; il revint à Paris après trois mois de séjour à Vienne pour être créé duc et fait ministre des Affaires étrangères. — La duchesse de Choiseul était mademoiselle Crozat; c'était une personne charmante.

[3] Ancien ambassadeur de France à Vienne, et dévoué au parti lorrain.

D'Estrées (le maréchal) [1];
D'Aubeterre [2];
Le comte de Broglie;
Les frères de Montazel; }
M. d'Aumon; } [3]
M. Blondel; }
M. Gérard. }

« La Beauvais, religieuse [4], et sa compagne.

« Les Durfort [5] ; c'est à cette famille que vous devez marquer, en toute occasion, votre reconnaissance et attention.

« De même pour l'abbé de Vermont [6]. Le sort de ces personnes m'est à cœur. Mon ambassadeur est chargé d'en prendre soin. Je serais fâchée d'être la première à sortir de mes principes, qui sont de ne recommander personne. *Mais vous et moi nous devons trop à ces personnes,* pour ne pas cher-

---

[1] Il fut rappelé d'Allemagne au moment de ses triomphes par madame de Pompadour.

[2] Ambassadeur à Vienne et également dévoué.

[3] Ils avaient eu le secret de madame de Pompadour pour le fameux traité.

[4] Qui de son couvent intriguait vivement pour le parti lorrain.

[5] M. le duc de Duras, qui en Bretagne avait poursuivi le duc d'Aiguillon, ennemi du parti autrichien. La famille des Duras et des Durfort était dévouée au parti autrichien.

[6] L'abbé de Vermont de même. — Il avait élevé Marie-Antoinette.

cher en toutes les occasions à leur être utiles, si nous le pouvons sans trop d'*impegno*[1].

« Consultez-vous avec Mercy[2]...

« Je vous recommande en général tous les Lorrains dans ce que vous pouvez leur être utile. »

On voit dans cette instruction que Marie-Thérèse, loin d'avoir inspiré à sa fille une morgue hautaine contre nous, a toujours témoigné au contraire combien elle était heureuse de cette alliance ; elle est *reconnaissante*, elle lui recommande d'être *utile* à tous les Lorrains, parce qu'ils les ont obligées *toutes deux, et c'est en faisant ce mariage ;* voilà comme il faut se méfier des opinions émises légèrement sur le compte de personnes élevées.

On voit, par cette liste, que la Dauphine avait déjà une société assez nombreuse indiquée par sa mère, et pour peu qu'il s'y joignît quelques affections particulières, elle avait une autorité positive et assez étendue dans la société de la Cour[3].

---

[1] *Impegno*, embarras, gêne.

[2] Ambassadeur de la Cour Impériale près la Cour de France. J'ai conservé le style et l'orthographe de Marie-Thérèse.

[3] Je vais raconter un trait qui indiquera comment en France à cette époque un mot dit légèrement pouvait in-

J'ai déjà dit qu'elle avait besoin d'une société intime et dégagée de l'étiquette de la Cour ; elle avait déjà tenté de se délivrer de cette contrainte qui est peut-être une des misères mais une des né-

fluer sur les affaires. Ce trait m'a été raconté par un témoin oculaire.

Au moment où madame de Pompadour arriva à la Cour, on sait qu'elle remplaçait madame de Châteauroux, qui selon les uns mourut empoisonnée, et selon les plus sensés mourut de la mort des justes, attendu que le cardinal de Fleury n'était pas un empoisonneur et qu'il n'y avait personne qui eût assez d'ambition pour vouloir gouverner le Roi. Madame de Châteauroux mourut, et mourut après avoir été une personne fort ordinaire. Sa vie est une suite de jours pâles et sans action, si ce n'est d'être la maîtresse d'un Roi, ce qui fait la faute d'une femme beaucoup moins pardonnable, surtout quand le Roi n'est pas éperdu d'elle ; et c'était le cas de Louis XV, qui des trois sœurs n'aima jamais que madame de Vintimille. Une femme de mes amies, qui a beaucoup connu madame de Flavacourt *, sœur de madame de Mailly et de madame de Châteauroux, me racontait dernièrement que madame de Vintimille, encore pensionnaire dans un couvent lorsque madame de Mailly, qui avait été belle, mais qui ne l'était plus guère, et qui était sotte parce qu'elle l'avait toujours été, tenait alors l'état de maîtresse du Roi, madame de Vintimille disait :

« J'irai à la Cour auprès de ma sœur de Mailly : le Roi me

* Madame de Flavacourt est morte fort âgée, l'an VII de la République (1798) ; elle était laide, mais plus spirituelle qu'aucune de ses sœurs, qui, du reste, étaient toutes fort ordinaires. Elle était dame du palais de la Reine.

cessités de la royauté, en habitant Trianon peu de temps après que Louis XVI le lui eut donné, lorsqu'elle accoucha de madame Royale. Dans l'origine, Louis XVI, loin de s'y opposer, le vit avec

« verra, le Roi m'aimera, et je gouvernerai ma sœur, le Roi,
« la France et l'Europe. »

Elle voulut si bien régner, au reste, qu'on prétend que le cardinal de Fleury l'empoisonna aussi : on dit toujours que les gens haut placés qui meurent ayant la colique meurent empoisonnés.

Madame de Vintimille fut en effet celle des trois sœurs que Louis XV aima le plus. Mais cela ne prouve pas qu'on l'empoisonna... Avec la nature de Louis XV, il aurait fallu empoisonner toutes les jolies femmes de sa Cour !... Mais je reprends l'histoire de madame de Châteauroux et de madame de Pompadour.

Madame de Pompadour avait donc succédé à madame de Châteauroux....... Quoique celle-ci fût morte, on fut étonné de voir madame de Pompadour lui vouer une haine d'autant plus extraordinaire qu'elles ne s'étaient jamais rencontrées. En voici un des motifs.

Il y avait dans Paris, au moment de la faveur de madame de Châteauroux, un coiffeur dont toutes les femmes raffolaient. *Dagé* avait pour pratiques les femmes les plus élégantes de la Cour, et il choisissait les têtes qu'il devait embellir. Madame la Dauphine[*], Mesdames, filles du Roi, se faisaient coiffer par *Dagé*, et la suffisance, ou, pour parler plus juste, l'insolence du coiffeur était sans bornes. Madame de Pompadour, en

[*] Mère de Louis XVI.

plaisir. Il n'avait aucun goût pour le monde ; il était défiant et sévère pour les grands seigneurs ; peu porté aux plaisirs bruyants, il n'aimait ni le bal, ni le jeu, ni le spectacle, ni le faste, et encore moins le libertinage ; mais pour ce dernier défaut, il faut dire une singulière prédiction du roi de Prusse... On parlait un jour devant Frédéric de Louis XVI et de la Reine, et surtout du bonheur dont ils jouissaient tous deux... Le roi de Prusse se mit à rire...

arrivant à la Cour, voulut avoir *Dagé*; il refusa. La favorite insista ; le coiffeur refusa encore... Madame de Pompadour, qui s'appelait encore madame *Lenormand d'Étioles*, négocia avec le coiffeur, et finit par l'emporter sur une résistance qui peut-être ne demandait qu'à être vaincue. Dagé une fois *fléchi*, madame de Pompadour voulut lui faire payer l'humiliation qu'elle avait subie pour l'obtenir, et la première fois qu'elle fut coiffée par lui, au moment où la Cour était le plus nombreuse à sa toilette, elle lui dit :

— *Dagé, comment avez-vous donc obtenu une aussi grande vogue... et la réputation dont vous jouissez ?...*

— Cela n'est pas étonnant, madame, répondit Dagé, qui comprit la valeur du mot : *je coiffais l'autre !*

La cour de madame de Pompadour était trop nombreuse pour que le bon mot de Dagé ne fût pas connu dans tout Versailles avant une heure. En effet, madame la Dauphine, Mesdames de France répétèrent en riant aux éclats le bon mot de Dagé.... *Il coiffait l'autre !* Ce mot, répété par le parti de l'opposition, devint bientôt comme une bannière

— Il en sera de mon frère Louis XVI comme de ses prédécesseurs, dit-il : à quarante ans, il quittera sa femme devenue vieille et inquiète... il aura une maîtresse... mais sa Pompadour ne sera pas autrichienne ; elle sera, d'intérêt et de naturel, militaire et prussienne... et cette fois ce sera le tour de mon successeur d'être l'allié le plus utile de la maîtresse du Roi très-chrétien...

En raisonnant ainsi, Frédéric raisonnait avec cet esprit profond et judicieux qui perce le voile

proclamant la division qui éclata peu après dans la famille royale pour et contre la favorite... Les princesses et les princes appelèrent madame d'Étioles *madame Celle-ci*, et madame de Châteauroux *madame L'autre*. Louis XV en fut désolé, et madame de Pompadour, furieuse de ce surnom plus peut-être que de celui du roi de Prusse*, se mit à la tête d'une faction contre la famille royale, et, pour avoir plus de consistance qu'une maîtresse ordinaire, elle voulut se mêler de politique, et nous savons ce qui en est résulté!... Ce fut peut-être ce mot de Dagé qui amena cette résolution.

Louis XV fut un roi libertin moins pardonnable peut-être qu'un autre : il eut des maîtresses qui firent la honte du trône, sans qu'il en fût justifié par l'amour qu'il avait pour elles. Madame de Châteauroux, la seule qui ait eu une conduite vertueuse, sa faute exceptée, était du reste fort nulle d'esprit et de moyens ; elle eut un beau mouvement en excitant le Roi à la guerre, mais il venait du cœur.

* Il l'appela, aussitôt qu'elle fut en titre, Cotillon IV.

de l'avenir... et devine la marche forcée des événements. Le temps détruit tout ; les systèmes s'usent... et celui des femmes aux affaires devait l'être plus tôt qu'un autre... Seulement, Frédéric ne prévoyait pas qu'une république serait à la place d'une favorite.

A l'époque où Frédéric rendait cette sorte d'oracle, l'Europe était vraiment sous de singulières influences féminines !... De là venait, comme je l'ai dit au commencement de cet ouvrage, l'effet de ces influences sur la masse de la société, parce qu'à cette époque les femmes faisaient tout dans la société, et que la France avait une immense action sur le reste de l'Europe à cet égard. Depuis Louis XIV, nous savions le prix du joug d'une favorite. Madame de Montespan commença ; madame de Maintenon établit la puissance de l'état de favorite, en lui donnant l'apparence de l'état de femme. Elle bouleversa la France en élevant les enfants légitimés au rang des légitimes, en persécutant les jansénistes et les protestants... elle dégrada enfin le beau règne de Louis XIV... En Espagne, la princesse des Ursins... puis la reine Farnèse, prouvaient ce que peuvent deux esprits fortement trempés, qu'ils soient dans le corps d'un homme ou dans celui d'une femme. Après elles, vint Marie-Thérèse... également supérieure à son sexe, mais toujours femme néanmoins, ainsi que les autres, dans l'exercice de ses droits, et ne l'oubliant jamais... En même temps qu'elle, Catherine II apprenait à l'Europe entière ce que pouvait tenter et exécuter une femme à ferme volonté!...

Pendant ce temps, les maîtresses de Louis XV continuaient l'agitation sociale que le gouvernement des femmes avait établie dans le monde. Les trois sœurs[1], madame de Pompadour et madame du Barry, précédèrent Marie-Antoinette, qui enfin vint clore chez nous le siècle des agitations soulevées par des femmes. Mais elles furent plus actives encore chez Marie-Antoinette, parce que le pouvoir lui échappait, et que, pour le ressaisir, elle faisait continuellement des efforts qui soulevaient la monarchie. Connaissant l'action immédiate des femmes sur l'opinion en France, la Reine employa ces moyens avec un grand succès, du moins pendant les premières années du règne de Louis XVI... Elle ne fut pas aussi heureuse pendant l'Assemblée Constituante; elle lutta contre des femmes qu'il aurait fallu gagner, chose qui eût été facile... Elle-même voulut *se soumettre;* elle le tenta bien quelque temps en faisant le salon de madame de Polignac;

---

[1] Madame de Mailly, madame de Vintimille, et madame de Châteauroux.

mais en n'y admettant que les personnes tout-à-fait privilégiées, les préférences blessèrent les exilées, et il y eut des mécontents... Cela se manifesta lorsque la Reine voulut s'établir à Trianon.

Trianon était un adorable séjour dont la Reine aurait dû jouir sans le faire servir à une vengeance que depuis longtemps elle méditait contre la noblesse de France, et surtout celle présentée à la Cour, qui formait alors la majeure partie de la haute société de Paris. Le motif de cette vengeance datait du jour des fêtes du mariage de Marie-Antoinette, et sans être injuste on ne peut lui donner tort.

Marie-Thérèse avait demandé que mademoiselle de Lorraine et monsieur le prince de Lambesc eussent rang immédiatement après les princes du sang, dans les fêtes du mariage de sa fille avec le Dauphin de France. Louis XV l'accorda ; mais il n'avait pas calculé les obstacles qu'il devait rencontrer dans la noblesse française... Sa complaisance à l'égard du Roi avait changé depuis quelques années... Elle n'était plus ce qu'elle était, non-seulement sous les premiers temps du règne, mais même sous madame de Pompadour... Les femmes de la Cour prirent une attitude opiniâtre, au fait, plus que fière, et opposèrent une résistance invincible à la *prière* du Roi, car il n'ordonna pas, de céder la place à mademoiselle de Lorraine, après les princesses du sang ; leur fermeté alla même jusqu'à se priver du bal plutôt que d'abandonner *leur droit...* Madame la duchesse de Bouillon surtout se signala parmi *les opposantes* par l'aigreur de ses refus. Le roi fut très-choqué de cette résistance... mais la Dauphine le fut encore plus. On prétend qu'elle écrivît sur la lettre de Louis XV aux pairs : *Je m'en souviendrai !* et qu'elle la renferma dans une cassette d'où souvent elle la tirait pour la relire !... Enfin, pour que les fêtes eussent lieu, mademoiselle de Lorraine accepta de danser avec madame la duchesse de Duras, qui alors était de service au château, et par cette raison ne pouvait en sortir !... Ce moyen terme diminua un peu le scandale que fit le retour à Paris de presque toutes les femmes titrées qui avaient refusé de danser au mariage de la Dauphine.

Elle n'oublia jamais cette offense. La noblesse française fut à ses yeux de ce moment un ennemi avec lequel elle fut en guerre !... Madame de Noailles lui répéta vainement que l'étiquette avait parlé et qu'il fallait lui obéir, qu'elle-même lui était soumise... La Dauphine ne fit qu'en rire, tourna en dérision et l'étiquette et la noblesse, se moqua avec raison des mésalliances journalières qui, déjà à cette époque, commençaient à s'introduire parmi la haute noblesse. Elle fit plus ; elle se moqua de madame de Noailles elle-même, bien décidée à exclure de son service toutes les femmes titrées ayant *des prétentions*, comme elle le disait...

Ces querelles furent longues à produire leur effet. Aussi la Dauphine n'en éprouva-t-elle le désagrément que plusieurs années plus tard... Les quatre premières qu'elle passa en France furent un véritable enchantement. Elle était vraiment jolie : son teint éblouissant, ses belles couleurs, l'élégance de sa taille, l'expression gracieuse de sa physionomie, parce qu'alors, voulant conquérir, elle était toujours prévenante [1], qualité qui, dans une princesse, a plus de charmes que dans une autre femme... l'ensemble enfin de toute sa personne en faisait un être que tout le monde aimait... Elle était caressante, enjouée, attentive à plaire... Aussi les académies, les journaux, les poëtes lui prodiguaient la louange, et la société la plus brillante de l'Europe, qui alors était celle de France, était à ses pieds !... Elle était jeune et belle, et la flatterie avait encore pour les femmes, chez nous, les formes et le ton du beau règne de Louis XIV !...

---

[1] Tant que Louis XV vécut, la Dauphine dissimula pour combattre avec succès l'ascendant de madame du Barry.

Ce qu'elle fit plus tard avec hauteur quand elle fut reine, elle le fit aussitôt après son mariage avec une grâce qui empêchait qu'on ne le lui reprochât. Cependant, il y avait parfois une teinte satirique qui ne pouvait échapper à ceux qui étaient l'objet d'une remarque ou d'une allusion...

En arrivant à la cour de France, elle témoigna une grande admiration pour la beauté ravissante de madame du Barry... mais comme elle ne voulait pas qu'on pût croire que cette admiration était *une complaisance,* elle demanda un jour à madame de Noailles *quelles étaient à la Cour les fonctions de madame du Barry ?...* Madame de Noailles, chargée de son instruction, lui répondit *que madame du Barry était à la Cour pour plaire au Roi et pour le distraire.*

— *Ah !* dit la Dauphine, *alors je serai sa rivale ?* Le mot était charmant ! mais la question qui l'avait précédé l'était-elle ?... Louis XV en fut blessé, parce que toute la Cour, qui n'aimait pas madame du Barry, répéta le mot sans le prendre pour une ingénuité.

Cette lutte de l'autorité légitime que devait avoir la Dauphine de France contre celle usurpée d'une fille de joie, favorite d'un vieux roi libertin, changea beaucoup le caractère de Marie-Antoinette. Madame du Barry, dont la beauté était dans tout son éclat, faisait éprouver à la jeune Dauphine la jalousie d'un succès toujours dominant. Les fêtes de la Cour que donnait Louis XV semblaient n'être faites que pour la favorite! La Dauphine le sentait cruellement. C'est en vain qu'elle était toujours bonne et caressante auprès du Roi vieux et libertin, comme madame la duchesse de Bourgogne l'était auprès de Louis XIV, mais les temps étaient bien différents! et pour dire la chose, les personnages l'étaient aussi! Louis XV était blasé sur tout, même sur la grâce!... il n'aimait plus les femmes aux bonnes manières... Madame du Barry influa beaucoup sur la société de France à cette époque; son mauvais ton, sa manière plus que naturelle, et qu'on pouvait appeler grivoise, était ce que le roi aimait... Que voulait-on? imiter le Roi; ce fut ce qui arriva. Le vieux maréchal de Richelieu lui-même se mit dans la voie *de perdition,* comme lui-même l'appelait, et dans les soupers qui se faisaient encore à Marly et à Choisy, où Louis XV aimait à souper de préférence, le vieux maréchal était souvent le plus licencieux de tous les hommes qui étaient à la table du Roi. On connaît au reste le mot de madame du Barry pour le café. On l'a nié, mais il est positif; il révélait ce que la France allait devenir!

La Dauphine, avec sa figure fraîche et ses blonds

cheveux, sa peau de lis et de roses, cette adorable expression qui la faisait aimer de tout ce qui l'approchait, la Dauphine pouvait seule arrêter le torrent dans sa course, mais elle ne le pouvait qu'autant que le Roi lui en donnerait la puissance *exécutrice*. Que faire en pareille circonstance ? Se tenir en silence devant une position vraiment délicate, et attendre, c'est ce qu'elle fit...

Louis XV mourut; on connaît les particularités de cette mort... Je dirai seulement que cette bougie placée derrière un carreau de vitre pour avertir qu'un roi de France est mort est plus cruelle peut-être que la perversité de tous n'est abjecte... mais il est une justice distributive... Louis XV avait été bien cruel lui-même pour son fils... Le Dauphin était à l'agonie de cette maladie de langueur dont il est mort, et la Cour à Choisy. Aussitôt qu'il aurait rendu le dernier soupir, la Cour devait quitter Choisy. On avait donc interrogé le médecin qui le soignait plus particulièrement, en lui demandant combien il avait d'heures à vivre. — Mais, avait répondu le médecin, peut-être sept à huit heures... à peu près!... plus ou moins!... Et le médecin continua à prendre son chocolat, car il était à déjeuner lorsqu'on vint lui faire cette question... Je ne pense pas qu'on puisse répondre aussi affirmativement avec un sang-froid aussi dur... En conséquence de cette réponse, tout le service d'honneur fit ses préparatifs ; et les femmes de chambre, les valets de chambre jetaient les paquets par les fenêtres avec une sorte de joie folle, parce que le séjour avait été plus long que de coutume... Par un hasard funeste pour le mourant, son appartement se trouvait presque à la hauteur de ces femmes et de ces hommes qui jetaient ces paquets !... Il était à ce moment où l'âme quitte le corps... C'est une lutte douloureuse... le malheureux prince voulut prendre l'air, car il suffoquait... On roula son lit auprès de la fenêtre, et là, il fut témoin des préparatifs du départ... Il connaissait trop bien la Cour et tout ce qui tient à elle pour ne pas voir ce qui en était et ce que signifiait cette occupation générale... Un sourire, comme la mort n'en permet pas souvent, vint errer sur ses lèvres déjà froides... Hélas ! le malheureux prince avalait ainsi au moment extrême la gorgée la plus amère du calice de sa vie !

Mais, je l'ai dit, il est une justice distributive. Le roi Louis XV mourut aussi... et le même jour, une bougie derrière un carreau de vitre devait être éteinte au moment du dernier soupir royal !... et alors, la Cour impatiente et craignant la contagion devait partir pour Choisy !... ce qui fut fait...

Le même jour, madame du Barry fut exilée à l'abbaye du Pont-aux-Dames, près de Meaux; ce fut le chancelier, le duc de la Vrillière, qui lui porta lui-même la lettre de cachet. En voyant cet homme qui avait rampé à ses pieds et venait la braver, madame du Barry dit en jurant : — Beau..... règne que celui qui commence par une lettre de cachet!...

Cette punition de madame du Barry fut un des premiers actes du pouvoir royal de Louis XVI. La Reine y fut étrangère. Ce n'était donc pas une princesse tout-à-fait autrichienne, une Allemande enfin, d'après ce que j'ai rapporté de son éducation, qui vint épouser le Dauphin de France. Lorsque le mariage fut définitivement conclu par les soins du prince de Kaunitz et du duc de Choiseul, l'abbé de Vermont fut envoyé à Vienne pour former la jeune archiduchesse aux belles manières d'une cour qui était alors la plus élégante et la plus polie de l'Europe. La princesse arriva donc en France parfaitement instruite de tout ce qu'elle devait savoir comme femme élégante du monde, parce que l'abbé de Vermont avait en lui tout ce qui pouvait former la femme présentée à la cour la plus exigeante. Celle de France était alors le lieu le plus ravissant comme centre de tous les plaisirs et du luxe le plus recherché. Marie-Antoinette en fut frappée lorsqu'elle arriva à Compiègne¹ et qu'elle y fut reçue par le Roi et M. le Dauphin. Le jour suivant, elle coucha seule à La Muette avec ses femmes, et revint à Versailles le lendemain pour se réunir à la Cour, et recevoir la fatale bénédiction d'un mariage qui devait la conduire à la mort. C'est à cette époque que les fêtes du mariage du Dauphin et de l'archiduchesse eurent lieu. Ces fêtes magiques par le luxe effréné que la Cour y déploya et que suivirent tous les courtisans, ces fêtes furent comme le coup de cloche qui sonna le glas funèbre pour annoncer une funeste destinée... et pourtant quelle magie, quelle admirable magnificence doublait celle déjà fantastique de Versailles! Vingt millions furent dépensés pour ces fêtes!... Vingt millions pour cette époque présentent une somme fabuleuse relativement aux frais des fêtes des mariages des anciens Dauphins et des Rois de France. On accourut du fond de nos provinces pour admirer la jeune Dauphine. Les étrangers du Nord y vinrent en foule ; ceux du Midi qui n'étaient jamais venus en France y vinrent pour voir la fille de Marie-Thérèse monter sur le trône de deux reines allemandes, dont le sort avait été funeste à

---

¹ 14 avril 1770.

² Le 15 avril.

la nation française... Le luxe que les étrangers déployaient luttait avec celui que par devoir comme par orgueil et par goût déployaient les Français; les fêtes se multipliaient non-seulement à la Cour, mais dans les maisons particulières; tout était motif de réjouissance, tout devenait sujet à une fête parmi les personnes de la Cour et parmi celles de la finance, dont les alliances avec la noblesse étaient fréquentes. Le luxe de cette époque, quelque soin que nous prenions de le copier, n'est pourtant pas de fort beau goût. C'est surtout dans le contraste frappant qu'on trouve dans l'observance ridicule du goût antique qu'il faut trouver le mauvais genre de l'époque; madame de Pompadour s'habillait en Vénus avec des paniers, et M. de Chabot faisait Adonis avec une coiffure poudrée *à frimas*. Cette violation du goût pur et exercé des anciens était la faute des yeux et du goût de l'époque, puisque les modèles étaient là. Il faut dire que madame du Barry fut plus élégante en cela que madame de Pompadour; elle était plus belle et moins spirituelle cependant, mais le désir de plaire donne du goût et de l'esprit, même aux plus sottes. Madame du Barry suivait assez bien les modes, selon le bon goût; il existe d'elle des portraits où le costume oriental est assez bien observé. L'histoire de ce costume est plaisante.

Madame du Barry détestait, comme on le sait, M. le duc de Choiseul ; tout ce qu'il disait et faisait était mal dit et mal fait. Enfin, Chanteloup l'en délivra. Mais avant ce moment, le ministre en faveur dut souvent recevoir bien des humiliations.

Un jour, on parlait chez le Roi des costumes différents des peuples de l'Europe ; M. de Choiseul parlait de ceux de la Russie et de ceux de Constantinople, en même temps que du superbe et étrange aspect de cette ville, en remarquant que l'Europe n'était pas aussi dépourvue de beaux costumes, et il donnait pour preuve ces deux derniers pays. — Cependant, ajouta-t-il en se reprenant, j'ai tort de mettre la Russie et la Turquie dans le nombre, car les plus beaux costumes de ces pays sont dans les provinces d'Asie.

A ce mot, madame du Barry éclate de rire, et s'écrie :

— C'est bien la peine d'être ministre pour ne pas savoir que la Turquie est en Asie et que la Russie est en Europe.

— C'est bien la peine d'être favorite, dit le duc de Choiseul en rentrant chez lui, pour ne pas savoir que le pays où les femmes vivent en *troupeau* pour les plaisirs d'un seul homme est en Europe comme à Paris.

Le propos revint à madame du Barry ; elle fut

furieuse. A dater de ce jour-là elle se fit lire tout ce qui a été écrit sur la Turquie, et elle le débitait ensuite comme une leçon avec un petit babil que sa gentillesse et sa beauté rendaient presque supportable ; car ce n'était pas par la parole qu'elle brillait, comme on le sait. Enfin, la turcomanie en vint au point qu'elle persuada à Louis XV de se faire peindre en sultan, elle en sultane favorite, et le reste de la Cour en habitants du sérail ; il y avait même un *Mesrour,* à ce que disent les mauvaises langues ; mais n'importe : c'était répondre spirituellement à M. de Choiseul. On fit une magnifique table en porcelaine qui fut peinte à Sèvres. On y voit une vingtaine de personnes habillées à l'orientale ; le roi est très-ressemblant, ainsi que madame du Barry. Cette table fut longtemps à La Malmaison [1].

Madame du Barry détestait M. le duc de Choiseul, et toutes les fois qu'elle pouvait lui faire ou lui dire une chose désagréable, elle n'y manquait pas. Un jour M. de Choiseul était auprès d'elle et parlait des moines ; elle se mit aussitôt à parler des jésuites avec le plus grand éloge, parce qu'elle savait que M. de Choiseul ne les aimait pas et qu'il

---

[1] J'ai entendu raconter le fait à l'empereur lorsqu'il était premier consul.

divisèrent la société en deux partis, et lorsque la
Reine, voulant vivre en simple *grande* dame,
mais point en reine, prit la direction de l'un de
ces partis. La retraite de madame la duchesse
de Noailles, mais surtout son mécontentement,
entraîna toute une puissante famille, celle des
Noailles, grande, puissante par ses alliances,
illustre par des services rendus à l'État, dans le
parti contraire à la Reine. Cette famille mécontente
se jeta depuis dans les premières scènes de la Révolution avec les d'Aiguillon et d'autres grands
noms, que la Reine avait aussi mécontentés, et qui
depuis longtemps dirigeaient l'opinion des salons
de Versailles et de Paris.

Marie-Antoinette balançait par le charme de
ses manières, dans cet intérieur qu'elle s'était
formé chez ses favorites, ce qu'on tramait contre
elle dans la faction opposée; et peut-être eût-elle
triomphé, si elle n'avait été en même temps la
gardienne à Versailles d'un traité [1] nuisible à la

---

[1] Le traité de 1756. — Cette cause de nos malheurs
est bien curieuse à étudier comme le plus puissant motif
peut-être de notre Révolution. Toutes les puissances de
l'Europe, l'Autriche exceptée, étaient intéressées à voir rompre ce traité de 1756 avec l'Autriche, les unes par esprit de
vengeance, les autres pour leur propre intérêt. C'est important à approfondir.

France, contraire aux intérêts de l'Europe, mais utile à l'Autriche... L'attachement de Marie-Antoinette à sa maison fut ce qui la perdit. Ses brouilleries éclatantes avec ses deux belles-sœurs achevèrent le mal déjà commencé, en formant à la Cour un parti de femmes toutes occupées à se nuire, en divulguant des aventures quand on en avait; en se donnant des amants quand on n'en avait pas; en se faisant, enfin, tout le mal que des femmes peuvent se faire quand elles ne s'aiment pas et qu'elles veulent se perdre ; car tel était l'attachement que les personnes dévouées à Marie-Antoinette lui portaient, que les femmes distinguées par elle répandaient partout, en sortant de son intimité, l'enthousiasme des chefs de partis pour défendre sa cause. C'est ainsi que chez nous les femmes ont eu, de tout temps, une immense influence sur les affaires. C'était dans nos salons que se formaient ces haines et ce fanatisme qui causèrent les premiers effets de la Révolution. A cette époque, le peuple lisait peu. Chaque marchand n'avait pas comme aujourd'hui son journal pour diriger son opinion ; mais il avait un cousin maître d'hôtel, une belle-sœur femme de chambre, un frère valet de chambre, qui lui rapportaient l'opinion de leurs maîtres. Cette opinion était souvent contraire à la Reine, parce que le parti opposé à ses intérêts était plus nombreux que le sien ; l'opinion passait donc du salon à l'office, et de l'office dans les boutiques ou dans les ateliers de Paris... Ces relations se répandaient même en province, lorsque des familles comme les Noailles, les Voyer d'Argenson, ou d'autres aussi puissantes, allaient passer l'été dans leurs terres.

En remontant plus haut, on voit encore une cause très-positive du malheur de la Reine dans le voyage de Joseph II en France. L'archiduc Maximilien n'avait blessé que la haute noblesse, en exigeant que mademoiselle de Lorraine eût le pas sur les duchesses-pairesses, tandis que l'empereur d'Allemagne alarma tout notre commerce et nos industriels, en se montrant plutôt en voisin jaloux qu'en beau-frère de Louis XVI. Au Havre et à Brest, il se permit même une demande plus qu'indiscrète. C'était cependant un homme supérieur, et n'ayant pas, je crois, autant de projets hostiles contre nous qu'on l'a voulu faire croire pour nuire à sa sœur. MADAME, femme de MONSIEUR, frère du Roi, avait pour la Reine une de ces haines qui ne sont satisfaites que par le malheur de celle qui en est l'objet ; elle souleva de nouveau la société à ce second voyage des princes autrichiens ; tout lui fut bon pour nuire. L'archiduc Maximilien avait blessé par trop de hauteur; Joseph voulut être populaire, et le fut, en effet, à un point peut-être exagéré. Eh bien! il voulait gagner le peuple, disait Madame!...

L'archiduc Maximilien ayant été voir M. de Buffon, celui-ci lui offrit un exemplaire de ses œuvres.—Je vous remercie, dit le prince, *je ne veux pas vous en priver*...—Le mot n'est pas heureux.

L'empereur Joseph connut ce malheureux mot...; il alla voir M. de Buffon, et lui dit :—Je viens réclamer, monsieur, l'exemplaire de vos œuvres *que mon frère a oublié chez vous!*...

Voici un fait curieux sur le voyage de l'empereur Joseph II en France.

Il voulait connaître notre belle patrie, comme on le sait, et même on a dit fort injustement qu'il avait eu tant de jalousie de notre *prospérité* qu'il en avait *conçu de la haine*. C'est absurde et faux. D'abord nous n'avions pas alors de prospérité au point de donner de la jalousie. Nous sommes en France comme les femmes qui croient plaire à quarante ans comme à vingt-cinq. Mais cela ne se peut pas. Joseph II, en allant à Lyon, voulut voir un homme très-habile comme publiciste et comme jurisconsulte, M. *Prost de Royer;* il était à cette époque lieutenant de police de Lyon; c'était un homme estimé du comte Campomanes, l'un des plus honnêtes ministres de l'Espagne, considéré de M. de Vergennes et de lord Chatham, modèle du comte Rantzaw en Danemark, enfin un homme à connaître.

— M. le comte, dit-il à Joseph II, je connais le protocole des cours. Si vous l'exigez, je le suivrai; alors j'attendrai que vous m'interrogiez et ne répondrai que par monosyllabes. Mais vous avez parcouru la France : vous cherchez des hommes, vous n'avez dû rencontrer que des statues; vous cherchez la vérité, et vous n'avez dû trouver que mensonge ou silence. Cette vérité, je suis capable de vous la dire; mais il faut me permettre de parler avec le comte de Falkenstein et non pas avec le fils de Marie-Thérèse, car il n'y a de conversation possible qu'avec un échange de paroles, et le moyen de questionner un empereur?...

—*Je viendrai ce soir m'enfermer avec vous, et nous causerons les coudes sur la table*, répondit Joseph.

Il y fut, et le lendemain il y retourna...—Pourquoi les Français ne m'aiment-ils pas? demanda-t-il à Royer.

— M. le comte, on n'a pas oublié le moment où Marie-Thérèse, vous tenant dans ses bras, demandait aux Hongrois du secours contre la France.

Joseph II sourit.

— C'était Louis XV et les gens de son cabinet... Tous sont morts !

— Me permettez-vous encore une question?...

— Dites...

— Vous avez été élevé par le vieux Bathiani... il détestait la France et les Français... n'avez-vous pas ses sentiments? voilà ce qu'on craint.

— Monsieur, s'écria l'Empereur fort ému, et se levant il parcourut la chambre à grands pas... Monsieur, depuis que nous causons, ne me connaissez-vous pas encore?... Ne voyez-vous donc pas que je voyage pour me dépouiller de ces vieux préjugés dont on m'avait garrotté l'esprit?... Est-ce donc que je ne prends pas assez de peine pour réussir?...

Il était agité, et Prost de Royer vit qu'il était vraiment ému.

— Me permettez-vous encore une objection?

— Parlez.

— Vous avez souvent loué la nation française, mais comment? C'est une nation *charmante*, avez-vous dit... L'éloge est bien mince dans la bouche du frère de notre reine. — Joseph sourit.

— On voit bien que vous êtes lieutenant de police; oui, j'ai dit cela. Je l'ai dit à Versailles... mais c'est vrai... En parcourant la France, en observant la Cour et la ville, la bourgeoisie et l'armée, l'armée elle-même, la plus vaillante de l'Europe, et la plus brave dans tous les moments, eh bien! je ne vois en elle qu'une aimable nation et rien de plus... Je ne m'en dédis pas, répéta l'Empereur...

— Cependant, reprit-il après avoir fait quelques tours dans la chambre sans parler, j'en excepte la classe ouvrière et quelques-uns de nos amis [1]... Alors la nation est intéressante; je vous autorise à dire mon sentiment à cet égard, ajouta-t-il en souriant.

— Ainsi donc, dit Prost de Royer, il en est de votre antipathie contre nous comme de votre tendresse pour Frédéric, n'est-ce pas?...

Joseph regarda le lieutenant de police avec curiosité.

— C'est que je suis sûr qu'aussitôt que vous pourrez toucher à la Silésie...

Joseph sourit, mais ne répondit pas.

— Et puis on dit que vous avez l'amour des conquêtes, que vous voulez renvoyer sur l'Euphrate les gens qui sont sur la mer Noire... est-ce vrai?...

— Non, répondit sérieusement Joseph... Regardez Pétersbourg plutôt que Vienne pour les affaires de Constantinople...

Tel fut, à peu de choses près, car la place me manque pour tout rapporter, l'entretien de Joseph avec Prost de Royer, ami de Voltaire et de Turgot et de toute la secte d'esprit de ce temps-là. Cette entre-

---

[1] Les économistes comme Turgot et les autres.

vue, qui *dura quatre jours*, fut ignorée dans le temps, parce que M. de Maurepas craignit que les Français ne fussent blessés et inquiets d'une aussi longue conférence du premier magistrat de la première ville manufacturière de France avec l'empereur d'Autriche; il exigea donc le silence. Quant à Prost de Royer, il le garda pour ne pas faire de peine à Voltaire, qui avait attendu l'Empereur à Ferney, et fut furieux de ne l'avoir pas vu. C'est très-bien à Prost de Royer; cela seul fait juger un homme.

Quoi qu'il en soit, l'effet du voyage de Joseph II fut fâcheux pour la Reine. M. de Vergennes, qui redoutait toujours le retour de M. de Choiseul et de M. de Praslin, présentait au Roi la maison d'Autriche, amie de l'exilé de Chanteloup, comme nuisible à la gloire de la France. Le voyage de l'Empereur, malgré les soins de la Reine, fut présenté sous d'odieuses couleurs de jalousie, d'envie, et de tout ce qui pouvait rendre le roi de France l'ennemi de l'empereur d'Allemagne. Louis XVI, déjà prévenu par les mémoires et les notes laissés par son père sur la maison d'Autriche, n'aimait pas cette maison; il en vint à détester l'empereur Joseph. Quelle que fût sa confiance dans la Reine, jamais elle ne put pénétrer dans une pièce reculée qu'il appelait son cabinet.

Cette pièce était située à Versailles sous la chambre aux enclumes, la plus élevée du château. C'était là que le Roi avait déposé ses papiers les plus importants, ceux enfin qui, plus tard, formèrent une terrible accusation, et furent trouvés dans ce qu'on appelait *l'armoire de fer*.

Ce fut particulièrement à cette époque où elle vit un repoussement qui pouvait devenir général, que la Reine résolut de se faire une société, de former *un salon* d'où *ses amis*, comme elle le dit elle-même à M. le comte de Périgord [1], iraient ensuite se répandre dans les différentes sociétés de Paris, et la défendre là contre ses ennemis.

—Je suis bien malheureuse, mon cher comte, lui dit-elle ce même jour, en lui présentant sa belle main, que le vieux comte baisa avec ce respect qu'avaient pour leur souveraine les courtisans de cet âge, qui avaient été nourris dans la crainte et le respect du Roi et des femmes... Je suis bien malheureuse.—M. de Périgord se sentit ému au fond de l'âme en voyant cette femme, jeune et belle, reine du plus bel empire, lui disant presque en pleurant : — Je suis bien malheureuse !

M. le comte de Périgord jeta un coup d'œil ra-

[1] Oncle de M. de Talleyrand, et frère de l'archevêque de Périgord, Angélique de Talleyrand, celui dont M. de Quélen fut coadjuteur.

pide autour de lui, et baissant ensuite les yeux, il ne répondit pas... C'est que ce qu'il voyait blessait en lui tout ce que l'éducation et des préjugés fortement enracinés l'avaient accoutumé à considérer comme inviolable;... ce qu'il voyait enfin brisait ce qu'il supposait encore être respecté par la Reine...—Dès ce jour, disait-il à ma mère, je jugeai la France perdue.

Il est certain que pour un homme élevé dans les jours qui suivirent le beau règne de Louis XIV, ce qu'il voyait devait lui paraître étrange. Il avait demandé une audience à la Reine. Elle lui fit répondre par la comtesse Jules de Polignac que Louis [1] le prendrait le lendemain dans le grand corridor, en face de la chapelle, au sortir de la messe (c'était un dimanche), et qu'il le conduirait près d'elle. M. de Périgord, étonné de ce *rendez-vous*, se rendit néanmoins à l'heure fixée au lieu qui lui était indiqué, et y trouva en effet Louis qui l'attendait. Le comte fut à lui, mais le valet de chambre lui fit signe de ne le pas approcher, et s'éloigna d'un pas assez lent pour que le comte pût le suivre [2]. Arrivés dans l'une des galeries exté-

[1] Valet de chambre du service inférieur, l'un des hommes les plus dévoués à la Reine.

[2] On sait qu'il avait aussi ce défaut dans la marche, assez commun dans la famille.

rieures, Louis prit le chemin d'un petit escalier très-étroit et fort obscur, éclairé seulement par des lampes; cela aurait pu avoir l'air d'une aventure, mais le comte n'était plus jeune et n'avait d'ailleurs jamais été beau. Le comte et le valet de chambre montèrent pendant si longtemps, que le comte crut que cet homme se trompait. — Mais où donc me conduis-tu, Louis? lui demanda-t-il enfin. C'était la première question qu'il lui adressait... Il connaissait parfaitement Louis; c'était lui qui était chargé des messages fréquents de la Reine, lorsque madame la duchesse de Mailly[1] était sa favorite bien-aimée.

Louis ne répondit pas, mais il montait toujours; enfin, ils arrivèrent sous les toits. On était alors au mois d'août, et la chaleur était insupportable dans cet endroit, où le *supplice des plombs à Venise* était presque rappelé... Louis regarda autour de lui pour se reconnaître: *C'est cela*, dit-il; et tirant une fort vilaine clef de sa poche, il la mit dans la serrure d'une petite porte fort laide également;... mais après avoir tourné deux tours,

---

[1] Elle était fille du comte de Périgord, et tante d'Élie de Périgord, aujourd'hui prince de Chalais; elle était dame d'atours de la Reine, et donna sa démission, quelques instances qui lui fussent faites pour garder sa charge.

il s'arrêta et frappa trois petits coups... une voix répondit de l'intérieur et dit d'entrer. Le comte pénétra alors dans une chambre assez sombre... Il passa ensuite dans une seconde pièce fort simplement meublée, où il trouva la Reine seule, qui le reçut ainsi que je viens de le dire.

Le coup d'œil accusateur que le vieux comte jeta rapidement sur l'appartement meublé en perse et en bois peint en blanc, sur la lévite de mousseline brodée de l'Inde, attachée seulement avec une ceinture de ruban lilas, que portait la Reine, fit rougir fortement Marie-Antoinette, et retirant sa main que le comte avait conservée dans les siennes, elle lui dit avec colère :

— Vous ne jugez pas à propos de me plaindre, n'est-ce pas, parce que vous me trouvez pleurant dans un lieu où du moins j'oublie que je suis reine de France ?

— Ah ! madame ! en sommes-nous donc à ce point, que vous regrettiez d'être notre souveraine !... à Dieu ne plaise que ce jour arrive !... ne croyez pas de faux rapports... ne vous laissez pas éloigner de nous.

La Reine était visiblement offensée ; le comte le vit.

— Si j'ai laissé voir trop ouvertement l'impression que j'ai ressentie en voyant se confirmer une partie des bruits qui me blessent au cœur depuis que je les entends, que MADAME me pardonne! elle est ma souveraine, elle est la maîtresse de mon sang et de ma vie, et je ne veux jamais lui déplaire.

— Mais que disent-ils donc de moi? demanda la Reine avec une anxiété qui montrait qu'en effet elle n'était pas instruite.

Le comte baissa les yeux, mais garda le silence.

— J'exige que vous me parliez avec franchise, comte, et si ce n'est pas assez, je vous en supplie.

Le comte de Périgord était le plus excellent des hommes; mais il avait peu d'esprit... Toutefois, dans une circonstance semblable, il se montra supérieur à lui-même; et surmontant sa répugnance, il parla en homme d'âme et de cœur noblement animé; il dit à Marie-Antoinette que ces relations n'étaient pas pour elles-mêmes, mais que la vie intérieure de la Reine où ces mêmes relations avaient accès, était tellement changée, que le blâme universel s'y attachait avec raison.

— J'ai longtemps repoussé les attaques dans lesquelles le nom de la Reine était mêlé, poursuivit M. de Périgord;... mais tout à l'heure en voyant moi-même cet appartement...

— Eh bien! qu'a-t-il donc, dit la Reine, de si révoltant, cet appartement?

Elle mit un accent tellement impérieux dans

cette demande, que le comte ne répondit pas. La Reine poursuivit :

— Est-ce donc parce qu'excédée de l'ennui qui me suffoque dans ces salons dorés que j'ai là sous mes pieds,... et elle frappa du pied avec violence;...... est-ce donc parce que l'ennui m'excède au milieu d'une cour qui ne m'aime pas et que je n'aime pas davantage, et que je viens ici jouir en paix de la conversation de quelques amis et oublier, je le répète, que je suis *Reine de France;* est-ce donc cela qu'on me reproche?... S'il en est ainsi, il faut désespérer de la France!...

Elle s'était levée et marchait à grands pas dans une agitation violente.

— Venez, dit-elle au comte de Périgord, voyez cet appartement... regardez-le bien, et dites-moi sur votre honneur si vous pensez qu'il mérite le nom d'une *petite maison* [1].

Cet appartement était composé de trois ou quatre pièces, et se trouvait voisin de l'appartement qui fut arrangé pour madame de Lamballe, lorsque pour elle on créa la charge de surintendante de la maison de la Reine... L'ameublement

---

[1] On lui avait donné un nom beaucoup moins honnête dans un Noël contre Marie-Antoinette, à propos de je ne sais plus quelle histoire.

en était simple, mais parfaitement commode ; on voyait que la Reine avait bien souvent répété : « Faites-moi un lieu de repos *où je sois commodément.* » Dans l'une des pièces était un billard : la Reine y jouait bien et aimait beaucoup ce jeu, qui lui permettait de montrer la grâce de sa taille, et la beauté de ses bras et de ses mains...

— Vous voyez, dit-elle à M. de Périgord, que je ne mérite pas au moins le reproche de ruiner la France par mes folles dépenses... Je ne fais pas comme les favorites de Monsieur, moi... Je ne fais pas mettre le feu dans la nuit à l'ameublement d'un salon parce que cet ameublement déplaît... et madame de Balby est plus savante que moi, toute reine que je suis, en pareille matière...

La Reine pleurait !...

— Jamais, disait plus tard M. de Périgord, cette conversation ne sortira de ma pensée ni de mon âme... La Reine avait en moi un serviteur ; de ce jour elle eut un ami de plus, car je compris qu'elle était calomniée...mais elle prêtait à cette calomnie, et je ne pus m'empêcher de le lui dire.

— J'agirai donc autrement, puisque l'on m'y force, répondit-elle ; mais je n'en continuerai pas moins à vivre pour moi quelquefois, et pour mes amis... Cette retraite me plaisait... J'y soupais avec quelques personnes assez discrètes pour n'en pas parler; nous y avons ri et causé comme de simples humains, ajouta-t-elle en souriant... Le Roi y est venu quelquefois, mais en me demandant de n'y pas souper, car rien au monde ne lui ferait manquer l'heure de son souper de famille. Maintenant que vous avez vu tout cela de près, mon cher comte, me donnez-vous l'absolution ?

M. de Périgord n'était pas éloquent avec toute sa bonté ; eh bien ! il le devenait en parlant de la Reine lorsqu'il racontait cette histoire. Je la lui ai entendu dire bien souvent, et toujours de même quant au fond, mais jamais d'une manière semblable quant aux détails de l'impression qu'il avait reçue de la Reine ce jour-là...

La Reine, en effet, changea immédiatement de façon d'être. Elle allait quelquefois chez madame de Polignac, elle y fut presque tous les jours : son affection pour la comtesse Jules, qui alors n'était pas encore gouvernante des enfants de France, et qui recevait tout son lustre de l'amitié de la Reine, justifiait assez son assiduité à aller chaque soir chez elle. Mais la Reine fit bien savoir qu'elle désirait qu'on vînt chez madame de Polignac comme si on était venu chez elle. Le fond de cette société, comme je l'ai déjà dit, était : madame la comtesse Jules et son mari, la comtesse Diane de Polignac, la duchesse de Grammont, madame la marquise de Bréhan, le comte d'Artois, madame la comtesse de Châlons, messieurs de Vaudreuil, monsieur le baron de Bésenval, le comte de Fersen, les d'Hautefort, la maréchale d'Estrées, le comte Étienne de Durfort, le comte Louis de Durfort, la duchesse et le duc de Duras, MM. de Coigny, et quelques autres personnes telles que monsieur de Breteuil, madame de Matignon... mais ils étaient moins souvent appelés que les premiers noms que je viens de dire.

La jalousie que la Reine excita de nouveau par cette faveur insigne d'aller chaque soir souper chez madame de Polignac, déchaîna encore davantage contre cette famille.

Cependant madame la comtesse, depuis duchesse de Polignac, était une personne parfaitement faite pour plaire à Marie-Antoinette : elle était douce et bonne, avait une belle âme et comprenait la vie sous le côté le plus honorable, bien qu'elle eût peu d'esprit, quoi qu'en disent quelques biographies écrites dans le temps du ministère de son fils. Elle était charmante : sa figure avait un éclat de blancheur ; ses yeux, les plus beaux du monde, avaient un regard doux comme elle-même ; son sourire était candide ; ses manières, sa voix, en elle tout plaisait et attachait... Elle venait de se marier et avait peu d'espoir de faire une aussi brillante fortune que celle qui lui fut envoyée par le Ciel. Lorsque sa belle-sœur, la comtesse Diane de Polignac, obtint une place de *dame pour accompagner,* chez madame la comtesse d'Artois, la Reine alors connut la comtesse Jules, et l'aima au point de lui accorder sa confiance et des marques d'une affection peu commune. Le comte Jules fut fait premier écuyer de la Reine en survivance du comte de Tessé, et duc héréditaire en 1780. Le comte de Grammont, demandant en mariage la fille de madame la duchesse de Polignac, fut créé duc de Guiche, mais duc *à brevet,* et fait capitaine des gardes-du-corps du Roi... Enfin la Reine, voulant avoir continuellement madame de Polignac avec elle, fit ôter à madame de Rohan-Guémené la charge de gouvernante des enfants de France, et la donna à madame la duchesse de Polignac... et son mari obtint la place de directeur-général des postes et haras de France.

On a beaucoup parlé de tout ce que la famille de Polignac a coûté à la France. J'ai dit comme les autres, et puis en étudiant cette époque, en consultant des gens encore vivants et témoins oculaires, j'ai connu la vérité. La Reine, qui passait sa vie avec madame de Polignac qu'elle aimait tendrement, voulut la combler de biens et des marques de cette bienveillance que le public semblait vouloir lui refuser ; mais il est faux que la duchesse de Polignac fut aussi ambitieuse qu'on le lui a reproché. C'était sa belle-sœur, la comtesse Diane de Polignac, qui était intrigante et avide : la Reine ne l'aimait pas ; quant à la duchesse, elle avait peu d'esprit, mais elle avait un jugement sain, et donna souvent d'utiles conseils à la Reine. Une chose digne de remarque, c'est que les favorites de Marie-Antoinette n'avaient pas d'esprit. La princesse de Lamballe était douce, bonne et belle, mais elle avait encore moins d'esprit que madame la duchesse de Polignac. Cela prouverait ce que plusieurs personnes ont dit : c'est que la Reine avait elle-même un esprit ordinaire.

On a voulu ternir cette liaison de la Reine et de madame de Polignac par les plus infâmes calomnies... Il est des choses qui ne se réfutent pas...

Le salon de la gouvernante des enfants de France devint donc celui de la Reine ; on invitait à souper en son nom, on y priait en son nom pour un concert ou pour une comédie.

Ce surcroît d'une immense faveur acheva de soulever la haute noblesse, déjà irritée contre la Reine, qui lui rendait, au reste, haine pour haine, et qui peut-être n'était aussi bien pour la famille de Polignac que pour prouver qu'elle pouvait créer une famille puissante et la transformer, par sa seule volonté, du néant au faîte du pouvoir.

On refuse encore aujourd'hui aux Polignac d'être d'une haute noblesse : on prétend qu'ils ne sont qu'*entés* sur les Polignac et qu'ils s'appellent *Chalançon*... Quoi qu'il en soit, le cardinal de Polignac a illustré cette famille ; mais elle était encore en 1774 dans un tel état de médiocrité, qu'à peine possédaient-ils huit mille livres de rentes avec une petite baronnie en Languedoc; leur position de fortune, ai-je souvent entendu dire à des habitants de leur province, n'était pas au niveau de la bonne bourgeoisie pour la fortune.

J'ai beaucoup entendu parler de la comtesse Diane de Polignac, et les avis sont assez unanimes sur son compte; laide, méchante, ambitieuse et fort intrigante, on prétend que, chaque matin, elle dictait à sa belle-sœur sa conduite de la journée, et lui donnait la liste des places et des grâces à demander. Je crois que c'est exagéré comme le reste, mais je dirai comme je l'ai déjà dit : C'est une pensée qui peut être vraie et qu'il ne faut pas rejeter...

D'autres ont vu madame la duchesse de Polignac sous un jour bien différent : on la juge comme une femme d'une âme forte et d'un esprit calculé, n'ayant nul besoin d'être dirigée, et dirigeant elle-même; on lui attribue un grand courage et beaucoup de résolution. D'après cette nouvelle manière de la juger, elle aurait méprisé cette coutume humiliante de n'avancer à la Cour qu'à pas lents ; elle voulut tout obtenir par surprise de la fortune, parce qu'elle comprenait qu'elle pouvait aussi tout prendre en un moment. Les noëls, les vaudevilles, les caricatures, tout ce qui frappe les gens qui sont placés en haut lieu ne lui fut pas épargné. Le seul M. de Calonne, dans le livre qu'il publia plus tard en Angleterre, voulut y prouver que la famille Polignac n'avait rien coûté à la France, ou du moins presque rien.

La comtesse Diane était généralement détestée, et c'était un problème que la faveur d'une telle femme. Arrivée à la Cour en 1775, en qualité de dame pour accompagner Madame, comtesse d'Artois, ce qui était, comme service d'honneur, la place la plus médiocre de la Cour, elle était devenue dame d'honneur de madame Élisabeth, qui, aussi douce, aussi angélique qu'elle était belle, en vint au point de tellement redouter la comtesse Diane, qu'elle quitta un beau jour Versailles, et vint à Saint-Cyr pour échapper à sa tyrannie. Le Roi, désespéré, et qui détestait lui-même madame Diane, s'en alla *lui-même* rechercher sa sœur à Saint-Cyr, en la *suppliant* de revenir, de *patienter* et *souffrir*[1] la comtesse Diane. Le résumé de tout ce qu'on vient de lire, c'est que la famille Polignac avait un immense crédit par le moyen de la Reine, qu'elle plaçait entre elle et la nation comme une garde avancée.

J'ai parlé de la société de la Reine dans le salon de la gouvernante des enfants de France, ou plutôt dans le salon de la Reine elle-même. Cette société avait parmi elle de singulières innovations. La Reine ne pouvait pas se déguiser la vérité de sa situation : elle voulut tenter de la braver, et ne pouvant pas avoir dans son intimité des femmes titrées, elle voulut au moins avoir des gens qui l'amusassent, et elle y attira des artistes et des hommes amusants. De ce nombre fut Rivarol. Sans doute Rivarol était un homme d'un esprit supérieur, mais il n'avait que de l'esprit, et cela ne suffit pas pour rapprocher les distances qui existent entre un sujet et le souverain. Quoi qu'il en soit, cette admission suffit pour autoriser Rivarol à émigrer, et son frère à jouer le rôle d'une victime de l'empereur Napoléon, parce qu'il aimait les Bourbons ; et par suite de cet attachement aux Bourbons, il se crut obligé de faire un quatrain qui devait lui attirer les honneurs de la proscription s'il eût été surpris, et cela, pourquoi,

---

[1] Propres paroles de Louis XVI.

je vous le demande? Je sais bien qu'on peut crier : *Vive le Roi!* sans être M. de La Trémouille ; cependant je trouve toujours un côté ridicule à ces passions de drapeau blanc qui prennent à des individus comme un accès de fièvre, sans but, sans motif, seulement pour faire du bruit ; maintenant nous en avons un assez bon nombre en France comme cela, et remarquez que ceux qui crient si haut n'appartiennent ni par leur naissance, ni par leur position, à cette opposition du faubourg Saint-Germain qui, dans le silence, fait des vœux plus actifs pour le retour de la famille exilée. Mais en l'honneur de quoi ces gens crient-ils si haut? on n'en sait rien, ou plutôt on le sait bien. Ils ont crié : *Vive l'Empereur!* aussi fortement qu'ils crient maintenant *vive Henri V !* ou *vive Henri IV !* C'est vrai au moins ce que je vous dis là.

La Reine voulut jouer la comédie dans ses petits appartements ; elle y remplit elle-même, ainsi que je l'ai déjà dit, de méchants rôles, qu'elle jouait mal elle-même. Cette manie de comédie devint alors universelle, parce que tout en blâmant la Cour, on l'imite toujours. Il y eut des théâtres, des comédies, dans presque toutes les maisons de campagne et les châteaux, ainsi que dans beaucoup de maisons de Paris, et les enfants eux-mêmes apprirent à déclamer. Beaucoup y perdirent leur temps, mais d'autres profitèrent des leçons et prirent un vrai plaisir en déclamant et jouant sur le théâtre qui fut organisé chez madame de Polignac.

Madame de Sabran, qui fut depuis madame de Boufflers, avait deux enfants : l'un était le comte Elzéar de Sabran, et l'autre, mademoiselle Louise de Sabran, qui, depuis, devint madame de Custine, belle-fille de ce vieux guerrier si lâchement assassiné ! Mademoiselle de Sabran, déjà belle comme un ange, avait alors douze ans, et son frère un ou deux de plus. Ces deux enfants, élevés par leur mère, avaient un charmant talent, non-seulement de déclamation, mais de jeu théâtral. La Reine, ayant entendu parler de ces petits prodiges, voulut les voir et les entendre. Un théâtre fut monté exprès chez madame de Polignac, et les jeunes artistes y jouèrent *Iphigénie en Tauride :* mademoiselle de Sabran faisait Iphigénie et M. de Sabran remplissait le rôle d'Oreste. Les autres acteurs étaient Jules de Polignac[1], les deux demoiselles Dandlaw, depuis mesdames d'Orglande et de Rosambo. Le succès fut complet; on avait préparé un souper pour ces jeunes acteurs : on les fit mettre à table, où le Roi et la Reine LES SERVIRENT et se tinrent debout, l'un derrière Oreste, l'autre

---

[1] Le ministre de Charles X.

derrière Iphigénie. Mademoiselle de Sabran, quoique fort jeune encore, était déjà de cette remarquable beauté qui la rendit célèbre lorsque, plus tard, elle se montra vraiment héroïne en consolant son beau-père dans son cachot, et lui servant d'ange gardien, lorsqu'il était en face du tribunal de sang qui le jugeait. Cette jeune personne, belle et charmante, que la Reine aimait à entendre chanter, à faire causer, partit de cette cour si brillante de Versailles pour aller dans un couvent... Là, plus de fêtes, plus de spectacles, plus de ces joies mondaines qui montraient sa beauté dans son vrai jour. Elle résista aux sollicitations de la Reine et de madame de Polignac ; elle alla au couvent, et un an après, elle voulut y prendre le voile ! Madame de Sabran s'y refusa et la maria avec M. de Custine, qui, lui aussi, mourut sur l'échafaud comme son père, et la laissa veuve avec un enfant [1], deux ans après leur mariage. Elle fut une noble héroïne après comme avant cette cruelle catastrophe.

[1] Cet enfant est M. le marquis de Custine, auteur de plusieurs ouvrages remarquables et supérieurs, parmi lesquels le beau roman du *Monde comme il est* tient peut-être le premier rang. Sa mère était une personne adorable, dont le souvenir est demeuré comme un culte dans le cœur de son fils.

Parmi les habitués les plus intimes que la Reine accueillait dans le salon de madame de Polignac, j'ai oublié de nommer le prince et la princesse d'Hennin, et les Dillon, surtout celui qu'on appelait Édouard ou plutôt *le beau Dillon :* on a prétendu que la Reine l'avait aimé, je ne le pense pas.

La comédie ne fut pas longtemps une distraction pour la Reine. Cela l'ennuya bientôt, parce qu'elle jouait mal et qu'elle voyait qu'elle n'avait aucun succès; car on disait hautement :

— *C'est royalement mal joué !...*

Alors on fit de la musique. — La Reine chantait et chantait aussi mal qu'elle jouait; mais elle était bonne musicienne, et la chose allait encore mieux qu'à la comédie; on faisait donc de la musique, et cela lui fut utile le jour où, voulant parler à M. de Fersen un langage plus clair que celui des yeux, elle chanta ce bel air de Didon : *Ah! que je fus bien inspirée quand je vous reçus dans ma cour!*

Cependant je ne crois pas que cette affection ait été autre chose qu'une très-vive coquetterie de cœur. La Reine fut si sérieusement occupée à l'époque où elle est accusée de cette liaison avec M. de Fersen, qu'il n'est pas croyable qu'elle ait eu de longues heures à consacrer à l'amour... **Comment** aimer avec l'existence infernale que cette malheureuse princesse subissait alors.

Le fait réel de cette société intime, c'est qu'il y avait à cette époque un relâchement de mœurs très-fortement excité par le siècle lui-même... Je ne crois pas qu'une jeune et agréable femme comme madame de B....n, par exemple, pût résister longtemps à une séduction, à laquelle concourent tous ceux qui l'entourent, et que mettent en pratique des hommes comme le baron de Bésenval, le vicomte de Ségur, le marquis de Vaudreuil, et des femmes comme la comtesse Diane de Polignac et quelques autres. — M. de D...... n'était pas un homme corrompu, et cependant il a agi avec madame de B....n comme un homme digne de faire l'original de Valmont. Mais alors, cela paraissait tout simple.

La cour de France avait, au reste, une telle réputation dès la seconde année du règne de Louis XVI, qu'on vit les arts eux-mêmes en proclamer la turpitude... Le cabinet du Roi ordonna la grande et belle gravure du sacre. Jamais on ne vit une plus belle gravure! l'exécution en est d'un fini accompli, le burin en est presque aussi pur que celui de M. Godefroy dans la bataille d'Austerlitz. Je fais là un singulier rapprochement, quant au sujet...

On voit dans cette gravure du sacre le Roi, la Reine et la famille royale, les grands de l'État, au moment le plus intéressant du sacre... Où croirait-on que l'auteur a placé le tableau des vices de la Cour? sur les vitraux de la métropole de Reims, gravés dans le haut de l'estampe !...

Quant à madame de Polignac, dont la douceur et la bonté sont bien plus réellement le portrait que le caractère ambitieux qu'on lui prête, elle avait une liaison qui était avouée, comme cela était assez généralement. M. le marquis de Vaudreuil était son amant, et cela sans que M. de Polignac songeât à s'en fâcher. — Il était convenu que madame de Polignac *avait* M. de Vaudreuil ; cela suffisait pour que la femme qui engageait madame la duchesse de Polignac à souper engageât aussi M. de Vaudreuil : — elle aurait failli à la politesse et au bon goût sans cette attention, et aucune femme du grand monde n'y aurait manqué...

Lorsque mademoiselle de P......c fut mariée, elle devint l'un des plus charmants ornements du salon de sa mère : elle était jeune et charmante ; mais elle avait été à une école bien scabreuse pour une jeune fille. Il y avait d'ailleurs si peu de charme dans la personne de M. de G....., qu'en vérité sa femme était excusable d'être en contra-

vention avec son propre serment. Archambaud de
P....... était alors l'homme le plus charmant de
la cour de France ; il était jeune, élégant, riche [1],
et surtout à la mode, par une foule de succès et
d'aventures qui devaient éblouir une jeune femme
entrant dans le monde et encore sous le prestige
de ce que peut sa vertu sacrifiée et l'abandon de
ses devoirs. Madame de G..... aima donc Archambaud, et M. de G..... fut oublié. Archambaud fut pendant longtemps sous le charme d'un
sentiment plus tendre que ce qu'il avait ressenti jusqu'alors ; pour ne pas compromettre madame de G....., il prenait toutes les mesures pour
cacher leur commerce. Mais soit que le temps lui
inspirât enfin moins de sollicitude, une nuit, comme
il sautait par une des fenêtres de l'appartement de
madame de G....., il tomba au milieu d'une patrouille de gardes-du-corps. L'officier qui la commandait le reconnut à l'instant ; mais, malgré ses
instances, il ne put s'empêcher de l'arrêter et de le
conduire à l'officier supérieur, qui commandait
cette même nuit dans le château. Il se trouva que
cet officier était des amis du comte de P....... ;
il le reçut bien et lui dit en riant qu'il croirait tout
ce qu'il lui voudrait dire. Archambaud, le voyant en

[1] Par son mariage avec mademoiselle de Villevieille.

si bon train de crédulité, lui dit qu'il avait eu une fantaisie pour une femme-de-chambre de madame de G...... L'officier supérieur, qui était M. d'Agout, neveu du vieux lieutenant des gardes-du-corps, se mit à rire de bon cœur et félicita M. de P....... sur sa bonne fortune, mais ne crut pas un mot de ce qu'Archambaud lui avait dit.

« S'il m'avait demandé ma parole, dit M. d'Agout, je lui aurais gardé le secret ; mais il veut m'attraper, et je ne suis tenu à rien. »

Il y parut bientôt. Deux jours n'étaient pas écoulés, qu'il circula dans Paris une chanson dont le refrain si connu depuis était :

Sautez par la croisée, etc.

C'est pour cette circonstance qu'elle fut faite. On voit que le salon de madame de Polignac donnait naissance à des vers d'une facture bien opposée!...

La famille de Polignac n'était pas aimée avant la Révolution ; mais cette aversion augmenta encore, lorsque M. de Calonne eut publié son livre, dans lequel, en voulant dire le contraire, il parle de tout ce que la famille Polignac a coûté à la France. Ce total est énorme. A la publication de cet ouvrage, la rage fut à son comble. La Reine, voyant elle-même combien elle était peu puissante pour protéger sa favorite, lui demanda, comme une preuve de son attachement pour elle, de quitter la France, et d'aller chercher la paix dans une terre étrangère. La famille tout entière quitta Paris et traversa le royaume au milieu des cris d'extermination sur la famille favorite, qui fuyait avec les Vaudreuil, comme eux désignés à la haine de la nation. Fugitifs, proscrits, ils ne parvinrent aux frontières qu'en maudissant quelquefois les Polignac et les Vaudreuil avec le peuple assemblé sur les places publiques!... Enfin, cette femme trop louée et trop accusée parvint à sortir de France, et alla demander à Vienne un asile au neveu de la souveraine dont elle était l'amie, et qui l'aimait au point de dire lorsqu'elle était avec elle :

Je ne suis plus la Reine, je suis moi.

Madame de Polignac, déjà fort souffrante à son arrivée à Vienne, mourut à la fin de 93, en apprenant la mort de la Reine. Elle avait alors quarante-quatre ans! Son mari passa en Russie, où il obtint des terres en Ukraine de l'impératrice Catherine.

Je résumerai ce que j'ai dit sur le salon de madame de Polignac ou plutôt sur celui de la Reine, en faisant remarquer que tout ce qui fut fait, soit par l'imprudence de la Reine ou les conseils de la Reine, fut funeste à la France par l'action trèsimmédiate qu'eut cette conduite sur le reste de la nation, en laissant écrouler le vieil édifice de l'ancienne société française et cette forme de *salon* qui, jusque-là, avait servi de modèle à l'Europe entière. La Reine crut punir une noblesse insolente, et elle porta un coup irréparable à cette même noblesse, véritable soutien du trône;... elle inspira le désir de l'imiter, parce qu'une souveraine jeune et belle est toujours un modèle à suivre pour la foule et les masses; la magnificence des équipages, la somptuosité des ameublements, le grand nombre des valets, toute cette richesse élégante qui nous donnait le pas sur tous les peuples de l'Europe, tout ce qui marquait les rangs de la société et que Marie-Antoinette elle-même détruisit, toutes ces fautes sont à lui reprocher, parce que de la réunion de tout ce que je viens de rappeler dépend l'ensemble de la société. Elle fut la première à proscrire les étoffes coûteuses de Lyon et à porter du *linon* et de la mousseline; chez elle ce tort était grave: elle était Reine, et l'exemple d'un luxe bien entendu était un devoir; elle fit déserter la cour de Versailles à toute la vieille noblesse, scandalisée de voir si peu de grandeur dans la représentation royale; Versailles n'était quelquefois habité que par la famille royale et le service des princesses et des princes...Versailles ainsi abandonné, Paris devint plus habité; ses salons se remplirent; celui de madame de Coigny, dont je parlerai tout à l'heure, devint comme le centre de l'opposition contre la Reine; elle-même se mit à la tête de cette opposition qui ne trouva que trop d'imitateurs. Les grands voyages étant abandonnés, ce moyen de rallier la noblesse mécontente vint aussi à manquer au Roi. Enfin, l'achat de Saint-Cloud acheva de tout détruire... Marie-Antoinette crut qu'en ayant un château royal *à elle seule,* elle imprimerait plus d'affection! Quelle illusion! Une Reine ne doit pas chercher à aller au-devant des courtisans, ils doivent solliciter la faveur d'être admis auprès d'elle. Sans doute on criait : *vive la Reine!* mais M. Lenoir savait seul ce qu'il en coûtait à la police, pour que ce cri remplaçât celui des Parisiens, qui ne cessaient de crier tout le long du chemin : « Nous allons à Saint-Cloud voir les eaux et l'Autrichienne !...

SALON DE MGR DE BEAUMONT,

ARCHEVÊQUE DE PARIS.

Louis XVI avait reçu une éducation toute religieuse, et les Mémoires de son père contribuèrent à établir dans son âme une foi solide plus qu'éclairée, qu'il retrouva au jour du malheur et qui fut sa plus grande, si même elle ne fut sa seule consolation.

Mais à l'époque où M. Turgot et M. de Malesherbes occupèrent le ministère et entourèrent le Roi, il fut tout-à-fait dominé par le spécieux de leurs raisonnements et comprit surtout ce que la philosophie saine et bien raisonnée jetait de clarté sur une foule de sujets devenus obscurs par la volonté même de ceux dont le devoir était de les expliquer. Dans l'équité de son âme, et il en avait beaucoup, Louis XVI fut irrité de cette morale scolastique unie à une morale débauchée, et il le fut surtout de trouver ces défauts et même ces vices dans le haut clergé de France.

Cependant les circonstances étaient graves pour ce même clergé, qui semblait braver ses adversaires et leur répondre par de nouvelles fautes. Ce fut alors que M. Turgot arriva au pouvoir ministériel : c'était un homme intègre, nourri des plus purs principes de la philosophie éclairée, et l'homme philanthrope par conscience et par goût, mais sans aucune douceur dans ses opinions, et voulant arracher par la violence plutôt que de ne pas obtenir ce qu'il avait une fois demandé.

Ami de Voltaire, de d'Alembert, de Condorcet, on peut, d'après les opinions bien connues de ces hommes célèbres, juger de la nature des siennes ; il n'était pas irréligieux, mais il rejetait les choses douteuses et surtout n'admettait pas la puissance dans le clergé : il voulait *des prêtres* et pas de clergé[1].

Le premier acte qu'il fit, pour constater l'état de guerre qu'il commençait lui-même, fut ce qu'il voulait faire faire au Roi lors de son sacre. Il voulait changer la formule du serment que les

---

[1] Telle était aussi la volonté de Napoléon.

rois de France prêtaient en recevant l'huile sainte. Une phrase surtout le choquait, c'était celle qui parlait de l'*extermination des hérétiques;* le serment de ne jamais pardonner aux duellistes, serment illusoire d'ailleurs, parut encore absurde à M. Turgot : il voulait que le Roi y substituât celui de tout faire pour détruire le duel. — En tout, M. Turgot trouvait le serment prêté par le Roi beaucoup trop favorable au clergé et sans dignité pour le Roi. — Il voulait bien autre chose : il voulait que Louis XVI se fît sacrer à Paris, d'abord par économie puis, pour détruire la dévotion locale attachée aux lieux, affaiblir de grands souvenirs non pas historiques, mais qui passaient pour tels et agissaient puissamment sans aucun résultat utile. C'est ainsi que le baptême de Clovis et la fable de la sainte ampoule apportée par une colombe directement du ciel étaient déjà attaqués par les critiques. Turgot voulait aller au-devant et se conduire avec une raison éclairée, ainsi qu'elle devait luire au dix-huitième siècle.

Au premier bruit de ces étranges innovations, le clergé jeta les hauts cris. Faire sacrer le Roi à Paris!... *cela s'était-il jamais vu!!!...* On pouvait leur répondre qu'il y a commencement à tout. Mais le Roi, effrayé des cris de rage qui retentissaient autour de lui et surmontaient le bruit de son enclume, le Roi décida que le sacre se ferait à Reims ; cela engloutissait plusieurs millions au moment où le trésor était vide... mais on n'en était pas à compter le nombre des fautes non plus que leur gravité.

Rien n'est plus remarquable que la conduite du clergé non-seulement à cette époque, mais dans les années qui suivirent. La masse du clergé était timide et surtout inquiète sur les événements ; elle prévoyait justement que si la monarchie tombait, le clergé tombait avec elle. Si la monarchie, au contraire, triomphait dans ses démêlés avec la philosophie, le clergé conservait ses bénéfices, ses évêchés, ses forêts, ses immenses possessions, ses titres chevaleresques presque identifiés à ses crosses, ses mitres, ses clochers et ses cathédrales ; il conservait son rang dans l'Etat, dont il était, depuis Clovis, une partie *constituante* et constitutive ; il conservait dans les États généraux des provinces son autorité individuelle et *indivisible*, sans laquelle aucun autre ordre ne pouvait statuer. Il était en apparence le conservateur des mœurs publiques, la règle de la doctrine, de la croyance la plus suivie et établie dans l'État. Successeur immédiat des druides, il avait hérité non-seulement de leurs temples et de leurs autels, mais aussi de la croyance aveugle des peuples.

C'était devant ses livres liturgiques que Clovis et les Francs, que les conquérants des Gaules avaient courbé leur tête et déposé leur framée... Aussi le roi de France était-il nommé dans les actes et les traités le roi *très-chrétien*. — Partout dans ses souvenirs le clergé de France avait de hauts motifs d'orgueil et en même temps d'inquiétude, comme ceux qui possèdent beaucoup et craignent de perdre.

C'est dans de pareils esprits que la philosophie jeta de vives alarmes, à la première parole que firent entendre ses sectaires. Cependant il s'éleva du sein de ce même clergé une minorité philosophique ou politique, comme on voudra l'entendre, qui causa le plus grand étonnement, et M. Turgot devint tout naturellement le chef de cette phalange hérétique.

Comme la haute société de Paris prit parti dans les disputes des évêques, je vais en parler pour que chaque ressort qui faisait mouvoir cette grande machine soit familier à celui qui suit l'histoire de cette même société à la fois dévote, dissolue, folle et sérieuse.

Le parti des évêques politiques, connus sous le nom de *prélats administrateurs*, avouait hautement sa partialité en faveur de M. Turgot et de M. de Malesherbes. Ce parti était composé d'hommes très-forts. C'était d'abord M. de Dillon, archevêque de Narbonne, président-*né* des États du Languedoc, homme de génie et d'un esprit d'une vaste capacité, mais paresseux et de cette nonchalance coupable qui n'est pas excusable lorsque l'esprit montre qu'il peut être actif pour le plaisir. L'archevêque de Narbonne a fait du bien cependant à son diocèse[1], mais il ne s'occupait que de ses plaisirs, chassait une partie de l'année, et ressemblait au *Damp abbé* de *Petit Jehan de Saintré*. Je ne sais pas s'il avait des rendez-vous avec une dame des Belles-Cousines, mais je sais que l'archevêque faisait un chamaillis de désespéré dans ses bois. Pendant qu'il menait ainsi joyeuse vie, il s'avisa un jour de trouver mauvais que les curés prissent la même distraction que lui : il défendit la chasse à ses curés dans un mandement très-sévère. Un jeune curé, qui rencontrait tous les jours son archevêque sonnant *tayaut*, ne fit que rire du mandement, et continua sa chasse ; il fut pris en faute par un garde de l'archevêque. Monseigneur fit suspendre le curé, qui fut sévèrement réprimandé, et pour punition envoyé dans la Haute-

---

[1] Il a fait beaucoup de bien au Languedoc, ma patrie ; le commerce et les routes étaient l'objet de ses soins. Il fit du bien!... mais il pouvait bien plus !

Provence, dans un village presque perdu au milieu d'un pays désert.

Le curé réclama ; il avait quelque protection à la Cour ; l'affaire vint aux oreilles du Roi : il n'approuvait pas la chasse pour un ecclésiastique, mais il était équitable ; et M. de Dillon, punissant une chose qu'il se permettait, lui semblait injuste.

— Monsieur l'archevêque, lui dit un jour Louis XVI, vous aimez beaucoup la chasse?

— Oui, Sire.

— Je le conçois, et moi aussi. Mais vos curés l'aiment également beaucoup..... Pourquoi donc la leur défendez-vous, puisque vous vous la permettez? vous avez tort comme eux.

— Par une raison très-simple, Sire, répondit froidement l'archevêque : c'est que mes vices viennent de ma race, et que les vices de mes curés sont d'eux-mêmes.

A côté de M. de Dillon on remarquait l'archevêque d'Aix, M. de Boisgelin ; avec moins de supériorité que l'archevêque de Narbonne, M. de Boisgelin était un homme remarquable : la Provence a conservé un bon souvenir de son administration.

M. de la Luzerne, évêque de Langres et pair ecclésiastique, était un homme supérieur : ancien grand-vicaire de M. de Dillon, il était en même temps son élève. M. de Cicé, archevêque de Bordeaux ;

M. de Colbert, évêque de Rhodez, une foule d'autres prélats, avaient, comme M. l'archevêque de Narbonne, l'esprit à la mode, l'esprit réformateur et suivait surtout la bannière du cardinal de Loménie, alors archevêque de Toulouse : il était habile, mais inférieur à M. l'archevêque de Narbonne.

Cette faction, comme on peut le penser, était détestée du parti contraire, qui était la majorité, et, s'il faut le dire, la majorité respectable du clergé de France. Il y avait sans doute beaucoup d'esprit dans tous ces hommes que je viens de nommer; mais quand on n'a pas l'esprit de son état, on est à côté de la nullité. La masse du clergé tonnait contre les réfractaires, et M. Turgot surtout était désigné comme indigne du nom de chrétien : à la tête de ces prêtres exaltés était Christophe de Beaumont, archevêque de Paris. C'était un homme sévère, pieux et vertueux, mais trop rigide peut-être, et ne sachant pas ramener la brebis qui s'éloignait du bercail… Ce parti de *zélés presque fanatiques* n'avait de relation avec le Gouvernement que pour lui opposer les saints canons, les saints pères de l'Église… Louis XIII, Louis XIV et Louis XV avaient eu une grande vénération pour les décisions de l'archevêque de Paris, lorsqu'il parlait au nom des pères de l'Église, et ils l'avaient prouvé en ordonnant les superbes éditions des Conciles et des Pères de l'Église, sorties des presses du Louvre.

Mais sous Louis XVI, le pouvoir avait changé de main : il n'était plus dans celle de la masse du clergé, et voilà pourquoi la majorité était si craintive et la minorité si audacieuse...

L'archevêque de Paris était un soir chez lui, plus inquiet que jamais sur les maux dont l'Église allait être accablée, lorsqu'on lui annonça un homme dont le nom le fit tressaillir de joie : c'était M. de Pompignan [1], le frère de Lefranc de Pompignan, prélat de mœurs simples et pures, un homme tout en Dieu, et de ces êtres comme il en donne trop peu à la société. M. de Pompignan était vénéré du parti religieux, qui reconnaissait en lui un homme du plus rare mérite, et le parti philosophique ne pouvait lui refuser cette estime forcée que la vertu impose même au vice. Il avait de l'esprit; et lorsque M. de Voltaire a lancé sur lui les traits de son amer sarcasme, il a montré seulement que son jugement était obscurci par la haine qu'il portait au poëte, frère du prélat.

[1] M. de Pompignan, archevêque de Vienne en Dauphiné, et président des trois ordres en 1789, à l'époque orageuse de leur réunion.

Au moment où M. de Pompignan entrait chez l'archevêque de Paris, celui-ci revenait de l'église, où il avait été dire le salut, quoiqu'il fût souffrant et même assez sérieusement malade. M. de Pompignan lui en fit des reproches.

— Hélas! dit l'archevêque, ne faut-il pas s'incliner devant Dieu pour en obtenir un regard de pitié?... La France est marquée du sceau de sa colère, monsieur!... et je le vois avec larmes!...

— Prions-le, dit l'évêque avec émotion... Jamais nous n'eûmes autant besoin de sa miséricorde.

— Savez-vous quelque nouvelle fâcheuse? s'écria l'archevêque, en s'élançant vers le prélat, avec une agitation qui était loin de ses habitudes sérieuses et de l'expression de sa physionomie : car ses traits semblaient taillés dans du marbre, si ce n'était son regard qui devenait flamboyant lorsqu'il croyait avoir à punir une faute grave, comme délit religieux : aussi n'avait-il rien d'apostolique ni dans la pensée ni dans la parole.

— Que savez-vous, encore une fois? s'écria-t-il en voyant que M. de Pompignan ne lui répondait pas... Répondez-moi, monsieur, répondez-moi!

— C'est que je vais vous apprendre une nouvelle pénible!...

Tous les prélats qui composaient la cour de l'archevêque se rapprochèrent de M. de Pompignan;

le silence le plus profond régnait dans le vaste salon de l'archevêché, et tous les yeux étaient fixés sur M. de Pompignan.

—Parlez, M. l'évêque, parlez, dit monseigneur de Beaumont... s'il faut courber la tête nous la courberons et la couvrirons de cendre... pourtant cette tempête est rude!... mais Dieu nous accordera la force de surmonter les maux qui nous accablent, ou la résignation pour les supporter.

— Eh! comment espérer une trève à nos maux, lorsque c'est dans son sein que l'Église compte ses ennemis!

— Que voulez-vous dire?

— Hélas! une triste vérité... L'archevêque de Narbonne a fait, il y a peu de mois, un *mémoire économique* dans toute la force de l'esprit de la secte philosophique; ce mémoire, dont je connais plusieurs parties, est fait avec beaucoup d'art et de talent... mais il ne voulait pas le faire imprimer alors.... Depuis il s'y est décidé, et quelles sont les presses qui ont servi? Celles de l'imprimerie royale[1]!

Un profond gémissement sortit de la poitrine de l'archevêque.

— Et lorsque j'ai sollicité la réimpression des

---

[1] Exact.

œuvres de saint Augustin et de saint Thomas, on m'a refusé!... dit M. de Beaumont, accablé par une peine d'autant plus vive, que le prêtre et l'homme souffraient en même temps...

— Et le jour où je portai la demande de Monseigneur, dit l'abbé de Peluze, l'un des secrétaires de l'archevêque, je trouvai le directeur de l'imprimerie royale occupé à donner des ordres pour la mise en pages d'un ouvrage sur l'astronomie, d'un jeune homme nommé Lalande... qu'on dit malheureusement imbu des plus funestes doctrines.

— Oui, voilà les nouveaux dieux!... O mon Sauveur, quelle faute a donc commis votre peuple pour que vous l'abandonniez ainsi?...

Et l'archevêque, s'inclinant, parut prier et pria en effet avec ferveur.

— Les choses ne peuvent demeurer en cet état, dit enfin M. de Pompignan. Le Roi est bon, il est vertueux, il ne peut applaudir à la ruine de son royaume! Car, enfin, c'est à notre ruine que nous courons par ces coupables voies!

— Mais pourquoi ne pas faire une adresse au Roi? dit M. de Boyer... Il faudrait alors qu'il répondît, et la parole d'un roi n'est jamais indifférente.

Ce M. de Boyer avait été un moment à la feuille des bénéfices; il y avait été placé par le cardinal de Fleury. M. de Boyer était évêque de je ne sais plus bien quel diocèse...; il était ignorant, fanatique, et pourtant bon et bienfaisant, juste, enfin un homme en Dieu. Le cardinal de Fleury l'avait placé aux bénéfices pour composer l'Église gallicane; mais il n'y avait pas été assez longtemps, et cette même majorité devait son existence à M. de Jarente, d'abord évêque de Digne, puis évêque d'Orléans. Prélat sans morale et sans mœurs... toujours vendu au pouvoir et l'homme le plus débauché de France, placé par M. de Choiseul à la feuille des bénéfices, il fit par son ordre des nominations contraires à celles de M. de Boyer.

— Oui, continua M. de Boyer, pourquoi ne pas présenter des remontrances au Roi? Voici précisément l'assemblée générale du clergé, c'est le moment.

— Il a raison, dit tout bas l'archevêque à M. de Pompignan, mais qui désignerons-nous?...

— Surtout pour soutenir les objections qui seront faites par les deux ministres aujourd'hui en faveur, dit M. de Boyer. Deux athées comme M. Turgot et M. de Malesherbes!... Oh! mon Dieu!...

L'archevêque leva les yeux et les mains au ciel... — Mais comment composer notre députation? il ne faut pas déplaire non plus dans cette cour si facile à blâmer, lorsqu'elle-même est sous la censure!... Monsieur l'évêque, quel nom désigneriez-vous?

M. de Pompignan leva les yeux sur M. de Beaumont, avec une expression si sublime de simplicité, et en même temps de dévouement, que tout ce qui était dans l'appartement fut touché.

— Monseigneur, dit-il à l'archevêque, je suis prêt à porter la parole de vérité au pied du trône. Dieu m'accordera la grâce de toucher le cœur de notre monarque... ne tient-il pas celui des rois dans sa main?...

— Ah! vous êtes un véritable apôtre! dit l'archevêque... Dieu vous doit son assistance!...

— Je suis un prêtre suivant la route de son devoir, répondit M. de Pompignan... Mais qui me donnerez-vous pour adjoint dans cette démarche difficile?

— Pourquoi pas notre jeune promoteur [1]? dit M. de Boyer.

— L'abbé de P.......... *L'abbé couleur de rose!* reprit avec un ton d'aigreur M. de Beaumont...

---

[1] Mon oncle, l'abbé de Comnène, grand-vicaire de l'archevêque de Bourges, était ce même soir chez M. de Beaumont, où il allait souvent.

—C'est un jeune homme d'un esprit bien remarquable, ne vous y trompez pas, dit M. de Pompignan... Je crois que nous pourrions le prendre comme bon auxiliaire... Quant à celui qui doit présider notre députation... je crois qu'il faudrait un rang plus élevé que le mien dans l'Église...

Les différents noms de ceux qui alors se trouvaient réunis dans Paris pour cette assemblée générale du clergé, furent passés en revue par tous les prélats qui composaient la société de M. de Beaumont... Aucun ne paraissait convenir... on présentait et puis on retirait; on était loin de s'attendre à celui qui porterait la parole au Roi.

J'ai déjà dit que M. de Pompignan était non-seulement chéri de la partie bien pensante du clergé, mais qu'il était aussi estimé de la minorité philosophique; l'assemblée du clergé le nomma donc avec empressement et lui adjoignit l'abbé de P......d, depuis M. de T......... : il était alors connu pour un homme d'esprit, fécond en ressources... prévoyant sans sagesse, et avant tout ami des plaisirs et du monde... Il fut nommé avec M. de Pompignan; mais le plus curieux, c'est que le président de la députation fut le président du bureau de la religion... l'archevêque de Toulouse, monseigneur de Loménie! lui, l'homme le plus athée de cette assemblée du clergé, qui déjà renfermait dans son sein des têtes à fortes croyances, qui mettaient tout en doute!... mais il sentait le besoin d'une religion au milieu de son pyrrhonisme, et il le disait comme poussé par une puissance plus forte que l'enfer.

La Cour nomma pour ses commissaires M. Turgot et M. de Malesherbes... Ainsi la philosophie était dénoncée à la nation par ses disciples et ses protecteurs... Comment M. de Malesherbes et M. de Loménie se sont-ils abordés?... l'archevêque de Toulouse!... ami et confident de M. Turgot pour tous ses plans et pour ce qu'il voulait amener de nouveau dans cette même Église gallicane, dont les prélats se séparaient comme jadis, lorsque commença la funeste scission qui déchira l'Église et en fit deux parts devant le Seigneur... Sans doute M. de Malesherbes et l'archevêque de Toulouse dûrent sourire comme les augures de Rome quand ils se rencontraient. L'abbé de P....... était bien jeune à cette époque : il avait à peine vingt et un ans. Il fallait donc qu'on le connût déjà pour un homme de haute capacité pour qu'il fût choisi par l'assemblée générale du clergé de France. L'abbé Maury, qui ne l'aimait pas, m'en parlait avec un sentiment profond qui ressemblait à de la haine, toutefois en lui reconnaissant bien de l'esprit¹.

Mais la partie étrange de cette affaire fut le rapport de monseigneur l'archevêque de Toulouse, qui, en sa qualité de président du bureau de la religion à l'assemblée générale, fut chargé de cette besogne : il dit que jusqu'à présent le Roi avait été sourd aux *représentations* qui lui avaient été adressées; il rappela celles faites en 1750, première époque où l'influence philosophique avait frappé sur l'esprit public et avait commencé ses ravages, en 1760, 1770, 1772. Enfin, concluait-il, *le clergé n'a jamais été écouté!... il faut former des sociétés d'écrivains pour défendre la religion... Les ennemis du christianisme se réunissent pour en saper les fondements : pourquoi ne pas réunir des savants pour le défendre par leur génie ?...*

M. l'archevêque de Toulouse proposait encore un remède : il proposait de publier un avertissement à la France pour lui dire que sa croyance était menacée. Il citait un ouvrage de M. de Pompignan et proclamait hautement la nécessité que le Roi voulût enfin entendre le cri de l'Église affligée.

¹ Surtout de l'esprit.
² Propres paroles de M. de Loménie.

M. de Loménie! et c'était lui qui parlait, qui osait parler ainsi!... lui dont la vie presque dissolue, non-seulement comme prélat, mais comme homme du monde, était signalée à la plus dure remontrance; c'était lui qui osait élever la voix en faveur de l'Église souffrante!... C'était une injure... il faut demeurer dans l'impénitence et ne pas articuler des paroles religieuses quand l'impiété est au cœur.

Enfin, le 24 septembre 1775, l'archevêque de Toulouse, l'abbé de P....... et M. de Pompignan, munis des pleins pouvoirs de l'assemblée du clergé, se rendirent tous trois à Versailles pour présenter au Roi les supplications du clergé de France.

Voici quelques parties des remontrances déposées aux pieds du Roi... : c'est M. de Loménie qui parle; lui, l'un des chefs les plus ardents de ce parti philosophique qui était signalé dans le royaume comme devant faire un si grand mal à notre sainte religion... Mais quelle est la première pensée qui s'échappe du cœur de ce clergé qui se plaint? ce n'est pas contre les philosophes qu'elle est dirigée... non, c'est contre les protestants... C'est toujours ce même esprit d'intolérance qui fit révoquer l'édit de Nantes...

« Votre Majesté, disait la députation, verra dans

le mémoire que nous avons l'honneur de lui présenter, que les ministres de la religion *prétendue* réformée élèvent des autels, construisent des temples, forment des établissements... OSENT ENFIN ADMINISTRER LE BAPTÊME et faire la cène!... etc., etc.

« L'autre partie de nos remontrances présente un danger bien plus grand encore : c'est l'incrédulité[1], qui envahit toutes les classes et toutes les conditions; L'ESPRIT D'INDÉPENDANCE QU'ELLE INSPIRE, SA FATALE INFLUENCE SUR LES MOEURS, ET LEUR DÉPRAVATION QUI EN EST LA TERRIBLE CONSÉQUENCE, ONT QUELQUE CHOSE D'ALARMANT!... et comment les fondements de l'autorité ne crouleraient-ils pas avec ceux de la religion? elle seule place le trône des Rois dans le lieu le plus sûr, le plus inaccessible, DANS LA CONSCIENCE, où Dieu a le sien.

« Ce n'est plus à l'ombre du mystère que l'incrédulité répand ses systèmes; la malheureuse fécondité des auteurs est encouragée par la facilité du débit de leurs ouvrages... On les annonce dans

---

[1] En effet, M. l'abbé de Brienne devait en connaître quelque chose; il avait soutenu le *matérialisme pur* étant en Sorbonne avec l'abbé de Pradt... Plus tard, M. l'archevêque de Toulouse pratiqua la même croyance, et le dernier acte de sa vie, qu'il termina par un suicide, prouve que l'incrédule n'était pas converti.

les catalogues, on les étale dans les ventes publiques, on les porte dans les maisons des particuliers... on les expose dans le vestibule des maisons des grands et jusque dans l'enceinte de cet auguste palais, où Votre Majesté reçoit nos hommages et médite d'éloigner de ses États toute espèce de désordre... etc.

« ... Les sources les plus pures sont corrompues, Sire ; la jeunesse, cette portion intéressante de vos sujets, donnera dans quelques années à la société des maîtres, des pères, des magistrats, des agents de toute nature qui auront contracté par une longue habitude le langage et les principes de l'irréligion[1]...

« Et qui oserait vous répondre, Sire, que l'irréligion a laissé intacte cette première éducation, dont dépendra le sort de la génération future, et UN JOUR LE SORT DU ROYAUME... *Les projets de l'irréligion sont sans bornes ; elle menace tout ce qu'elle n'a pas atteint*[2]... Otez la religion au peu-

---

[1] Il est curieux de voir avec quelle mesure l'archevêque de Toulouse parle du clergé ! Jamais son nom ne se trouve dans le cours de son très-long discours, et pourtant les *évêques philosophes* étaient nombreux.

[2] Cette phrase porte entièrement sur M. Turgot, quoique M. de Loménie fût son disciple. Mais tel est le danger de repousser toute croyance. Qu'est-ce qu'un ami quand on re-

ple, et vous verrez la perversité, aidée de la misère, se porter à tous les excès ;... ôtez la religion aux grands, et vous verrez les passions, soutenues par la puissance, se permettre les excès les plus atroces et les passions les plus viles!... »

J'ai été assez heureuse pour me procurer ces remontrances : je les ai données telles qu'elles furent présentées au Roi par M. l'archevêque de Toulouse, l'un des hommes les plus athées de France; par M. de T........d, homme de plaisirs, et sans aucune de ces grandes pensées qui animent les âmes qui appartiennent à ceux appelés à sauver des empires : le seul M. de Pompignan paraissait dans cette députation comme pour dire à la France que son clergé possédait encore des hommes vertueux... Quant à ses deux collègues, ils parlaient peut-être de bonne foi dans ce moment, car ils voyaient que la machine s'en allait s'écroulant et que les premiers coups portés à sa base l'avaient

---

pousse et méconnaît Dieu ! M Turgot était alors au ministère, et M. de Loménie voulait y arriver... Il était alors avec la cabale de madame de Marsan et toutes les dévotes de son parti... Il était grand seigneur, d'une antique et haute noblesse. Il y avait là bien des motifs de pardon ! Enfin, M. Turgot n'avait aucun appui dans le monde où il était attaqué ; il n'était que vertueux, et ce n'est pas assez, même pour faire le bien.

été par eux-mêmes!... et puis, M. de T........d, quoique bien jeune encore, était déjà promoteur du clergé... il avait des bénéfices ; et l'archevêque de Toulouse avait, à ce même moment, *trois cent mille livres de rentes de biens du clergé!...* Le mal qui apparaissait presque gigantesque dès les premiers jours leur fit donc une telle peur, que les plus inquiétantes paroles furent articulées par ces mêmes bouches qui, quelques années avant, prêchaient l'athéisme..., reconnaissaient que le mal était grand et voulurent le réparer, par suite, au reste, d'une très-passagère impression ; mais ils éprouvèrent là une très-grande vérité : c'est que rien n'est facile à faire comme le mal et rien de plus difficile que le bien, *même pour réparer.* Le mal est une goutte d'eau forte qui corrode et dévore...; le bien n'empêche ni la blessure ni la cicatrice.

« Il est une autre terrible conséquence de l'incrédulité, Sire, c'est l'esprit d'indépendance qu'elle inspire,... etc.

« ... Tous les désordres se tiennent par la main et se suivent nécessairement :... les fondements des mœurs et de l'autorité doivent crouler avec ceux de la religion... Autrefois, on était vicieux par faiblesse : le vice connaissait au moins la honte et le remords ;... aujourd'hui on est vicieux par système.

« Et cependant on prêche ouvertement contre notre sainte religion..... D'où viennent ces principes destructeurs de toute autorité? » . . . .

. . . .

Maintenant, voici le plus curieux de cette pièce si étrange elle-même :

« Sire, les rois ont entre les mains un moyen efficace de protéger la religion et la vertu... : c'est l'appât des récompenses... Loin de nous la pensée d'accréditer, d'encourager de faux rapports, les soupçons inquiets, les délations odieuses !... Mais que l'homme irréligieux soit exclu de toutes les faveurs...; que l'homme corrompu soit repoussé des places et n'ait aucune part à votre estime et à votre confiance ; que les places qui ont le plus d'influence sur les mœurs ne soient plus confiées qu'à des hommes dont la conduite sera exempte de tout blâme... »

On croit rêver en lisant une semblable pièce! Moi-même, j'ai été obligée de la relire pour me convaincre que l'archevêque était bien le même homme qui professait l'incrédulité *voltairienne* à l'aide des préceptes bien connus et les plus corrupteurs de Diderot, de l'abbé Raynal, et de tous ceux qui crurent faire merveille en démolissant l'ancienne maison sans avoir une seule pierre à côté d'eux pour en rebâtir une nouvelle... Hélas! ils ne pouvaient même employer les décombres qu'ils avaient faits !... Le sang les avait rougis... La flamme les avait calcinés !... Ainsi donc, *bande noire* formée avant le temps, les mauvais prédicateurs philosophes firent alors un mal immédiat que leur esprit, naturellement supérieur, leur fit apercevoir aussitôt... Alors ils voulurent arrêter le torrent... mais il n'était plus temps !... les vagues surmontaient la digue... Tout fut brisé... tout fut englouti... élèves et maîtres !... Quelques-uns surgirent au-dessus des flots et parvinrent à s'emparer d'une portion d'héritage maudit échappée au feu et au carnage... Est-ce une leçon pour eux ?... est-ce une leçon pour nous ?... Hélas ! l'expérience en donne-t-elle jamais !...

La réponse du Roi à ces remontrances fut laconique et assez remarquable pour en faire mention. Il dit à M. de Loménie qu'il comptait que les évêques, par leur sagesse et par leur exemple, *continueraient* de contribuer au succès de ses soins.

La réponse transmise par M. de Malesherbes à M. de Loménie, et par M. de Loménie à l'assemblée du clergé, ne lui donna aucune satisfaction. Elle délibéra séance tenante des remontrances *itératives* sur l'avis de son comité, en représentant au Roi que le mal était à son comble, et que l'hérésie surtout faisait de terribles progrès. — Le Roi répondit cette fois qu'il surveillerait la librairie, et assurait le clergé que le bruit qui avait couru de sa *prétendue* protection aux protestants était faux...

Quelques mois après, Louis XVI appelait un protestant au ministère!......

Si le clergé s'était trouvé *seul* en présence, c'està-dire si les deux partis qui le divisaient avaient été seulement les combattants, les effets de cette scission eussent été moins sensibles; mais à cette époque le clergé tenait encore bien plus qu'aujourd'hui à la société de France, mesdames tantes du Roi, madame Louise la carmélite, mademoiselle de Bourbon [1], et puis madame de Marsan, autrefois gouvernante des enfants de France, dont l'autorité était grande dans le monde par ses vertus, sa position et ses relations de famille. Sa société était toute différente du reste de la société de Versailles : c'était comme une ville étrangère pour ainsi dire, et pourtant l'influence était positive, puisque les doctrines de cette société étaient inculquées à des nièces, des sœurs et des filles. Les hommes se moquaient un peu de tout cela; mais

---

[1] Celle qui est morte en rentrant en France à la Restauration; elle était sœur de monseigneur le duc de Bourbon.

telle était alors la haute puissance des liens de famille, que ces mêmes hommes, incrédules sur le fond de la querelle, prenaient en main l'intérêt du parti auquel ils appartenaient, sans savoir s'ils avaient ou non raison. La Reine eut ainsi une foule d'ennemis qui s'éleva contre elle, non pas parce qu'elle paraissait être contre le parti anti-philosophique, mais parce que dans ce parti on comptait madame de Noailles, madame de Cossé, fille spirituelle d'un spirituel père [1], et surtout madame de Marsan, chef du parti Beaumont, et zélée de conviction et de cœur. Ce parti ensuite recevait une puissance réelle de la bonté de sa cause sur beaucoup de points... Le parti philosophique causait en effet des ravages immenses, et le mal faisait de rapides progrès. La conviction était égale des deux côtés. D'Alembert, l'abbé Raynal, Mably, M. de Malesherbes et Turgot, Marmontel, tous ont été d'une conviction profonde lors de cette malheureuse époque, et tous écrivaient avec des intentions pures : la seule exaltation en égara plusieurs d'abord ; puis vinrent des haines concentrées, invétérées, des haines de dévots, des effets de factions, et nous en avons vu les terribles conséquences. Cependant il est positif qu'il y aurait de la mauvaise foi à ac-

---

[1] M. le duc de Nivernais.

cuser la religion ou la philosophie des malheurs de la Révolution ; et les mauvaises actions commises au nom de la religion ou de la philosophie méritent l'animadversion de la postérité. Il faut que justice soit faite à chacun. La conduite des philosophes est une réponse à ce qu'on peut d'ailleurs dire contre eux à cet égard.

Élie de Beaumont mourut; c'était au moment le plus actif des querelles des deux partis. Aussitôt qu'il eut ses yeux fermés, ce fut M. de Juigné, nommé archevêque de Paris, qui fut reconnu chef du parti religieux. Il était secondé par un homme d'un grand talent, M. de Beauvais, évêque de Senez, celui qui parla avec tant de force à Louis XV, et qui du haut de la chaire de vérité tonnait en sa présence royale contre ses vices et ceux de sa cour. On comptait aussi Dulau, archevêque d'Arles, remarquable par sa science et sa connaissance des affaires ecclésiastiques ; l'évêque d'Orange, qui remplissait les fonctions d'un curé de campagne, tout grand seigneur qu'il était, et se faisait en même temps adorer du peuple et estimer et vénérer de ses égaux ; l'archevêque de Vienne, M. de Pompignau ; l'archevêque de Sens, Mgr le cardinal de Luynes, qui avait les vertus d'un premier chrétien et les lumières d'un académicien ; l'évêque d'Amiens; l'évêque de Saint-Pol. J'aurais encore bien des noms à placer dans cette liste, mais la place me manque, et j'y joindrais les cinquante-huit curés de Paris, sans crainte d'être démentie par aucun de leurs paroissiens.

M. de Juigné était plus doux que M. de Beaumont, et d'abord les attaques furent en effet moins acerbes de part et d'autre ; mais bientôt les bannières furent élevées. Madame de Marsan, croyant que son devoir pieux était de prêter non-seulement son appui comme protection au parti de l'archevêque de Paris, appuya de tout son crédit les écrivains qui attaquèrent les philosophes. Il y avait du courage ; madame de Marsan en eut. Toutes les femmes de sa société, toutes celles qui avaient une autorité dans le monde l'employèrent, et la guerre fut continuée avec acharnement.

L'abbé de Vermont était accusé par le parti dévot d'être une des causes principales, sinon la première, de tout ce qui se faisait à la Cour. Le parti religieux prétendait avec raison que les nominations du clergé, que la direction de la feuille des bénéfices était une des causes des malheurs du temps... et la Reine, qui était son élève, était accusée en premier ressort de ces mêmes malheurs.

Une brochure qui parut en ce temps sous le nom de *Lettres d'un marquis*, et qui sortait évidemment du salon de madame de Marsan et de M. de

Juigné, fit un fracas épouvantable. Ce pamphlet accusait de la manière la plus virulente M. de Marbœuf, ministre de la feuille des bénéfices, et sa coalition avec les archevêques de Bordeaux, Toulouse et Aix. Dans ce pamphlet toutes les exactions de M. de Jarente, évêque d'Orléans et prédécesseur de M. de Marbœuf, furent rappelées ; il y eut *scandale* pour faire le bien. Voilà où conduisent les passions.

« *Que faites-vous des fonds destinés aux pauvres prêtres ? Vous avez accordé quarante mille francs à l'évêque de Grenoble pour réparer son palais épiscopal... Quel usage a-t-il fait de cet argent ?... Je l'ai vu, ce palais ! Il ressemble au-dehors à une maison de débauche... au spectacle construit récemment à Paris sous le nom de* Redoute chinoise.... *C'est vous qui avez donné deux abbayes à cette religieuse concubine de M. de Brienne, réfugiée dans son palais de Paris pendant son ministère, et qui vendait les grâces !... On prétend, il est vrai, que vous ne faites pas ce que vous voulez, et que l'abbé de Vermont vous dirige et vous domine... Alors, je vous dirai comme l'Évangile :*

« Si votre œil vous scandalise, arrachez-le. » *Mais les prélats ne croient plus !...* »

Remarquez que c'est ici le clergé qui parle au clergé !...

M. de Juigné, au désespoir de ce qu'il voyait et des maux qu'il prévoyait, agit admirablement dans ce temps malheureux et en véritable apôtre, comme l'aurait fait un premier père de l'Église, seulement avec moins de moyens, surtout répressifs. M. de Beaumont était bien violent; mais il valait encore mieux que trop de douceur... En quoi que ce soit, les haines ne remédient à rien.

La dépravation du clergé était ensuite un des motifs les plus terribles comme sujets d'attaque... L'archevêque de Toulouse, celui de Narbonne, mais surtout l'évêque de Strasbourg, monseigneur le prince de Rohan, grand-aumônier de France... Ce qui arriva à M. de Rohan dans l'affaire du collier acheva de donner un coup mortel et à la couronne et au clergé. Un cardinal, un évêque, un prince de l'Église découvrant au grand jour les faiblesses de sa nature, au point de montrer ses relations avec un homme qu'il croyait magicien; M. de Rohan croyant au diable et l'interrogeant dans la personne de Cagliostro, et le questionnant pour savoir s'il obtiendrait les faveurs d'une femme, et cette femme est la reine de France!... et cela en 1786... On croit rêver !...

C'est ici le lieu de parler de cette trop malheureuse affaire du collier. J'ai réuni non-seulement tous les anciens documents que je possédais à une foule de nouveaux que j'ai recueillis, et je crois être assez éclairée pour avoir le droit d'en parler; mais Cagliostro est un acteur de ce grand drame. Il me faut dire aussi ce que je sais de lui. On en a beaucoup parlé en France : le fait est que nous ne savons rien de positif. Il est aussi sans doute prouvé que Cagliostro n'est pas le diable; mais voilà ce qu'on peut savoir.

Il est né, *dit-on*, en Sicile, à Palerme, en 1743, d'une famille obscure et pauvre. Son éducation fut négligée ou plutôt nulle, comme celle des Italiens d'une classe inférieure, à cette époque surtout... Son véritable nom est Balsamo... Mais, je le répète, toutes ces notions sont douteuses. Le cardinal Consalvi et monseigneur Galeppi, les hommes les plus distingués de l'Italie dans le dernier siècle et que j'ai connus intimement, m'ont affirmé que Cagliostro n'était pas connu. Il paraît seulement qu'il est le fils naturel d'une personne puissante. On ne peut expliquer ses premières années. Son éducation fut, dit-on, négligée, et cet homme ayant à peine vingt-cinq ans parlait des choses les plus abstraites, traitait des sciences occultes et pouvait converser avec les savants les plus habiles de nos académies. Où donc cet homme avait-il pris une si profonde instruction des connaissances devant lesquelles plus d'un savant de l'Académie des Sciences est demeuré interdit? Lavater, qui eut avec lui de longues conférences, a dit à mon frère, dans une correspondance suivie qu'Albert eut avec le savant de Zurich : « Cet homme est un être sur la nature duquel je ne puis prononcer. »

Fort jeune encore, il eut la passion des voyages. Il manquait d'argent ; il en attrapa à un orfèvre de Messine nommé *Marano*. Ce qu'il a parcouru de pays est incalculable, et ses voyages sont positifs. Il a vu l'Asie, l'Afrique, l'Europe, et partout il a laissé des traces de son passage. Souvent il guérissait, rappelait à la vie des corps déjà glacés. Les médecins se liguèrent contre cet homme qui venait renverser leur ignorance et la frapper de moquerie en guérissant ce qu'ils abandonnaient. Il pénétra dans les harems de l'Orient, dans le boudoir de la femme de Paris, dans le gynécée de la femme grecque, dans le palais du boyard russe, enfin il alla partout... et partout son nom fut connu et célébré comme un charlatan peut-être ; mais j'avoue que j'ignore ce que veut dire ce mot : Cagliostro est un homme extraordinaire.

En Orient il s'appelait *Acharat*, disciple du avant Althoras, Arabe solitaire vivant dans les cavernes de l'Atlas et communiquant, dit-on, avec les puissances des ténèbres... Arrêté à Naples par suite des plaintes de l'orfèvre Marano, il ne demeura néanmoins que peu de jours en prison ; s'il n'eût été qu'un aventurier sans relation, il eût langui dans un cachot et y fût mort ignoré. A Rome il trouva une ravissante créature qu'il aima, qu'il épousa, et dont le père était fondeur en cuivre : soit que la transmutation des métaux fût un lien entre ces deux hommes, il y eut alliance, et le mariage se fit.

La figure de Cagliostro était agréable : elle exprimait son génie. Son regard de feu lisait au fond du cœur... Il ttachait involontairement, et ses traits étaient d'ailleurs agréables. Il se faisait appeler le comte de Cagliostro, et d'autres fois le marquis de Pellegrini ou bien le marquis de Belmonte... Son luxe était inconcevable : à Londres, à Paris, à Vienne, partout où il demeurait, il laissait des monceaux d'or ; une traînée de diamants, une voie lactée de pierreries révélait son passage. Quelque temps avant la mort de M. de Vergennes, Cagliostro alla à Strasbourg muni de lettres de recommandation de ce ministre, de M. de Miroménil (garde des sceaux) et de M. le maréchal de Ségur : ceci est un fait... Précédé par une réputation inouïe et fantastique, appuyé par ces recommandations, Cagliostro fut reçu à Strasbourg avec un enthousiasme délirant, qu'il accrut encore en visitant les hôpitaux, parlant aux malades, les guérissant, faisant enfin le rôle d'un dieu, répandant l'or sur son passage pour les besoins des malheureux et les médicaments les plus chers... Ce fut alors que le cardinal de Rohan, évêque de Strasbourg, connut Cagliostro. Il l'accueillit avec respect. Cet homme allait combler ses désirs... Il lui parla avec confiance : il aimait et était ambitieux.

— Vous serez heureux, et votre ambition sera satisfaite, lui dit l'homme étonnant.

Le cardinal fut au moment de se prosterner.

On revint à Paris : on était alors au commencement de l'hiver. Le cardinal présenta Cagliostro à une femme de ses amies, madame la comtesse de Lamothe.

—Elle a plus de droits pour habiter le Louvre que ceux qui y sont, dit à Cagliostro le cardinal dans un moment d'abandon, et il lui expliqua comment elle était Valois[1]. Elle était bien autre chose, vraiment !

Le cardinal de Rohan était détesté de la Reine, et il le savait. Il savait que jamais il n'arriverait au ministère tant que le ressentiment de la Reine durerait; de plus il était doublement malheureux, car

[1] On connaît cette histoire; elle est dans les *Souvenirs de Félicie*, et très-vraie.

il aimait la Reine. Mais la Reine savait qu'il avait mis tous les obstacles possibles à son mariage avec Louis XVI, et jamais elle ne l'oublia.

Madame de Lamothe, intrigante, indigne du nom de femme, mit la paix dans le cœur du cardinal en lui promettant de le faire réussir : quels moyens devait-elle employer? voilà ce qu'on ignorait.

Bohmer, joaillier de la Couronne, avait présenté à la Reine un collier de diamants du prix de seize cent mille francs; la Reine le fit voir au Roi : — J'aime mieux avoir un vaisseau, dit-il.

Bohmer remporta le collier.

Quelques jours après, une voiture très-élégante et armoriée s'arrête chez lui; c'est une femme ayant toutes les apparences de la haute classe qui vient de la part de la Reine, et lui dit que, toutes réflexions faites, la reine prend le collier, *mais à l'insu du Roi* : elle le paiera en quatre billets, de quatre cent mille francs chacun. Bohmer hésite : la chose ne lui paraissant pas suffisamment claire, il demande une garantie donnée par une personne marquante; le cardinal de Rohan se présente. Bohmer livre le collier à madame de Lamothe et reçoit les quatre billets, soi-disant de la Reine; le premier paiement devait avoir lieu le 1er août, le paiement ne se fait pas. Bohmer alarmé va trouver

Campan[1], et la ruse est découverte... La Reine, confondue de cette hardiesse, rassembla ses preuves, et parla de cette affaire au Roi.

Ce fut le comble de l'imprudence de la part de la Cour... Le cardinal arrivant à Versailles pour y officier en rochet et en camail, est arrêté et conduit d'abord dans le cabinet du Roi; là il trouve Marie-Antoinette, M. le baron de Breteuil et le Roi.

LE ROI.

M. le cardinal, vous avez acheté des diamants a Bohmer?

LE CARDINAL.

Oui, sire.

LE ROI.

Qu'en avez-vous fait?

LE CARDINAL.

Sire...

LE ROI, tremblant de colère et avançant sur le cardinal.

Qu'en avez-vous fait, monsieur?...

LE CARDINAL.

Je croyais que la Reine les avait.

[1] Attaché au service de la chambre de la Reine, et beau-père de madame Campan ou son mari.

LE ROI.

Qui vous avait chargé de cette commission?

LE CARDINAL.

Une dame de condition.

LE ROI, d'une voix forte.

Son nom, monsieur.

LE CARDINAL.

Madame la comtesse de Lamothe-Valois. Elle m'a montré une lettre de la Reine par laquelle Sa Majesté...

LA REINE, en l'interrompant.

Comment pouvez-vous croire, monsieur, que moi, qui ne vous ai pas adressé la parole depuis huit ans, je vous aurais écrit une seule ligne?

LE CARDINAL.

Je vois que j'ai été trompé... indignement trompé.

LE ROI, lui montrant une lettre.

Comment avez-vous pu écrire une pareille lettre, monsieur le cardinal?...

LE CARDINAL, la parcourant en tremblant.

Je ne me souviens pas de l'avoir écrite... mais si l'original est signé...

LE ROI.

Il l'est, monsieur...

LE CARDINAL.

Alors elle est vraie...

LE ROI, très-ému.

Et vous avez eu, monsieur, la sottise d'ajouter foi à des lettres signées de cette manière?

Et le Roi mit sous les yeux du cardinal la copie des billets de la Reine et ses lettres; tout était signé : *Marie-Antoinette de France*... Le cardinal se frappe le front comme un homme qui sort d'un rêve!...

Grand Dieu, est-il possible!...

LE ROI.

Vous avez l'air surpris, monsieur... : vous soutiendrez peut-être que vous ne saviez pas comment signait une archiduchesse d'Autriche! vous qui avez été ambassadeur à Vienne!... Ne proférez pas un mensonge de plus.

LE CARDINAL, pâlissant et s'appuyant sur la table.

Sire... que Votre Majesté m'excuse... mais je ne suis plus à moi.

LE ROI.

Remettez-vous, monsieur ; et si notre présence vous trouble, passez dans la chambre voisine... vous y trouverez des plumes et du papier... écrivez.

Le cardinal passa dans la pièce voisine, où il écrivit pendant un quart d'heure. Quand il rentra dans la chambre, il était pâle et tremblant... La feuille qu'il avait écrite était obscure et inintelligible ; le Roi sourit avec amertume... il se tourna vers la Reine, et lui parla quelques moments à voix basse... — Qu'on avertisse M. de Villeroi, dit le Roi à M. de Breteuil.

Et il congédia le cardinal.

Celui-ci, en sortant du cabinet du Roi, fut arrêté par M. le duc de Villeroi, capitaine des gardes de service et conduit à la Bastille, sans même aller chez lui ; mais il eut le temps de dire deux mots en allemand à un domestique de confiance à lui, qui se trouva sur son passage, et ses papiers importants furent mis à l'abri.

Madame de Lamothe fut arrêtée dans une terre de son mari près de Bar-sur-Aube ; son mari s'était sauvé en Angleterre. Elle nia toute l'affaire, mais elle dénonça le comte de Cagliostro comme connaissant des secrets qui y étaient relatifs. Cagliostro fut arrêté rue Saint-Claude au Marais, où il demeurait, au moment où il partait pour aller à Lyon établir une loge égyptienne ; il avait acquis un immense empire sur le cardinal. La veille du jour où le cardinal fut arrêté, il avait soupé chez lui avec Cagliostro, Gabrielle d'Estrées et Henri IV.

Cette affaire du collier fut tellement publique pour le procès, que je n'en parle que dans les détails qui se sont mûris. Le Roi envoya des lettres patentes au Parlement, pour instruire l'affaire, qui respiraient le plus grand mécontentement... Cette conduite fut bien imprudente de la part du Roi !... Il y avait du scandale, sans que la malignité s'en mêlât; qu'on juge ce que cela devint entre les mains de l'esprit de révolte et de haine qui existait alors contre la Reine, lorsqu'il courait dans Paris une caricature infâme qui représentait un animal informe ; au-dessous était écrit :

« Cet animal se nomme *fagua ;* il a été trouvé dans un lac de l'Amérique Méridionale, et il est maintenant exposé à la curiosité des savants, pour déterminer de quelle espèce il est; on le croit amphibie. Quant au sexe, il est douteux, quoique le sexe féminin prévaut de beaucoup en lui, surtout pour la fécondité. Mais ce qui surprend est sa voracité : il lui faut par jour un taureau, un bélier, deux boucs et plusieurs sangliers. »

Le cardinal fut acquitté. Madame de Lamothe fut condamnée à être fouettée et marquée, et le fut en effet, et puis ensuite enfermée à la Salpêtrière[1]. Cagliostro fut banni de France ; il n'en partit pas toutefois au même instant. Il y demeura encore plusieurs mois caché à Villers-Cotterets et au Raincy... Il y a encore, il y avait du moins des traces encore assez frappantes du laboratoire dans l'appartement qu'il occupait au Raincy, et qui m'a été montré par une vieille femme employée à la lingerie, et qui vivait encore retirée à Bondy... Cette femme se rappelait que la nuit on faisait souvent des courses nocturnes aux flambeaux, et qui faisaient une extrême peur aux paysans de Bondy et des environs.

Quant à ce qui concerne mademoiselle Oliva et à sa ressemblance avec la Reine, ce n'est pas pour cette portion de l'ouvrage. Je dirai seulement que le cardinal fut exilé, malgré les efforts de la Reine, qui voulait une autre punition, à son abbaye de La Chaise-Dieu... Son ressentiment fut

[1] D'où elle s'échappa aidée de la supérieure elle-même. — Tout le monde fut contre la victime dans cette odieuse affaire, — et cette victime, c'était la Reine !...

terrible. Il prétendit toujours avoir été joué ; il avait peu d'esprit, et madame de Lamothe en avait beaucoup. Elle lui avait fait accroire que la Reine lui accordait sa confiance, qu'elle lui contait ses peines, ses joies. Ainsi madame de Lamothe se faisait conduire par le cardinal lui-même au bas de l'un des escaliers dérobés qui menaient chez la Reine, et là, elle le faisait attendre une ou deux heures ; puis elle descendait après avoir erré dans les corridors du château, et rapportait au cardinal une fleur — un ruban — une chose qui avait appartenu à la Reine, disait-elle, et elle l'abandonnait au cardinal, qui plaçait le gage sur son cœur, et qui faisait ainsi plus de niaiserie qu'un enfant à peine sorti de ses langes. — Lui, le cardinal, amoureux de la reine Marie-Antoinette !...

Cette affaire fut désastreuse pour la Reine : elle fut comme le dernier coup donné à cette renommée qui avait tant de rayons lumineux qui s'éteignaient autour d'elle... le Roi devait payer et se taire.

Quant au parti religieux, le cardinal lui fit un tort immense à cette époque, où les gens qui ne croyaient déjà guère ne demandaient pas mieux que de ne plus croire du tout... M. de Juigné fit une prière quotidienne pendant quarante jours, pour demander à Dieu de calmer sa colère et de retirer sa main de la nation qu'il aimait et qu'il abandonnait. J'ai connu un ecclésiastique qui était auprès de lui alors, et qui l'a vu pleurant au pied de l'autel de son oratoire, en priant pour le salut du cardinal...

— Tous les malheurs qui fondirent jadis sur Israel nous sont envoyés aujourd'hui. Oh! mon Dieu, disait le saint homme, sauvez-nous de nous-mêmes, Seigneur, sauvez-nous!...

Ce fut vers ce temps qu'eut lieu l'assemblée des notables. — Le clergé y était ainsi appelé :

L'archevêque de Paris, l'archevêque de Reims, celui de Narbonne, celui de Toulouse, celui d'Aix, celui de Bordeaux, les évêques de Blois, de Langres, de Nevers, de Rhodez et d'Alais. —

Une particularité très-peu connue, et que j'ai apprise il y a seulement quelques mois, c'est que lors de cette malheureuse affaire du collier, madame de Marsan reçut un homme qui lui apporta un pamphlet affreux contre la Reine, dans lequel étaient des lettres de Marie-Antoinette, à ce qu'il prétendait : elles étaient sans doute fausses comme les autres; mais elles étaient là, et la haine aussi. Madame de Marsan acheta le manuscrit et le brûla. L'homme s'appelait *Mariani :* il était Italien d'origine, mais Français; — il n'avait pas fait le pamphlet et le vendit cent louis. Madame de Marsan ne parla jamais de cette aventure; la Reine avait toujours été mal pour elle, comme pour toutes les vieilles dames de la Cour [1], et son ressentiment était aggravé par sa piété, qui était blessée chaque jour; mais cette même piété lui disait aussi de pardonner et de rendre le bien pour l'injure.

[1] J'ai été bien aise de rapporter ce fait dont je puis certifier la vérité et qui ne peut être qu'agréable à la famille de madame de Marsan, s'il reste d'elle quelqu'un qui lui tienne d'assez près pour cela.

SALON

DE

MME LA DUCHESSE DE MAZARIN.

Dans la galerie que j'ai entrepris de faire connaître, et où je fais passer tant de personnages, il me faut bien aussi faire comparaître les personnages ridicules qui toutefois marquaient dans cette société brillante et joyeuse, où les défauts étaient assez tolérés pour que les ridicules ne le fussent pas : car il fallait bien que le côté satirique de notre esprit s'exerçât sur un sujet, et nous n'étions pas encore assez méchants pour creuser profondément lorsqu'on voyait du mal à la surface... Nous sommes devenus moins difficiles depuis que nous ne rions plus : en sommes-nous meilleurs?...

Nous avons tous connu quelqu'un qui ressemblait à la duchesse de Mazarin; nous avons tous rencontré des femmes, et même des hommes, qui avaient de la beauté, de l'esprit, de la fortune, de la naissance, et qui, avec tous ces avantages, plaisaient moins que des gens laids, ennuyaient plus que des bêtes, avaient plus de privations que des pauvres et finissaient cette belle existence-là par être moins considérés que des gens sans naissance. Non-seulement nous en avons connu, mais nous en connaissons encore.

La duchesse de Mazarin était belle personne, mais immense, et disposant tellement de son gros individu que rien n'en était perdu pour la disgrâce. Par sa nature, elle avait habituellement le visage très-coloré [1]; dans les moments où il l'était le plus, elle mettait toujours une robe rose pâle ou bleu céleste. Sa manière de s'habiller n'était pas

---

[1] Hortense Mancini, nièce de Mazarin, épousa, en 1661, Charles-Armand de la Porte de La Meilleraie, fils du maréchal de ce nom, et lui porta les biens immenses de la maison de Mazarin. Elle mourut en 1699, laissant un fils qui hérita de cette fabuleuse fortune. Ce fils n'eut qu'une fille, qui à son tour fit entrer la riche succession des Mazarins dans la famille de Duras, d'où elle a passé par les femmes dans la famille d'Aumont, et puis dans celle des Matignons, ducs de Valentinois...

la partie la moins ridicule de sa personne... Son ameublement, qui était des plus magnifiques, était toujours en désaccord sur quelques points : aussi lui avait-on donné plusieurs surnoms pour la corriger de ses ridicules, si jamais on les connaissait. La maréchale de Luxembourg[1], dont le bon goût était reconnu, ne pouvait pardonner à madame de Mazarin ses continuelles gaucheries...

—Pauvre femme! disait la maréchale : elle a reçu tous les dons que les fées peuvent faire à une créature humaine; mais on a oublié de convier la méchante fée *Guignon-Guignolant*, qui l'a douée de tout faire de travers, même de plaire.

C'est aussi la maréchale de Luxembourg qui disait de madame de Mazarin dont on vantait l'extrême fraîcheur devant elle :

—Ah! vous trouvez qu'elle est fraîche? vous appelez cela de la fraîcheur, je le veux bien; seulement ne dites pas qu'elle est fraîche comme une rose... mais comme de la viande de boucherie...

Elle avait des diamants superbes. Un jour elle fit monter une paire de girandoles, mais d'une telle dimension que ses oreilles en étaient allongées d'un

---

[1] Duchesse de Boufflers en premières noces.

pouce... Ce fut ce soir-là que M. d'Ayen dit qu'elle ressemblait à un lustre.

Ses soupers étaient parfaits : elle avait les meilleurs cuisiniers de Paris, et les choses les plus rares y étaient admirablement employées; mais elle avait une singulière manie qui désolait M. de Lavaupalière : c'était de vouloir que les plats fussent tellement déguisés qu'on ne pût connaître ce qu'on allait manger. M. de Lavaupalière ne parlait jamais des soupers de la duchesse de Mazarin sans une sorte de colère fort amusante, parce qu'en résumé il convenait que ces soupers étaient excellents et surtout servis à merveille. Eh bien! on se moquait de ces malheureux soupers, parce que M. de Bièvre avait dit que la duchesse de Mazarin, étant trop grasse pour danser, ne donnerait plus de bal, mais des *soupers masqués*...

Elle avait de l'esprit avec tous ses ridicules et surtout son *guignon;* elle avait de l'esprit et écrivait fort bien : j'ai connu plusieurs personnes qui ont vécu dans son intimité et qui avaient d'elle des lettres charmantes. Elle passait pour méchante; mais n'y avait-il pas un peu de cette irritabilité d'humeur qui est excitée par une injustice incessante? Cela pourrait être...; cependant, de la manière dont je me représente la duchesse de Mazarin, elle ne devait pas croire qu'on se moquât d'elle.

Sa société était formée de tout ce que Paris avait alors de plus élégant et de plus élevé : on riait de ses fêtes, mais on y allait; et puis après tout, comme je l'ai dit plusieurs fois, la raillerie et les plaisanteries n'étaient jamais amères, jamais on n'était injurieux.

C'était l'hiver où le roi de Danemark vint en France. Tout ce que Paris renfermait de hautes positions s'empressa de donner les plus belles fêtes au roi voyageur; il était poli, gracieux, fort reconnaissant de l'accueil hospitalier de la France, et surtout fort émerveillé, je crois, du luxe de la France en le comparant à celui de la cour de Copenhague. Reçu par le Roi et toute la famille royale avec une magnificence étourdissante, qui doublait de prix par la bienveillance et la flatterie qui se mêlaient à la moindre fête, le roi scandinave se croyait pour le moins dans le palais d'Odin *son aïeul;* il était heureux surtout des louanges qu'on lui donnait et que son esprit traduisait encore à son avantage, comme on peut le croire, car il avait le malheur de très-peu comprendre le français, et le bonheur d'avoir une grande vanité; l'un de ses gentilshommes, qui lui racontait tout ce qui se disait dans les académies, dans les fêtes, lui exagérait encore les compliments déjà outrés qu'on lui faisait; et le Roi, la tête tournée de tant de flatteries¹, ne savait plus s'il y avait une différence entre lui et le grand Odin.

Dans le nombre des personnes qui lui donnèrent des fêtes, la duchesse de Mazarin ne doit pas être

---

¹ Il me faut raconter un trait qui fera juger de la moralité, comme honneur dans l'acception générale attachée à ce mot, de cette époque... Le prince de Conti donna une fête admirable au Temple, au roi de Danemark. Il y avait une quantité de femmes toutes plus parées les unes que les autres et couvertes de diamants. Celles qui n'en avaient pas assez en empruntaient ou en louaient chez leur joaillier. Madame de Brionne était, ce même soir, d'une magnificence achevée : sa robe était rattachée avec des nœuds de diamants et des fleurs en pierres précieuses... Sa robe n'avait été apportée qu'au moment de sa toilette, et ses femmes dûrent se hâter pour coudre les nœuds de pierreries et les fleurs... La robe était d'un velours nacarat très-épais, doublé de satin blanc... La difficulté de coudre dans cette étoffe fit que ses femmes posèrent les fleurs et les nœuds très-peu solidement... Au moment où la foule était le plus pressée, et comme on allait souper, plusieurs de ces nœuds et deux fleurs tombèrent sans que la princesse s'en aperçût. Elle ne le vit qu'à son arrivée dans la salle à manger, où la foule était si grande, qu'il fut impossible de retourner d'abord dans la grande galerie pour chercher les diamants. Lorsqu'on y fut, on retrouva non-seulement les nœuds, au nombre de trois, et les deux fleurs, mais l'un des nœuds ayant été écrasé sous les pieds, et les diamants s'étant échappés de la monture, on les retrouva *tous...* Sire, *ils étaient trois*

oubliée. Cependant elle n'y songeait pas : elle avait donné beaucoup de fêtes ce même hiver, et son constant malheur lui faisait redouter quelque nouveau ridicule... car elle sentait fort bien la valeur de tout ce qui lui arrivait.

Ses soupers particuliers étaient encore plus exquis que ceux des jeudis, qui étaient ses grands jours. Les autres jours de la semaine, elle n'avait chez elle que quinze ou vingt personnes qu'elle croyait ses amis, et dont la plupart l'étaient en effet.

Un soir des petits jours, elle vit arriver chez elle la maréchale de Luxembourg. La maréchale sortait peu, et quoique madame de Mazarin ne l'aimât pas parce qu'elle connaissait son mot sur elle, elle était polie et prévenante chez elle, et elle l'ac-

---

mille* ! et on peut bien dire ce mot; car pour ces sortes de bijoux, il faut des diamants d'un ou deux grains, ce qui fait appeler ces diamants de la *grenaille*. Eh bien ! on a tout retrouvé. Je n'accuse aucune époque ; mais je ne sais si aujourd'hui on serait aussi heureux que le fut madame de Brionne. Ce n'est pas madame Schickler, du moins ; car ayant perdu, chez le comte Jules de Castellanne, une perle du prix, dit-on, de quinze mille francs, il fut *impossible* de la retrouver. Cela me parut d'autant plus singulier, qu'une perle fine ne s'écrase pas facilement.

* Vers des *Templiers* de Raynouard.

cueillit avec une extrême bienveillance : on annonça successivement quelques habitués de la maison, comme le marquis de Lavaupalière, madame de Serrant [1], madame de Berchini, madame de Cambis [2], le comte de Coigny [3], le comte de Guines [4], M. le chevalier de Jaucourt, qu'on appelait *clair de lune*, parce qu'il avait en effet un visage rond, plein et pâle, et ne portait pas de poudre... et plusieurs autres habitués de l'hôtel Mazarin. La conversation tomba bientôt sur les fêtes données au roi de Danemark.

—Que comptez-vous faire? demanda la duchesse de Luxembourg à madame de Mazarin.

—Mais, répondit-elle, rien du tout. J'ai donné trois bals, un concert, des proverbes, et ma fête...

Ici elle s'arrêta parce que le souvenir de sa fête champêtre lui apparut comme un spectre...

—Ah! oui! dit madame de Cambis, votre fête villageoise... elle a mal tourné... quelle idée vous avez eue là aussi!

—Eh! mais, dit la duchesse de Mazarin, c'est

---

[1] Femme du gouverneur des pages de M. le duc d'Orléans (Montesson).

[2] Sœur du prince de Chimay et de madame de Caraman.

[3] Frère du duc de Coigny.

[4] Il fut depuis duc de Guines.

vous et madame de Luxembourg qui me l'avez conseillée!...

MADAME DE CAMBIS.

Je crois que vous vous trompez, madame la duchesse.

LA DUCHESSE DE MAZARIN.

Je vous assure que c'est vous.

LA MARÉCHALE DE LUXEMBOURG, avec assurance et froidement.

La duchesse a raison. C'est nous qui le lui avons demandé. Mais nous ne lui avions pas dit de lâcher des moutons dans son salon comme dans un pré... et quel salon surtout!

Et la maréchale jetait un regard moqueur sur d'immenses glaces placées dans des niches et occupant le lambris depuis le plafond jusqu'au parquet... Ces glaces étaient entourées d'une large baguette dorée... quelques-unes portaient encore des traces visibles de l'invasion moutonnière. Voici comment l'aventure s'était passée.

La duchesse de Mazarin, engagée par la maréchale de Luxembourg et madame de Cambis à donner sa fête champêtre, conçut la plus bizarre idée du monde. La maréchale lui avait donné celle d'une *fête villageoise;* au lieu de s'en tenir à cette seule intention, qui pouvait être bonne, elle imagina de faire garnir un cabinet, qui était au bout de son grand salon, de feuillage, de fleurs et d'arbustes; elle fit venir de la campagne une douzaine de moutons bien beaux et bien frisés; on mit les infortunés dans un bain d'eau de savon, on les frotta, on les parfuma, on leur mit des rubans couleur de rose au cou et aux pattes, et puis on les renferma dans une pièce voisine en attendant le moment où une des femmes de la duchesse habillée en bergère et un de ses valets de chambre déguisé aussi en berger devaient conduire le troupeau et le faire défiler en jouant de la musette derrière une glace sans tain qui séparait le cabinet du grand salon. Tout cela était fort bien conçu, mais toujours mal ordonné, comme c'était la coutume à l'hôtel Mazarin. Le malheureux troupeau devait avoir un chien; on ne se le rappela qu'au moment... et l'on alla prendre un énorme chien de garde à qui l'on fit subir le bain savonné des moutons, et puis ensuite pour commencer la connaissance on le fit entrer dans la chambre où étaient les moutons. Mais à peine eut-il mis la patte dans cette étable d'un nouveau genre, qu'étonné de cette société, le chien fit aussitôt un grondement si terrible, que les moutons, quelque pacifiques qu'ils fussent de leur nature, ne purent résister à l'effroi qu'il leur causa. Ils s'élancèrent hors de la chambre, et une fois les premiers passés on sait que les autres ne demeuraient jamais en arrière, et quoiqu'ils ne fussent pas les moutons de Panurge, ils n'en suivirent pas moins leur chef grand bélier, qui, ne sachant pas ce qu'il avait à faire, enfila la première porte venue, et cette porte le conduisit dans le cabinet rempli de feuillage, d'où il se précipita en furieux, suivi des siens, dans le grand salon, où la duchesse de Mazarin dansait de toutes ses forces, habillée à la bergère, en attendant la venue du troupeau... En se trouvant au milieu de cette foule, le bruit, les lumières, mais surtout la vue de ces autres moutons qui les regardaient tout hébétés, rendirent les vrais moutons furieux; le bélier surtout attaqua le bélier ennemi et cassa de sa corne une magnifique glace dans laquelle il se mirait... les autres moutons se ruèrent sur les femmes en voulant se sauver et augmentèrent tellement le trouble, qu'on aurait cru que l'hôtel Mazarin était pris d'assaut... les cris forcenés de toutes ces femmes dont les robes déchirées, les toilettes en désordre, étaient le moindre inconvénient, plusieurs d'entre elles ayant été terrassées par les moutons et fort maltraitées. Enfin tous les valets de chambre et les valets de pied de la maison s'étant mis en chasse, on parvint à emmener le malencontreux troupeau... Il commençait à s'en aller avec assez d'ordre, lorsque le chien qui avait conquis *l'étable* et en était paisible possesseur s'avisa de venir voir aussi la fête : à l'aspect de sa grosse tête, les moutons se sauvèrent de nouveau avec furie; mais cette fois ce fut dans le jardin : là, une sorte de folie les prit, et pendant une heure la chasse fut inutile, on n'en pouvait attraper aucun... Je laisse à penser quelle agréable fête madame de Mazarin donna à ses amis... Le lendemain, il y eut mille couplets sur elle et sur sa fête champêtre; on la chanta sur tous les tons, et elle fut un texte abondant pour les noëls de l'année[1]... Telle était la fête que rappelait la maréchale de Luxembourg... On doit croire que le souvenir n'en était pas agréable à madame de Mazarin.

— Ma foi, dit le marquis de Lavaupalière, je ne vois pas pourquoi madame la duchesse ne donnerait pas à S. M. danoise un très-beau dîner, après lequel il ferait une partie de pharaon ou de quinze.

LE CHEVALIER DE JAUCOURT.

Non, non, un bal !... un bal....

---

[1] A cette époque c'était la mode de faire des noëls sur tout ce qui se passait dans la société : ils étaient toujours méchants.

LE COMTE DE COIGNY.

Mais il ne danse pas.

LE CHEVALIER DE JAUCOURT.

Qu'est-ce que cela fait?... nous danserons pour lui.

LA DUCHESSE DE MAZARIN.

Il faut trouver quelque chose qui l'amuse... lui a-t-on donné la comédie quelque part?

LA MARÉCHALE DE LUXEMBOURG.

Eh quoi! voulez-vous jouer la comédie?...

LA DUCHESSE DE MAZARIN.

Quelle idée! non pas moi bien certainement; je n'ai jamais eu de mémoire... une fois en ma vie j'ai été obligée de réciter par cœur un compliment à ma grand' mère, j'ai failli en perdre la tête... non, non, je ne jouerai pas, moi; je lui donnerai mieux que cela.

MADAME DE CAMBIS.

Qui donc?

LA DUCHESSE, en souriant.

C'est mon secret...

MADAME DE CAMBIS, tout bas à la maréchale.

Devinez-vous?

LA MARÉCHALE, sur le même ton.

Non, mais je suis tranquille; nous lui avons mis une fête à la main; laissons-la faire et nous rirons bien...

M. DE LAVAUPALIÈRE, qui a entendu la maréchale.

Savez-vous que vous n'êtes pas bonne?

LA MARÉCHALE lui tend la main en souriant.

C'est une malice.

M. de Lavaupalière baisa la main de la maréchale, et puis s'en alla en chantonnant je ne sais quelle chanson!... habitude qu'il a toujours conservée et à laquelle il ne manquait pas lorsqu'il se trouvait dans une position qui ne l'amusait pas, ou bien qui l'amusait beaucoup...

Quant aux autres personnes présentes, aucune n'avait un intérêt de méchanceté à ce que madame de Mazarin donnât sa fête; une fois donc qu'elle fut résolue, les femmes agitèrent la grande question de leur toilette. Madame la comtesse de Brionne, dont la beauté était sévère et parfaitement calme, dit qu'elle aurait un habit d'étoffe d'or broché de vert qu'on lui avait envoyé de Lyon. Madame de Cambis était fort laide, marquée de petite vérole, mais sa tournure était belle et distinguée ; elle avait surtout une grande aisance dans son port de tête et dans sa démarche... elle était encore une femme jeune, à cette époque où trente ans n'étaient pas la vieillesse ; elle déclara qu'elle mettrait un habit de satin couleur de rose broché d'argent... et comme elle avait surtout une parfaite confiance en elle-même, elle ne s'aperçut pas des rires qui éclataient sous l'éventail autour d'elle.

Le marquis de Lavaupalière était un homme excellent, sans aucun inconvénient d'esprit, mais aussi sans aucune supériorité. Il était bon, doux de caractère et fort sociable, connaissant plus que personne ce protocole du monde d'après lequel se régissait la société, mais sans apporter à cela plus de prétention qu'au reste. Il était grand joueur, beau joueur ; et si on lui avait dit de donner une fête au roi de Danemark, il aurait commencé par le jeu de l'hombre et aurait fini par celui du pharaon, jeu le plus à la mode alors : du reste, sans aucune amertume dans l'esprit. Homme de qualité et distinction et vivant dans le plus grand monde, il avait des souvenirs plus vifs que beaucoup de personnes de cette même époque, et il était bien amusant à entendre, surtout quand il parlait du mérite de telle ou telle maison, suivant celui du cuisinier ou du maître d'hôtel de cette maison. Aussi madame de Mazarin était pour lui la femme la plus remarquable qui eût paru sur la scène du monde depuis Louis XIV. Seulement il reprochait à son cuisinier de trop *déguiser* les plats; le fait est que c'était une *espièglerie* de la duchesse, qui lui réussissait comme les autres ¹...

La fête eut lieu; madame de Mazarin résolut pour cette fois de conjurer le sort : car elle comprenait bien qu'il y avait plus que de la fatalité dans cette continuelle chance de malheur. Cette fois, elle se dit que sa fête serait belle, et, en effet, les préparatifs, que tout le monde allait admirer,

---

¹ Il avait beaucoup connu mon père et ma mère avant la Révolution. Quant à moi, charmé de me retrouver, il m'eût peut-être bientôt oubliée, parce que je ne me souciais guère de savoir comment mon dîner s'organisait, et que je ne distinguais pas la dame de pique de la dame de cœur. Mais un jour il reconnut mon cuisinier en mangeant une tête de veau en tortue... Depuis ce moment-là je ne puis exprimer jusqu'à quel point son amitié pour moi fut portée! Il n'a jamais manqué un de mes dîners du mardi, jour destiné par Harley, mon cuisinier, à faire briller son talent culinaire. M. de Lavaupalière s'arrêtait devant la cuisine et demandait toujours à Harley le menu du dîner. Il mangeait en conséquence, et refusait ou acceptait en raison de ce qui devait être servi. Je me rappelle qu'un jour il était souffrant

surprenaient par le bon goût et surtout l'entente
générale qui unissait toutes les parties... La duchesse avait demandé à Gluck de lui organiser un
beau concert, et les talents les plus remarquables
furent désignés pour jouer et pour chanter devant
le roi de Danemark... L'hiver était à sa fin, il y
avait en ce moment cette abondance de fleurs
printanières qui rappellent chaque année les beaux
jours de celle qui vient de passer, et toujours avec
de doux et bons souvenirs... Les appartements de
l'hôtel Mazarin étaient ornés avec une magnificence de bon goût qu'on ne leur connaissait pas,
et qui, certes, faisait bien oublier les moutons et
le chien de Terre-Neuve... La duchesse de Mazarin, éblouissante de parure et de beauté, car elle

d'une attaque de goutte, qu'il augmentait par son détestable régime de vin de Champagne et de veilles. Mon médecin alors était le fameux Thouvenel, le *mesmériste* ou le
mesmérien. Il était goutteux et gourmand comme M. de Lavaupalière ; il était assis près de lui et le sermonnait en avalant
son vin de Sillery frappé et du soufflé de gibier parfait. Thouvenel, homme fort habile, était aussi et même plus malade
que Lavaupalière, et tout aussi gourmand. Il était grand
partisan de Mesmer, et homme fort spirituel et fort entendu, quoique à système. Il a été longtemps mon médecin.
C'est sa mort seule qui m'a fait prendre un autre docteur.
Thouvenel mourut d'une apoplexie séreuse, en 1812. Ce
fut alors que je pris Portal.

était vraiment belle, étincelante de fraîcheur surtout; la duchesse de Mazarin attendait son royal convive avec une confiance en elle-même qu'elle n'avait pas eue depuis bien long-temps. Ses précautions avaient été si bien prises!... Bientôt ses salons se remplirent de tout ce que Paris avait de noms illustres, et de tout ce que les cours étrangères nous envoyaient!... Enfin, on vint avertir la duchesse que le Roi arrivait; elle courut au-devant de lui, et le conduisit ou plutôt fut conduite par lui jusqu'à la salle du concert, où deux cents femmes extrêmement parées, éblouissantes de l'éclat des diamants, étaient assises par étages dans un magnifique salon, dont les lambris n'étaient que glaces entourées de riches baguettes dorées. Une profusion de fleurs et de bougies complétait l'enchantement.

Le Roi aimait et connaissait la bonne musique. Qu'on juge de l'effet que dut faire sur lui ces chants de Géliotte!... ce concert organisé et conduit par Gluck lui-même : il était dans un tel contentement qu'il ne cessait de répéter que *jamais*, *jamais* rien de si beau n'avait été entendu. La duchesse était si heureuse qu'elle en avait les larmes aux yeux... la pauvre femme était si peu accoutumée à un succès en quoi que ce fût!...

— Mais tout cela n'est rien, disait-elle à demi-voix à quelques-unes de ses amies!... tout cela n'est rien!... vous entendrez tout à l'heure... patience... patience!...

Le concert terminé, la duchesse se lève et demande au Roi s'il plaît à Sa Majesté de passer dans la salle de spectacle...; le Roi lui donne la main, et toute cette belle compagnie prend place dans une charmante salle arrangée par les architectes de la duchesse, sur ses dessins et d'après ses ordres... Le rêve magique continuait et redoublait même de prestiges; tout le monde disait : Mais, mon Dieu! qu'est-il donc arrivé à la fée *Guignon-Guignolant?* elle s'est donc raccommodée avec la duchesse?... La maréchale de Luxembourg et madame de Cambis étaient les seules qui ne paraissaient pas satisfaites.

— Il n'y a pas de plaisir, disait la maréchale... on s'amuse!...

Que dirait-on de nos jours si l'on voyait arriver à Paris un roi de Danemark qui ne sût pas la langue française!... On lui dirait d'abord de rester chez lui... et puis on le trouverait aussi par trop Scandinave, et il ennuierait après avoir été bafoué. Dans ce temps-là il n'en était pas ainsi : un roi parlait bien, même en danois; on tenait pour bon tout ce qu'il faisait, tout ce qu'il disait... C'était un bon temps, il faut en convenir!... pourquoi donc n'a-t-il pas toujours duré? Je préfère, en vérité, ce sommeil apathique et presque stupide à ces rouages continuellement montés à une telle hauteur que bien souvent la corde casse, et presque toujours avant d'avoir rendu un son et surtout formé un accord.

Sa Majesté danoise parlait donc extrêmement mal la langue française ; il avait, outre son service d'honneur attaché à sa personne par le roi de France, un gentilhomme danois qui parlait français comme s'il fût né dans la rue Saint-Dominique... Tant que ce gentilhomme danois était là, la conversation ne *chômait* jamais... ; mais si, par malheur pour son prince, il s'éloignait ou était absent, alors l'horizon se brouillait ; la fée Guignon sut cela et ne le manqua pas...

Il y avait alors à Paris un homme qui attirait la foule sous sa *carapace* bariolée[1], comme Le Kain

[1] Le plus fameux arlequin que nous ayons eu en France. Ce nom d'arlequin est d'une origine obscure sur laquelle M. Court de Gébelin a jeté quelque lumière et que nous connaissons davantage en Italie. Son origine vient du mot *lecchino* (friand, gourmand). De *lecchino*, *il lecchino*, on a fait *allecchino*, et de là, chez nous, on a bien vite dénaturé et fait *arlechino*. Carlin portait un masque noir sur le visage, dont la forme écrasée a fait donner le nom de *carlin* aux chiens qui ressemblent à ce masque... Carlin improvi-

sous son costume de Gengis-khan, comme les passionnistes se crucifiant à qui mieux mieux : cet homme, c'était Carlin Bertinazzi. Carlin était une notabilité mimique des plus à la mode à cette époque dont nous nous occupons maintenant. La duchesse de Mazarin, qu'il amusait beaucoup, présuma que le Roi, son hôte, s'en amuserait aussi, et voilà quel était le grand secret qu'elle avait si bien gardé : elle avait fait venir Carlin et lui avait dit, sans autre explication, qu'elle voulait avoir une de ses plus jolies pièces, et surtout celle dans laquelle il jouait le mieux ; du reste, ne parlant pas plus du roi de Danemark que s'il eût été à Copenhague, parce qu'elle se disait qu'elle suffisait bien à elle seule pour engager Bertinazzi à bien jouer...

Carlin, prévenu de cette manière, se dispose à jouer de son mieux, et pour atteindre mieux son but, il joue Arlequin *barbier paralytique* : il paraît que dans cette pièce il était vraiment le plus amusant du monde et le plus *mime*. La duchesse avait fait prendre des informations et savait que le roi de Danemark ne connaissait ni Carlin ni la pièce...

sait une grande partie de ses rôles. M. de Florian a écrit pour lui *les Deux Billets, la Bonne Mère, les Deux Jumeaux de Bergame*, etc., etc.

Or maintenant, il faut savoir, pour l'explication de ce qui va suivre, que le roi de Danemark, qui, ainsi que je l'ai dit, *parlait très-peu* le français, avait été accoutumé depuis son arrivée en France à recevoir non-seulement à la porte des villes, mais de tous les palais, des harangues et des compliments les plus absurdes et les plus exagérés, et était si habitué à entendre son éloge lorsqu'on parlait devant lui, que, pour n'être pas en retard, à peine ouvrait-on la bouche qu'il se levait et saluait... Il était de plus extrêmement poli : qu'on juge des révérences !....

Carlin était inimitable dans ce rôle d'Arlequin barbier... Ce soir-là, il se surpassa... tout ce qu'il disait était si drôlement tourné, ses *lazzis* étaient si comiques, que les acclamations partaient en foule à chaque mot qu'il disait[1]. La première fois, le roi de Danemark se tourna vers la duchesse en s'inclinant d'un air pénétré et d'un air presque modeste : il commençait à trouver la flatterie agréable... on s'y habitue si bien !...

[1] Autrefois on n'applaudissait jamais devant le Roi ou quelque prince de la famille royale. Cette recherche de politesse et d'étiquette, qui existait pour établir la différence qu'il y avait entre les acteurs publics et ceux de société, avait surtout lieu dans toutes les comédies de société.

La duchesse crut d'abord que le Roi lui disait que Carlin jouait bien, et comme elle était chez elle, qu'elle donnait la comédie au Roi, elle se crut solidaire du talent de Carlin et prit à son tour une physionomie de modestie convenable pour la circonstance... Le fait est que Sa Majesté danoise croyait que la pièce que jouait Carlin était une pièce faite à sa louange, comme tous les prologues dans les fêtes qu'on lui avait données au Temple, au palais Bourbon et à Versailles : ainsi donc, chaque fois que Carlin excitait un vif mouvement de plaisir parmi les spectateurs, le Roi s'inclinait du côté de madame de Mazarin pour la remercier. La méprise était d'autant plus facile ce jour-là que Carlin avec ses *lazzi* et ses mots à double sens devait être inintelligible pour le roi danois, qui déjà n'était pas fort habile pour comprendre le français de Voltaire, lorsque Le Kain le jouait... Pendant quelque temps la duchesse de Mazarin fut, elle aussi, dupe des saluts du Roi; mais les éclats de rire étouffés de la maréchale de Luxembourg, de madame de Cambis, de madame Dhusson[1], l'aver-

---

[1] Madame Dhusson était belle-sœur de M. de Donézan ; elle était redoutée dans le monde parce qu'elle racontait bien et qu'elle était toujours instruite de toutes les histoires scandaleuses ou qui prêtaient à rire : ce qu'elle ne manquait pas de redire.

tirent qu'il y avait quelque chose qui allait mal. Jusque-là aucune d'elles n'avait ri, la fête allait donc bien : la duchesse de Mazarin les connaissait!...

Mais la chose prit un caractère tout-à-fait comique à mesure que le Roi voyait avancer la pièce. Jusqu'aux deux ou trois premières scènes, les compliments lui avaient paru tout naturels : on lui en avait fait autant au Palais-Royal, et partout où la comédie avait été jouée en son honneur; mais ici la chose se prolongeait tellement, à ce qu'il jugeait au moins par les bravos multipliés et les acclamations du public, enfin sa reconnaissance pour madame de Mazarin devint si vive, que quelquefois il se tournait vers elle en joignant les mains et répétant d'un ton pénétré :

—Madame la duchesse!... c'est trop de bonté!... je suis confus!... vraiment... je ne sais comment m'exprimer!...

Tant que la duchesse ne vit que les révérences du Roi, cela alla bien; mais quand la pauvre femme comprit que le descendant d'Odin prenait Carlin pour une *Walkyrie* déguisée, au lieu d'en rire au-dedans d'elle-même, elle se désola de la chose, et ne répondit plus au Roi qu'avec un visage sur lequel on aurait plutôt trouvé l'expression de la désolation que celle de la maîtresse du palais enchanté où se donnait la fête... La duchesse avait reconnu la traîtresse *Guignon-Guignolant* au passage, et au lieu de la laisser aller, et rompre ainsi la chance, elle l'avait rattrapée par l'oreille... : elle aimait à être malheureuse.

Le fait est qu'elle fut au supplice tout le temps que dura ce malencontreux spectacle!... elle en hâtait la fin de tous ses vœux; mais cette fin ne devait pas être celle de ses ennuis. Lorsqu'on fut de retour dans le salon, Sa Majesté danoise, dont la parole n'était pas le côté brillant, comme on sait, lorsqu'il ne parlait pas allemand ou danois, avait un sujet de conversation tout trouvé, et il ne le voulait pas lâcher : aussi ne cessa-t-il pas de remercier la duchesse de la charmante pièce qu'elle avait eu la bonté de faire jouer, et se tournant vers les deux femmes qui étaient le plus près de lui, et qui étaient madame la maréchale de Luxembourg et la comtesse de Brionne, il les remercia spécialement, ainsi que toutes les dames présentes, de la bienveillance avec laquelle elles avaient bien voulu applaudir et accueillir des louanges qu'il était loin de mériter; madame de Brionne, toujours calme, toujours *recueillie dans sa beauté,* comme disait madame de Sévigné de la maîtresse de M. de Louvois, ne répondit que par une inclination respectueuse; mais madame de Luxembourg n'eut pas autant de patience : elle s'inclina aussi très-respectueusement au remerciement du Roi, mais ce ne fut pas en silence, et elle lui dit avec une inflexion de voix qui devait le tromper :

— Votre Majesté est trop indulgente... il n'y a vraiment pas de quoi...

Le Roi sourit d'un air modeste et, relevant la balle, dit à son tour :

— Que vous êtes bonne !

— Sire, répondit la maréchale, c'est la première fois qu'on me le dit.

LES MATINÉES

DE L'ABBÉ MORELLET.

Quoique la description de ces matinées nous reporte à un temps un peu plus reculé que l'époque où nous sommes parvenus maintenant, je veux cependant en parler, parce que la plupart des personnages qui figurèrent dans les matinées de l'abbé Morellet ont été connues de tout ce qui existe aujourd'hui, et qui n'a pas même un âge très-avancé, soit effectivement, soit par tradition. Ainsi, j'ai beaucoup connu et même assez intimement l'abbé Morellet lui-même, madame Pourah, Suard, madame Suard, M. Devaisnes, madame Devaisnes, La Harpe et l'abbé Delille. Ma mère était liée avec M. de Chastellux, et toute la société musicale d'alors. Tous ces personnages-là sont particulièrement connus de toute la génération qui passe aussi, mais dont les souvenirs sont encore assez actifs pour prendre part à ce que fait éprouver un nom rappelé au souvenir de l'esprit et du cœur... Plus tard, peut-être, j'aurai le regret de venir pour la tradition laissée aux enfants de ceux qui ont vu et connu ceux dont j'ai à parler.

L'abbé Morellet, avant le mariage de sa nièce avec Marmontel, avait avec lui sa sœur et la fille de cette sœur... Cette famille donnait un grand charme à son intérieur en lui facilitant l'admission des femmes de ses amis dans son salon. C'est ainsi que madame Saurin, madame Suard, madame Pourah, ma mère, madame Helvétius, allaient chez l'abbé Morellet et rendaient ses réunions agréables, tandis que sans elles elles n'eussent été que des assemblées pour discuter quelque point de littérature bien *ardu* ou sujet à des querelles sans fin. Les femmes sont plus que nécessaires à la société : car elles y portent la chose la plus utile pour l'agrément de la vie dans la causerie. Avec des femmes, on est presque sûr que le temps qui s'écoulera sera rempli par la conversation et par une discussion douce et aimable... Il n'y aura rien d'amer, et les hommes eux-mêmes seront maintenus dans des bornes qu'ils ne franchiront pas... Mais je me laisse entraîner par le charme de mes souvenirs !... Je parle ici comme j'aurais parlé avec les hommes et les femmes de l'époque que je retrace : je ne pensais plus que maintenant les femmes, loin de maintenir les hommes dans des limites toujours convenables, sont les premières à élever une dispute et à chercher comment elles auront raison... Si c'est en criant plus fort que l'homme avec lequel elles disputent, elles ne délaisseront pas ce moyen, et il sera employé au grand scandale de beaucoup de personnes présentes et à l'ennui général de tout le monde.

L'abbé Morellet avait des réunions qui étaient les plus charmantes peut-être qu'il y eût alors à Paris. Elles se composaient d'hommes et de femmes de lettres et d'artistes distingués, de femmes et d'hommes de la haute société, comme les Brienne, tous les jeunes Loménie, les Dillon, le marquis de Carraccioli, ambassadeur de Naples, l'abbé Galiani; plusieurs personnes de la même qualité et dans les mêmes opinions étaient le fond de ces réunions vraiment charmantes, et qui faisaient dire à l'étranger qui avait passé quelques mois à Paris : « C'est la première ville du monde comme ville de plaisirs et surtout pour ceux si variés de la société intime. »

L'appartement de l'abbé Morellet donnait sur

les Tuileries et recevait le soleil du midi. Cette exposition gaie et toute lumineuse contribuait à rendre le salon et la bibliothèque où l'on se réunissait plus agréables encore à habiter. La vue des beaux marronniers des Tuileries, le calme qui à cette époque entourait encore ce beau jardin, doublaient l'agrément de la bibliothèque de Morellet, l'une des plus vastes et des mieux composées des bibliothèques de Paris.

C'est là qu'au milieu d'une paix profonde, dans une sécurité parfaite d'esprit et de cœur, on entendait les sons d'une ravissante musique... Piccini, se sauvant des querelles et des combats même que lui livraient les Gluckistes, arrivait tout essoufflé quelquefois chez Morellet et disait, en se jetant dans un fauteuil et s'essuyant le front :

— Je ne veux plus faire un accord !... Je pars pour l'Italie !... et avant mon départ, je ne veux pas même entendre un son !

— Et vous êtes un homme de grand sens, lui disait Marmontel... Certainement il ne faut pas jeter à des indignes des sons ravissants faits pour le Ciel...

— Hum ! disait Piccini en se levant et se promenant toujours en colère... Certainement que je ne veux plus travailler pour la France ! Ils me préfèrent Gluck... N'est-ce pas qu'ils me préfèrent Gluck?...

Et cette question était faite avec une amertume qui ne peut être comparée qu'à celle d'une voix parlant d'un autre talent bien admirable comme le sien... mais qui, par cette raison, lui fait ombrage.

Marmontel connaissait Piccini, et dans ce même instant ils faisaient ensemble le bel opéra de *Roland*. Marmontel avait refondu le poëme de Quinault et en avait fait véritablement une belle chose. Il ne voulait pas que Piccini se fâchât, et conséquemment il entreprit de le calmer. Il fit signe au marquis de Carraccioli, ambassadeur de Naples, et dit sans affectation :

— Piccini, sais-tu que la Reine a chanté l'autre jour le bel air de Didon ?

— Lequel? demanda Piccini avec une naïveté d'auteur toute charmante.

On se mit à rire... Il rit aussi, ne sachant pas le sujet de l'hilarité générale... Pour lui tous les airs de Didon étaient beaux...

— Celui de Didon à Énée :

> Ah! que je fus bien inspirée
> Quand je vous reçus dans ma cour!

Et Marmontel chantait le morceau à contre-sens pour faire plus d'effet sur Piccini.

— Eh non! eh non! ce n'est pas cela... *Corpo d' Apollo!... Carino!... non è questo per Diavolo!... Ecco, ecco... senti... senti...*

Et voilà Piccini s'établissant au piano et chantant avec une mauvaise voix d'auteur, mais avec l'âme du compositeur, ce ravissant morceau de Didon, qui, en effet, est vraiment beau et l'est encore aujourd'hui.

— Est-ce ainsi que Sa Majesté le chante? demanda Piccini avec un regard inquiet, qui allait chercher la réponse dans le plus intime de l'âme...

— Un peu moins bien, répondit Carraccioli, croyant faire merveille.... et pensant ensuite à autre chose...

— Ah! mon Dieu! s'écria Piccini... moins bien que.....

Mais alors elle l'a donc très-mal chanté! car enfin je chante mal, monsieur le marquis!... je chante très-mal!...

La détresse de Piccini était comique; il croyait d'abord que la Reine avait chanté son grand air, ayant son manteau royal, la couronne en tête et le sceptre en main, comme on voit les reines habillées dans les jeux de cartes[1]... Il fallut lui dire enfin

---

[1] Piccini avait une ravissante naïveté de caractère, et surtout une ignorance des premiers usages de la vie, qui était

que la Reine avait chanté son air de Didon chez madame de Polignac, à souper, ayant une simple robe blanche faite en lévite, et qu'il n'y avait de présent que le duc et la duchesse Jules, le baron de Besenval, madame de Bréhan, madame de Châlons, le duc de Coigny, MM. de Durfort, M. de Dillon, quelques intimes, entre autres *M. le comte de Fersen...*

Marmontel prononça ce nom le dernier et avec une certaine volonté d'être compris; mais Piccini n'y donnait pas la moindre attention, et pour lui, sa pensée dominante était que la Reine avait probablement été mal accompagnée et qu'alors elle avait mal chanté.

— Mais elle chante faux, lui dit enfin Marmontel, et puisqu'il faut vous le dire, elle ne se serait pas fait accompagner par vous si vous aviez été dans la chambre.

—Ah! ah!...

Et Piccini ouvrit de grands yeux.

— Ah! je conçois! monsieur le chevalier Gluck!

— Non, non! Gluck n'aurait pas été plus heureux que vous, mon cher maître; Sa Majesté voulait s'accompagner elle-même, et chanter l'air de

vraiment amusante. Aussi, ses amis le mystifiaient, et souvent : il était très-bon.

Didon pour faire connaître notre belle poésie à M. le comte de Fersen.

— Comment, dit Piccini très-piqué, vous croyez que la musique n'est pas *tout* à votre grand opéra!...

— Oh! tout! dit Marmontel très-choqué à son tour... elle y est certainement pour beaucoup, mais enfin elle n'y est pas *tout* non plus, et je parie qu'avant-hier, lorsque la Reine a chanté l'air de Didon, les paroles étaient tout pour elle... j'en appelle à ces messieurs...

Tout le monde s'inclina. Piccini fut confondu... et l'abbé Delille, devant qui La Harpe me racontait l'histoire, lui rappela que Piccini eut un moment les larmes aux yeux. L'abbé Arnaud, grand prôneur de Gluck, et que, pour cette raison, Piccini détestait avec toute la cordialité napolitaine, se mit de la partie, et comprenant la malice de Marmontel, qui ne voulait qu'inquiéter Piccini, il enchérit sur ce qui était déjà fait, et parlant encore des *dilettanti* dont il était l'oracle dans le *Journal de Paris*, il effraya Piccini de toute la lourde solennité de sa critique. M. Suard, dont la douceur exquise, la délicatesse de procédés, l'esprit, le goût et la raison éclairée, faisaient un homme comme on en voudrait bien retrouver aujourd'hui et dont la mission toujours conciliante était de ramener la paix là où il voyait le trouble ; M. Suard alla vers Marmontel, lui dit un mot, et tous deux s'approchant de Piccini, ils lui parlèrent un seul instant tout bas. A peine Piccini eut-il compris ce que lui disaient Marmontel et Suard, qu'il se prit à rire d'une si étrange façon que les spectateurs rirent avec lui.

— Et moi qui ne comprenais pas! répétait-il, enchanté... Et il se promenait en chantant avec une voix de tête pour imiter la voix de femme.

— Soyez tranquille, lui dit Suard, je vous ferai accompagner votre belle partition de Didon à la Reine elle-même, chez madame de Polignac... Je connais un moyen sûr, et je l'emploierai.

— Ah! dit Piccini avec un accent douloureusement comique... le chevalier Gluck parle allemand!...

— Eh! quelle langue voulez-vous qu'il parle? s'écria le chevalier de Chastellux... je vous le demande à vous-même...

Piccini était toujours rejeté bien loin hors de sa route avec des apostrophes comme celles du chevalier de Chastellux. Il le regarda d'abord avec une certaine expression, qui disait qu'il lui voulait répondre ; mais il faisait plus aisément un accord qu'une phrase, et il se contenta de sourire en disant :

—*Certo, certo, ha ragione... sempre ragione.*
Le fait est que la seule chose qu'il comprenait dans la
phrase du chevalier de Chastellux[1], c'était le ton
de la voix montée à la colère... Pour Piccini,
tout était harmonie, même le langage. Ce qu'il entendait par le regret qu'il témoignait de ne pas
parler allemand, c'est que, la Reine étant Alle-

---

[1] Le chevalier de Chastellux, depuis marquis de Chastellux, était attaché à M. le duc d'Orléans. C'était non-seulement un homme supérieur, mais un homme parfaitement
aimable dans le monde. Il avait de la grâce dans la diction
et du charme dans sa manière de conter. Il faisait de jolis
vers, et j'en citerai de lui, à l'article du salon de madame
de Genlis, qui montreront ce qu'il savait faire en ce genre.
Il avait une belle âme et une noblesse de pensée et de volonté qui formaient un étrange contraste avec un caractère
peu prononcé. Il était simple de manières, et sa conversation
eût été particulièrement aimable s'il n'avait eu la manie de
faire des pointes et des calembours sur chaque mot qu'on
disait. Lorsque cette manie avait une trêve, alors il était
lui-même et d'une grande amabilité. Ma mère, qui l'a beaucoup connu et l'aimait fort, mais dont l'esprit charmant
l'était surtout par sa grâce naïve et simple, ma mère ne pouvait quelquefois tolérer la façon *de causer* du marquis de
Chastellux. Il épousa miss Plunket, une Anglaise, qui, depuis, fut attachée à madame la duchesse d'Orléans. Madame
de Chastellux était remarquablement aimable, et une personne recommandable comme femme, comme mère et comme
amie.

mande, Gluck avait par là un grand avantage sur lui... Le chevalier de Chastellux le savait bien ; il était lui-même admirateur passionné de Piccini, et avait poussé sa prévention jusqu'à dire que Gluck *n'était qu'un barbare...* et cela à propos de l'*Alceste* et de l'*Iphigénie*. Certes j'apprécie Piccini, mais j'admire Gluck et ne puis ici être de l'avis du marquis de Chastellux...

Cette querelle entre les *piccinistes* et les *gluckistes* avait eu pour chefs de parti d'Alembert dans l'origine, l'abbé Morellet, Marmontel, le chevalier de Chastellux, La Harpe, pour Piccini ; et l'abbé Arnaud et plusieurs autres pour Gluck... Quand on veut revoir sans partialité tous ces jugements à peu près stupides, rendus cependant par des hommes d'esprit, mais sur un objet qu'ils ne comprenaient pas, on est bien modeste en recevant quelquefois une louange qui vous est donnée par l'inattention ou la complaisance, et l'on est d'autre part bien peu affecté d'une critique qui n'a pas plus de base pour s'appuyer. C'est ainsi que La Harpe dit dans sa correspondance littéraire (1789) :

« On vient de donner à l'Opéra *Nephté,* reine d'Égypte, d'un Alsacien nommé Hoffmann, auteur de quelques petites poésies éparses et dispersées dans quelques journaux, et d'un opéra de *Phèdre* où il a eu le noble courage de défigurer un chef-d'œuvre de Racine; dans Nephté, c'est *Mérope* qu'il lui a plu de mutiler cette fois... La musique est d'un nommé *Lemoine*... DURE ET CRIARDE, COMME CELLE D'UN DISCIPLE DE GLUCK!... mais comme ce genre de musique est encore à la mode, Nephté a réussi. »

La musique de Gluck *dure et criarde!*... voilà donc comment M. de La Harpe raisonne quand il parle musique; il est à peu près aussi conséquent avec le bon goût en parlant peinture. J'ai une grande peur qu'à mesure que le temps dévoilera la science de M. de La Harpe, elle ne nous paraisse ce qu'elle est en effet, une humeur âcre et malveillante sur tout ce qui ne sort pas de sa plume ou bien de celle de ses disciples; et la critique en effet peu raisonnable qu'il fait d'une foule d'ouvrages dans le siècle dernier prouve que cet homme n'était que haineux et surtout envieux. Mais pourquoi l'était-il de Gluck? me dira-t-on. Pourquoi? parce que c'était un homme sur la tête duquel tombaient des couronnes, et M. de La Harpe les voulait toutes pour lui... il louait Piccini parce qu'il savait bien que Piccini aurait quelques louanges, mais jamais de couronnes... il accordait la médiocrité, et ne pardonnait pas au génie!...

Ces querelles de Gluck et de Piccini ont été d'une grande gravité en France, en ce qu'elles ont agité la société et l'ont divisée. Elles ont été chez nous comme précurseurs des querelles politiques, et grondaient encore lorsque le premier coup de tonnerre annonçant les troubles de la France retentit sur nos têtes !... Gluck, arrivé à Paris en 1774, donna son dernier opéra, *Écho et Narcisse*, pauvre et triste composition pour un si grand maître, en 1780, et laissa inachevé le bel ouvrage des *Danaïdes*, que Saliéri, son élève bien-aimé, finit après le départ de Gluck. Telle était, au reste, la rage forcenée des deux partis, que souvent on les a vus se prendre de querelle assez follement pour en venir à de graves attaques, et même aux mains. La société perdait déjà de son urbanité dans la discussion, et les disputes commençaient. Un matin, chez l'abbé Morellet, il y avait beaucoup de monde, et entre autres les plus hauts partisans des deux partis... Mais, chez lui, les piccinistes y devaient être en force. L'abbé Arnaud, qui alors rédigeait le *Journal de Paris*, était presque le seul déterminé gluckiste, avec Suard... Il y avait de l'orage autour des deux noms fameux, et l'abbé Arnaud le savait bien.

Marmontel s'était, pour ainsi dire, associé à Piccini en lui donnant ses poèmes. Il avait choisi un nouvel ouvrage : c'était le *Roland* de Quinault. Il voulut l'adapter à la musique nouvelle, lui donner des airs dont il manque, et en faire un nouvel ouvrage enfin. Gluck, au moment où il apprit cela, travaillait à un *Roland.* Aussitôt qu'il sut que Piccini faisait de la musique sur un poème qui paraissait devoir être meilleur que le sien, il l'abandonna, et le jeta même au feu.

— Eh quoi! lui dit-on, vous abandonnez ainsi votre travail de plusieurs semaines?

— Que m'importe? dit Gluck...

— Mais si Piccini fait paraître son *Roland,* et qu'il tombe?...

— J'en serai désolé pour lui et pour l'art, car c'est un beau sujet.

— Et s'il réussit?

— Je le referai. —

Belle parole! et qui donne bien la mesure du talent de cet homme qui avait la conscience de son génie!... Ce mot, répété à Piccini, ne l'avait pas humilié; au contraire, il sentait de l'orgueil d'avoir pour antagoniste un homme tel que Gluck... Mais il parut un jour dans le *Journal de Paris* un article fait par l'abbé Arnaud qui disait que Piccini faisait *l'Orlandino* et que Gluck ferait *l'Orlando.* Piccini fut blessé par ce mot; mais celui qui surtout fut atteint, ce fut Marmontel! Il était le poète, et c'était sur lui plus particulièrement que tombait tout le mordant de la parole...

Il ressentit l'injure aussi vivement qu'un homme peut la ressentir ; et, de ce jour, il cessa d'aller aux matinées de l'abbé Morellet, qui ne cessa pas pour cela, lui, d'avoir toujours ses réunions musicales et littéraires, parce qu'il avait pour principe que l'amitié ne doit pas imposer l'obligation de haïr ceux que nos amis n'aiment pas. Je me croirais, en effet, plutôt obligée d'aimer ceux qu'ils aiment... Je ne parle ici que de ces légers nuages qui se lèvent dans la vie habituelle du monde et qui se dissipent d'eux-mêmes ; car je crois que de vrais amis ne prouvent au contraire leur attachement qu'en s'associant à tout ce qui arrive à leurs amis, et deviennent solidaires pour eux, soit en bonheur comme en douleur. L'abbé Morellet le sentit comme moi ; et lorsque Marmontel épousa sa nièce, les réunions du matin cessèrent, parce que Marmontel avait pour ennemies toutes les femmes que j'ai nommées plus haut, et qui avaient épousé la querelle de l'abbé Arnaud, auquel jamais Marmontel n'avait pardonné ce mot de *l'Orlandino*... Ce fut cette seule parole qui sépara des amis, brisa d'anciens et d'intimes rapports... une parole !... Cette circonstance de la vie de l'abbé Morellet m'a fort attristée lorsqu'il me la raconta. Je le voyais alors fort souvent, non-seulement chez moi, mais tous les mercredis chez une femme bien spirituelle dont il était l'ami, et dont je suis étonné de ne pas retrouver le nom plus souvent dans ses ouvrages et dans ceux de l'époque; c'est madame de Souza (madame de Flahaut), l'auteur d'*Adèle de Sénanges*[1]. Je voyais souvent dans cette maison l'abbé Morellet, et j'aimais mieux causer avec lui souvent qu'avec des gens plus jeunes que lui et bien moins amusants... Il était alors bien vieux, mais son esprit était encore jeune, et surtout son âme. J'avoue que sa conversation me charmait; sa diction était si pure... Il y avait dans la conversation de M. Morellet tout le charme attaché à la grâce de l'époque qu'il rappelait comme un portrait fidèle.

A l'époque du mariage de Marmontel avec la nièce de l'abbé Morellet, les réunions cessèrent donc, ainsi que je l'ai dit. — Vous ne pouvez, me disait l'abbé Morellet, vous faire une idée fidèle de ce qu'étaient devenues nos *matinées* littéraires et musicales ! Si l'on voulait chanter ou faire de la musique, alors madame Suard avait un air ennuyé, madame Saurin faisait comme elle. Ma sœur et ma nièce, naturellement bonnes et douces, et qui jamais n'avaient été d'humeur *querelleuse*, étaient

---

[1] D'*Adèle de Sénanges*, *de Charles et Marie*, *d'Eugène de Rothelin*, et d'une foule de charmants ouvrages.

devenues d'une aigreur qui les rendait méconnaissables... Quant à Marmontel, il était tellement hors de la question, à force d'y être, qu'il se tenait là immobile et silencieux. Enfin, le sujet de cette *guerre civile*, Piccini, ne venait plus que rarement... Aussi, dès que ma nièce fut mariée, je rompis entièrement et cessai mes réunions littéraires et musicales... mais cela me fut pénible.

J'ai aimé l'abbé Morellet depuis cette conversation : je ne puis dire à quel point je fus touchée de voir ce vieillard, entouré d'amis et d'hommes remarquables par leurs talents et leur esprit, qui lui apportaient le tribut de ces talents et de cet esprit pour embellir sa vie, renoncer entièrement à ses jouissances pour donner la paix à son intérieur. J'avoue que je trouve même cette bonté, non-seulement excessive, mais de nature à faire paraître Marmontel sous un jour presque désavantageux, comme égoïste et tellement personnel qu'il mettait en oubli non-seulement les goûts, mais encore le bonheur des autres.

L'abbé Morellet l'aimait beaucoup, parce qu'il avait fait le bonheur de sa nièce. Mais d'après ce que je sais de madame Suard, madame Marmontel était un ange dont on ne pouvait méconnaître l'âme adorable, et Marmontel avait su l'apprécier.

Avant que les réunions du matin n'eussent cessé chez l'abbé Morellet, il y avait quelquefois aussi des lectures de poésies et de prose. L'abbé Morellet, fort obligeant, et n'ayant pas perdu le souvenir du temps où il était malheureux, accueillait tous ceux qui arrivaient de sa province. Il suffisait qu'on dît à son domestique qu'on était de Lyon pour parvenir auprès de lui.

Un jour, c'était le matin d'une de ses réunions, on lui annonce un jeune homme qui veut lui remettre une lettre de la part de M. Phélippeaux. Ce M. Phélippeaux était de Lyon, et avait des relations avec la famille de l'abbé Morellet [1]. Il donne ordre d'introduire ce jeune homme dans sa bibliothèque, où il alla le rejoindre quelques moments après.

En entrant, il trouve un jeune homme de vingt ans à peu près ; sa taille était d'une extrême grandeur, il avait plus de six pieds, et cette taille frêle et peu soutenue était comme un long roseau sans appui.

Il y avait toute une étude à faire en regardant ce jeune homme. C'était lui-même l'étude personnifiée, et l'étude avec ses veilles, ses jeûnes et toutes

---

[1] L'abbé Morellet était fils d'un papetier de Lyon et l'aîné de quatorze enfants.

ses austérités! Il était pâle, ses yeux étaient caves, son regard fatigué, son sourire rare, presque pénible, et comme une chose contraire à sa nature... La vue de ce jeune homme, me dit Morellet, me causa une profonde émotion. Du reste, sa mise était décente, il était en noir et convenablement vêtu.

Au moment où l'abbé Morellet entra dans la bibliothèque, le jeune homme était dans une extase complète et comme abîmé dans une admiration profonde; il regardait les livres que contenaient les différents corps de bibliothèque qui entouraient la pièce où il se trouvait. Ses regards, naturellement atones et abaissés, s'étaient relevés vifs et brillants pour parcourir les rayons chargés de ces in-folios précieux qu'il dévorait en apparence.

En apercevant le maître de la maison, le jeune homme rougit légèrement, et, cherchant aussitôt dans sa poche, il voulut y prendre une lettre qu'il devait y trouver; mais le jeune homme était évidemment maladroit..., il était timide; ses efforts, loin de lui faire trouver ce qu'il cherchait, l'en éloignaient encore... Enfin, dans sa détrese, il dit à l'abbé Morellet:

— Monsieur, je vous prie de croire que je ne suis point un intrigant.... Je suis, monsieur, un protégé de M. Phélippeaux....

Et le pauvre jeune homme cherchait toujours et sans trouver... Enfin, une idée lumineuse lui fit voir qu'il avait oublié ce qu'il cherchait... et tout aussitôt mettant son chapeau sur le bureau :

— Je reviens à l'instant, monsieur... Je vois ce que c'est, la lettre sera restée avec *Cha*....

Il s'arrêta, regarda M. Morellet avec anxiété et comme pour lui demander la permission de passer devant lui. Ce que l'abbé voyant, il se rangea et lui laissa le passage libre. Alors le jeune homme se lança comme un long boa, en rasant la terre, et alla dans l'antichambre pour y chercher sa lettre.

Au bout d'un moment, il revint avec la lettre de M. Phélippeaux, qui recommandait, en effet, ce jeune homme à la bienveillance de M. Morellet :

« Il est un peu timide, disait M. Phélippeaux, mais il a du talent. Je vous le recommande, M. l'abbé, avec toute l'insistance d'un vieil ami de votre père. »

Le jeune homme s'appelait *Narcisse Prou*. Tout devait être comique dans le pauvre garçon !

Tandis que Morellet lisait la lettre de l'ami Phélippeaux, M. Narcisse continuait son examen de la bibliothèque. L'abbé le suivait du coin de l'œil tout en lisant sa lettre, et il le voyait lever les mains au ciel comme pour témoigner son admiration d'une pareille richesse... Enfin, il se tourna vers M. Morellet, et lui dit :

— Ah! monsieur, dans quel paradis vous êtes ici!...

L'abbé se mit à rire, et pour démêler ce que pouvait lui vouloir cette étrange figure, il lui demanda en quoi il pouvait lui être utile.

M. *Narcisse Prou* était timide ; mais, comme toutes les timidités véritables, la sienne disparaissait aussitôt qu'elle était mise à l'aise... Aussi, dès que l'abbé eut souri trois ou quatre fois à M. Narcisse, celui-ci fut aussi familier avec lui que s'il l'eût connu depuis vingt ans... Il rapprocha sa chaise du bureau, s'appuya sur ses coudes, en mettant sa petite tête dans ses mains longues et maigres, et dit à Morellet :

— Voici, monsieur : j'ai fait une tragédie... Je suis Suisse, monsieur, c'est-à-dire de la partie de la Savoie qu'on appelle ainsi...

Et il fit un signe d'intelligence à l'abbé comme pour lui dire que ceux qui arrangeaient la Suisse de cette manière n'y entendaient rien ; et puis il poursuivit :

— J'ai donc fait une tragédie, et je l'ai faite sur un sujet patriotique... N'est-ce pas que j'ai bien fait, monsieur?

— Aussitôt, me dit Morellet, je frémis devant

un Guillaume, numéro cent cinquante! Cependant je lui fis signe qu'il avait bien fait...

— Ah! je suis bien aise d'avoir votre approbation... M. le curé me soutenait que j'avais eu tort!... Mais vous me faites bien plaisir!...

Dans le moment, Marmontel entrait dans la bibliothèque, suivi de Piccini, son satellite, et de l'abbé Delille... Morellet hésita un moment, puis il leur dit:

— Messieurs, M. Narcisse Prou, qui m'est recommandé par un ami de ma famille, et que j'ai l'honneur de vous présenter, apporte à Paris une tragédie qu'il a faite il y a quelques mois. Il demande les avis de gens de lettres éclairés; si vous pouvez disposer de quelques instants, je vous aurai une grande obligation de l'écouter.

M. de Chastellux entra dans le même moment; il venait de rencontrer le Narcisse allant chercher son manuscrit dans l'antichambre, et sa longue taille l'avait frappé.

— Avez-vous donc un télégraphe? dit-il à l'abbé.

Morellet mit un doigt sur sa bouche... Dans ce moment, M. Narcisse rentra dans la bibliothèque. On l'établit à une table, avec le verre d'eau sucrée; les femmes prirent leur ouvrage, comme toujours, lorsqu'il y avait une lecture; et M. Narcisse se mit, mais très-lentement, à dénouer le ruban qui entourait son manuscrit.

C'est qu'il avait peur; la physionomie moqueuse de M. de Chastellux, celle tout aussi railleuse de l'abbé Delille, dont le type était particulièrement celui de la moquerie... la figure toute prête à le devenir de Marmontel, qui était là, à côté de Piccini, disposé à railler le pauvre auteur s'il y trouvait matière... Ils ne s'attendaient guère tous à ce qu'ils allaient entendre !...

Tandis que d'une main tremblante le Narcisse arrangeait son manuscrit, le reste des habitués arrivait, l'abbé Arnaud, madame Pourah, madame Suard et madame Saurin... En voyant cette *foule*, comme il l'appelait, Narcisse se sentit défaillir...

— Je ne puis lire, dit-il à l'abbé Morellet... Je ne le puis !...

— Allons ! du courage, monsieur... lui dirent toutes les femmes, qui riaient à l'envi en voyant cet immense corps enfermé dans un habit noir comme dans une gaîne, et surtout en remarquant l'air effaré que le Narcisse conservait au milieu du cercle qui s'était formé autour de lui... Enfin, il prit tout-à-coup son parti... jeta un regard rapide autour de lui, et dépliant son manuscrit, il dit à haute voix :

— *Chamouny et le Mont-Blanc !...* tragédie en cinq actes et en vers...

A ce singulier titre, tout le monde, d'abord stupéfait, éclata si bruyamment que le pauvre Narcisse en fut étourdi. Le fait est que l'abbé Morellet lui-même avait donné l'exemple ; il lui avait été impossible de se contenir plus longtemps... Lorsque l'hilarité générale fut un peu apaisée, l'abbé Morellet se leva de sa place et fut près de Narcisse pour lui demander s'il ne s'était pas trompé, et si ce n'était pas une pièce de vers sur *la Vallée de Chamouny et le Mont-Blanc ;* mais non, c'était bien *Chamouny et le Mont-Blanc ! tragédie en cinq actes et en vers.*

— Mais comment avez-vous eu cette pensée ? lui demanda Marmontel.

— Comment ! répondit avec aigreur Narcisse Prou, ah! vous me demandez comment Chamouny et le Mont-Blanc m'ont inspiré une tragédie !... Si vous ne le comprenez pas je ne vous le ferai pas comprendre.

— Oh! oh! dit Marmontel à monsieur de Chastellux, il est méchant !...

— Monsieur, n'avez-vous pas peur que votre dénouement ne soit *à la glace ?* lui dit le chevalier de Chastellux[1], qui ne pouvait, pour sa part,

---

[1] Depuis marquis de Chastellux. Il avait l'esprit railleur.

dire deux paroles sans qu'il y eût un jeu de mots ou bien un calembour.... Il me semble que votre scène sera toujours bien froide et le dénouement *à la glace*, je le répète.

— Je le crois bien, monsieur : mon héros meurt gelé !...

Ici, les rires recommencèrent avec si peu de retenue que M. Narcisse fut contraint de voir qu'on se moquait de lui... Alors il prit tout-à-coup une indignation profonde !... il roula ses yeux avec une sorte d'égarement, s'arrêtant sur chacun des hommes qui l'entouraient, comme pour désigner celui à qui il jetterait le gant... Mais l'abbé Morellet ne voulant pas que la raillerie allât plus loin l'engagea à lire...

— Votre titre est un peu bizarre, lui dit-il; mais en écoutant la pièce, peut-être trouverons-nous que vous avez raison.

— Et voilà un véritable savant ! un vrai Mécène ! s'écria le Narcisse ; ah ! monsieur, que ne vous devrai-je pas ?

Et le voilà dépliant pour la quatrième fois son manuscrit et faisant l'exposé de sa pièce... Ce que c'était que cette pièce, on ne le peut dire... Narcisse avait pris pour sujet la mort d'un jeune Florentin qui périt dans les neiges en voulant passer par Valorsine. Cet horrible événement eut lieu en 1770; mais le jeune homme ayant fait de cela une tragédie, c'était la bouffonnerie la plus complète, sur un sujet des plus tristes.

Mais Narcisse ne le voulut pas voir ainsi, et lorsque les rires étouffés éclatèrent bruyamment, il se leva, roula des yeux égarés par la fureur sur le cercle qui l'entourait, et rassemblant d'une main convulsive Chamouny et le mont Blanc, il dit à l'abbé Morellet :

— Je vous remercie, monsieur, de la bonne réception que vous m'avez faite.... et surtout de l'accueil que le roi des glaciers a reçu chez vous...; quant à moi, je...

Il était si fort en colère qu'il ne put continuer, ou peut-être bien ne savait-il que dire, et saisissant son manuscrit, il s'élança hors de la chambre avant que l'abbé Morellet pût se lever pour le retenir, et sans écouter M. de Chastellux qui lui criait que le *roi des glaciers* était *Velouti*[1].

En me racontant cette histoire, l'abbé Morellet avait encore cette expression maligne et *voltairienne* qui dominait sur toute autre lorsqu'il racontait une histoire plaisante. Il ressemblait au

---

[1] Celui qui précéda Garchi et Velloni avant que ceux-ci allassent s'établir au pavillon de Hanovre, et puis rue Richelieu, au coin du boulevard.

reste fort à Voltaire, non-seulement pour ses opinions philosophiques et *pyrrhoniennes*, mais aussi par la forme du visage, et par ce sourire caustique et plus que malin qui révélait chez tous deux une absence complète de cœur et d'affection.

Mais l'âme la plus déshéritée renferme toujours en elle une partie vulnérable par laquelle le malheur sait l'atteindre. L'abbé Morellet, avec son incrédulité, son scepticisme, fut contraint de reconnaître une vérité éternelle : c'est que la prière est notre seul refuge quand le malheur nous frappe. Il reçut la punition la plus terrible que Dieu puisse envoyer à l'homme !... l'isolement !... Cependant, il avait toujours été bon, et les lois de la société n'avaient pas été blessées par lui.... Voilà comment les philosophes du XIXe siècle entendaient leur philosophie.... Quant au reste de la morale et surtout de la religion, ils n'en parlaient pas, et tout devait aller ainsi. Hélas ! il vint un moment où cet ami, ce père que nous avons dans les cieux, fut le seul qui demeura fidèle au malheureux !... et l'abbé Morellet fut contraint de reconnaître que là seulement était la véritable espérance.

Je fus frappée du changement subit de sa physionomie, un soir que je causais avec lui chez madame de Souza. On jouait, et comme je ne touche jamais une carte, je cherche toujours de préférence une causerie amusante ; l'abbé Morellet et M. Suard, ainsi que M. de Vaisnes, étaient les hommes les plus agréables que l'on pût trouver alors... Quelquefois l'on faisait de la musique chez madame de Souza, lorsque *Charles de Flahaut*, son fils, était chez elle, et disposé à faire entendre sa voix, qui était vraiment ravissante avec le parti qu'il en tirait au moyen d'une excellente méthode. Mais ces bonnes fortunes-là étaient rares ; et le plus souvent, les mercredis au soir, chez madame de Souza, on jouait et on causait. Lorsque je serai à l'article qui la concerne je montrerai comment elle était la plus charmante maîtresse de maison de cette époque ; comment elle donnait une âme à une conversation, qu'elle savait rendre intime lorsque souvent son cercle était composé de gens qui se voyaient pour la seconde fois. Madame de Montesson avait encore cet art. Un des talents, pour rendre son salon agréable, qu'avait encore madame de Souza, était d'y laisser, en apparence, une entière liberté, mais de n'y permettre aucune licence. On y causait donc en petit comité et l'on se mettait quatre ou cinq personnes ensemble pour raconter des histoires et en entendre, et lorsqu'on était deux on n'en présumait rien, surtout lorsqu'on avait vingt ans comme moi et quatre-vingts comme l'abbé Morellet. N'allez pas croire pour cela que nous vivions dans l'âge d'or. Non pas, vraiment ; on glosait tout comme aujourd'hui, on médisait comme aujourd'hui, car enfin *on péchait* comme aujourd'hui ; seulement on y mettait plus de pudeur, et le monde, qui, après tout, est plus juste qu'on ne le dit, vous savait gré de ne le pas braver avec autant d'impudence que cela se fait maintenant [1] ; et

---

[1] Une femme jeune, jolie, ayant un grand nom, de la fortune, de l'agrément, tout ce qui peut faire remarquer dans le monde, a tout mis en oubli pour le sacrifier à un homme qu'elle aime plus que Tout, même ses enfants !... Jusque-là tout est si grand, même le désespoir de l'infortunée, qui dut être immense comme ses joies délirantes et ses extases, dont les rêves lui ont tout fait oublier, qu'on reste sans voix pour la blâmer... on la suit par la pensée dans la retraite où l'amour passionné d'un homme de génie la dédommageait de tant de biens perdus, et on sourit devant cette puissance du cœur frappant de nullité toutes les voix du monde ! Moi-même je suis demeurée sans force pour blâmer devant l'excès de ce bonheur assez grand pour avoir fait oublier à une femme qu'elle était épouse et mère... Enfin, je comprenais son délire tout en la plaignant... lorsque tout-à-coup cette femme sort de sa retraite enchantée, où l'amour ne lui suffit plus !... Il lui faut le soleil du ciel ; la lumière des yeux de son amant ne l'éclaire plus ! Les voix du monde ont franchi le mur d'airain qu'elle-même avait élevé entre elle et lui... Elle a reparu tout-à-coup au milieu

quand on parlait d'une femme pour raconter une aventure, c'était au moins à demi-voix.

Mais pour en revenir à l'abbé Morellet, je dirai qu'il me fit une impression très-profonde un soir, chez madame de Souza : il me parlait de l'agrément d'un intérieur de famille et du charme qu'on trouve à former une société choisie dans laquelle on admet des artistes et des gens de lettres... du temps qu'il avait mis à former cette société, et de l'influence qu'elle avait dans le monde littéraire; il me racontait ce qu'il avait vu de ces hommes de la

de ses fêtes !... Oh! que j'ai souffert pour elle !... Que de regards moqueurs !... que de sourires de dédain !... et l'amertume de ces blessures, redoublées encore par le peu de droit qu'avaient celles qui les faisaient !... et cette souffrance que j'ai ressentie pour elle, victime volontaire, quelle a dû être sa violence !... Elle est pourtant demeurée... Est-ce de la résignation? — Non. — Elle serait sans but, et la résignation en a toujours un... Serait-ce un sacrifice offert à l'homme qu'elle aime? — Non. — Il serait sans dignité et porterait même avec lui une teinte humiliante, qui, de tout ce qui est opposé au charme de l'amour, est sans doute le poison le plus mortel.. Une femme n'est adorée que parée d'une couronne de fleurs ou de laurier... La couronne d'épines ne fait incliner que sur la tête d'un Dieu !... Quel est donc le motif qui fait ainsi franchir le seuil de sa retraite à cette femme ?... J'ai peur, pour elle et son bonheur, que ce ne soit au contraire aucun motif, mais l'entier oubli de tout respect humain.

Révolution, tels que Condorcet, Sièyes, Talleyrand, et beaucoup d'autres plus influents encore, comme Mirabeau, et des hommes qui, ainsi que ceux que je viens de nommer, avaient causé bien du mal en répandant leur doctrine perverse... Je le regardai plus attentivement que je ne le voulais probablement, car il me dit en me fixant à son tour, avec des yeux qui cherchaient ma pensée :

— Vous m'accusez dans votre opinion, n'est-ce pas?

— Je suis trop jeune pour avoir une opinion; mais... j'avoue que je croyais que, ami de d'Alembert, de Diderot et de toute la secte philosophique, vous aviez contribué pour le moins autant qu'eux à promulguer ces lois qui ont formé le code révolutionnaire qui nous a fait tant de mal.

L'abbé Morellet sourit tristement en m'écoutant :

— On vous a trompée, me dit-il, et je tiens à vous le prouver. Je veux causer avec vous devant votre oncle, l'abbé de Comnène; c'est un homme instruit et un homme de bien... je veux qu'il m'écoute... quant à vous qui êtes jeune et encore toute primitive, laissez-moi vous montrer que mes erreurs, car j'en ai eu de grandes et j'en ai commis dont le résultat me fait aujourd'hui la réputation d'un esprit corrupteur, laissez-moi vous montrer combien j'ai été puni par le Ciel de ces mêmes erreurs : hélas ! la punition fut plus grande que la faute !...

Il était agité, et son visage osseux prit une pâleur effrayante.

— Laissez ce sujet ce soir, mon cher abbé, lui dis-je... vous me raconterez ce que vous voulez me dire un autre jour...

— Non, non ; il est de bonne heure... appelez madame de Souza, elle ne joue pas à présent (ce qui était rare), pour qu'elle vienne me prêter secours si j'oubliais quelque chose.

Madame de Souza venait alors de publier *Charles et Marie,* charmant petit volume qui n'est pas assez remarqué parmi ses autres ouvrages... Lorsqu'elle fut assise entre nous, l'abbé Morellet commença son histoire si intéressante des jours révolutionnaires ; il me dit comment, après avoir été l'homme le plus heureux par la fortune, et doublement heureux puisqu'il ne devait la sienne qu'à lui-même, par le bonheur intérieur que lui donnait une famille adorée et nombreuse[1], comment

---

[1] Sa nièce madame Marmontel, Marmontel, qui vivait encore, et ses enfants, d'autres neveux ou nièces. Il était le quatorzième enfant de sa famille nombreuse : qu'on juge des parents à tous les degrés.

après avoir épuisé tous les genres de félicité comme homme, comme littérateur et comme l'un des chefs d'une secte qui avait la noble pensée de régénérer l'humanité, comment, après ce bonheur infini, il avait été frappé du malheur comme de la foudre à l'âge de soixante-dix ans!...

— Et comment encore ai-je senti le malheur?... sous toutes les formes!... et la dernière enfin, la plus terrible est venue m'annoncer toutes les souffrances au milieu des cris de la France agonisante!... J'étais SEUL!... c'était l'isolement... et l'isolement d'un vieillard!... un isolement entier!...

Ce souvenir était toujours odieux pour lui... Je l'ai vu depuis bien souvent, et toujours cette même pâleur se répandait sur ses traits.

— J'avoue que je ne comprenais pas bien comment l'abbé Morellet se trouvait *isolé* comme il me le disait, *et entièrement isolé!* C'était cependant encore plus complet qu'il ne le pouvait rendre par ce mot d'*isolement;* et lorsqu'il me donna les détails suivants, il me fit frémir aussi.

Il avait une maison très-vaste dans la rue du Faubourg-Saint-Honoré dans laquelle logeaient M. et madame d'Houdetot... mais ils étaient à la campagne ainsi que tous leurs domestiques. L'abbé Morellet n'en avait aucun, pas même de femme pour le service intérieur de sa chambre... Un homme de peine venait le matin pour frotter son appartement, cirer ses souliers, et puis cet homme s'en allait jusqu'au lendemain, et laissait l'abbé entièrement *seul*, occupé à écrire... livré à une humeur sombre qui produisait les plus étranges résultats... A ce souvenir, je l'ai vu quelquefois prêt à retomber dans l'égarement où il a été pendant toute l'année 1794... Madame de Souza, qui connaissait l'amertume des souvenirs de cette époque, le regardait en suppliante, pour qu'il ne poursuivît pas!...

— Non, non, dit-il, je dois raconter quelles étaient mes occupations. Hélas! ce n'étaient plus les chants suaves de Piccini!... ce n'était plus la lyre poétique de l'abbé Delille, qui charmaient mes oreilles; c'était un glas de mort qui tintait toujours autour de moi... J'étais seul, et il me semblait voir mille fantômes vêtus de linceuls autour de moi... J'étais FOU enfin! et je le sentais, ce qui était horrible... Eh bien! j'écrivais cependant!... et savez-vous sur quoi?... quel était le sujet de mes travaux?...

Il tremblait...

J'ai fait un livre dans lequel je proposais au gouvernement de la terreur d'utiliser les exécutions et de manger la chair de leurs victimes!... La disette couvrait la France!... C'était bien alors le moment où le *cheval pâle* de l'Apocalypse parcourait notre triste patrie et que la prostituée buvait le sang des saints[1]!...

Il était haletant... Madame de Souza le força de s'arrêter et de prendre un verre d'eau sucrée avec de la fleur d'orange...

— Je proposais dans mon ouvrage, poursuivit-il, d'établir une boucherie nationale... On aurait été *contraint* de s'y pourvoir et d'y aller trois fois la semaine sous peine d'être pendu soi-même au charnier populaire... Je voulais aussi que, dans ces repas spartiates que nous étions obligés de prendre au milieu de la rue, il y eût toujours un plat de cette affreuse chair !... Les monstres n'ont-ils pas fait boire du sang à mademoiselle de Sombreuil pour lui faire payer la vie de son père !...

Et se levant, il marcha dans la chambre avec une sorte d'égarement. Quant à moi, je ne lui demandais plus de se taire... il m'intéressait au plus haut degré...

— Cet ouvrage, me dit-il en se rasseyant, s'appelait *le Préjugé vaincu !... ou Nouveau moyen de subsistance pour la nation, proposé au Comité de salut public, en messidor de l'an II*[2]

---

[1] J'écrivis cette remarquable conversation, comme cela m'arrivait alors fort souvent, le soir en me couchant, et je n'en ai pas perdu un mot.

[2] Juillet 1794.

de la République française, une et indivisible.

— J'ai voulu le faire imprimer deux fois depuis le 9 thermidor... Suard, homme de bon goût et de bon esprit s'il en fut jamais, m'en détourna, en me disant que je serais universellement blâmé... La seconde fois, ce fut une amie dont l'esprit juste et fin ne donne que de bons avis.

Et il prit la main de madame de Souza, qu'il baisa avec une tendresse respectueuse.

— Mais, dit madame de Souza, je n'avais à cela aucun mérite ; je lui ai dit ce que je pensais, et toutes les femmes auraient dit de même... J'ai été tellement frappée de dégoût à la première parole que l'abbé me dit de cet ouvrage, que je ne pus retenir l'expression, un peu franche peut-être, qui m'est échappée. Mais toutes les femmes penseraient comme moi, et soyez certain, l'abbé, que si vous aviez publié votre livre, pas un œil de femme ne se serait reposé sur une de ses pages.

L'abbé Morellet sourit ici avec une malignité diabolique. — Peut-être ! dit-il... peut-être !... A la vérité, quelques années d'intervalle font beaucoup... Mais croyez bien que ces mêmes femmes dont les journaux vantaient à l'envi l'héroïsme et la grandeur d'âme, et qui, après le 9 thermidor, devenues des solliciteuses effrontées, mettaient en oubli toute pudeur comme elles avaient repoussé le danger, montrant par-là que la légèreté avait eu plus de part à leur héroïsme que l'élévation de leur âme[1], ces mêmes femmes auraient lu mon livre, ma bien chère amie, je vous le proteste.

— Quel mal vous me faites! lui dis-je.... Eh quoi! ces femmes pour lesquelles je voudrais un Plutarque... ces femmes sont ainsi jugées par vous!

— Ne l'écoutez pas, dit madame de Souza, avec un ton plus sévère que sa voix harmonieuse ne le lui permettait ordinairement. Je lui ai dit mille fois qu'il ne pense pas ce qu'il dit... C'est un *fanfaron de méchanceté!*... Monsieur l'abbé, racontez plutôt à madame Junot comment vous faisiez la cabriole sur votre lit... ce sera la petite pièce de votre horrible drame.

C'était donc ainsi qu'il passait sa vie, *entièrement seul* et écrivant de pareilles choses. Quel-

---

[1] Cette pensée de l'abbé Morellet fut entre lui et moi le sujet de beaucoup de vives querelles. Je soutenais le contraire parce que je le pense. Je terminerai cet article, relatif à la *boucherie nationale*, par une remarque bien triste : c'est que c'est sans aucun doute l'ouvrage le plus remarquablement bien écrit de l'abbé Morellet. Il m'en a lu plusieurs passages que j'ai admirés... Il y a une diction pure, une sorte d'élégance qui frappe même en opposition avec cet horrible sujet.

quefois il sortait pour prendre l'air, pour respirer, pour voir le ciel... mais toujours il se rencontrait avec une scène plus ou moins tragique... il en était venu au point de ne plus oser sortir!

Un jour, me dit-il, je souffrais beaucoup des suites d'une migraine qui m'avait tenu couché pendant trois jours... n'ayant pour me servir que mon homme de peine, dont j'entendais avec plaisir les pas retentir le matin sur le carreau des vastes corridors de cette maison inhabitée où le moindre son se répercutait... Je sortis vers le soir, au moment où le soleil se couchait sur Paris dans toute la pompe d'une belle journée de juillet, et je dirigeai mes pas vers les Champs-Élysées... Comme j'approchais de la barrière de l'Étoile, j'entendis des cris affreux et de ces vociférations de cannibales qui annonçaient quelque grande joie; les femmes surtout étaient en foule sur le bord du chemin, et regardaient vers Neuilly... Je vins machinalement me placer à côté d'elles, et, regardant au loin dans le nuage de poussière que le soleil couchant traversait de ses rayons, je ne distinguai d'abord que plusieurs voitures et des charrettes... bientôt elles furent devant moi... et je vis!... Dieu puissant! comment ai-je pu résister à ce spectacle affreux!... je vis défiler devant moi onze chariots découverts, remplis de femmes, d'enfants, d'hommes, de vieillards... Enfin c'étaient tous les nobles bannis de Paris par le décret du 17 germinal (avril), et réfugiés à Neuilly et à Fontainebleau!... Les malheureux avaient été *parqués* pour ainsi dire ; mais la houlette pastorale de Fouquier-Tinville avait été dirigée sur eux, et le troupeau avait été ramené à Paris pour être égorgé et servi au peuple-roi!... Plusieurs hommes avaient les mains liés! — Ils ont eu l'audace de se défendre! s'écriaient les furies qui m'entouraient. — Au moment où le triste cortége défila devant moi, je levai les yeux, et mes regards rencontrèrent ceux de plusieurs amis!... Dieu bon! Dieu puissant! et vous ne tonniez pas sur les monstres!!!...

Madame de Souza et moi, nous baissions les yeux... Sans doute l'abbé Morellet n'avait pas prêché la révolution ; mais ses excès n'étaient-ils pas le fruit de ces doctrines subversives de tout ordre?... Il le sentit probablement ; car, cessant tout-à-coup de parler sur ce ton, il reprit sa narration, et nous dépeignit le local de cette maison qui lui appartenait rue du Faubourg-Saint-Honoré, et qu'il occupait alors SEUL. Il y avait un très-beau jardin, dans lequel il se promenait, et qu'il cultivait pour faire de l'exercice. La maison était immense, et la description qu'il faisait de son isolement, du silence effrayant qui régnait dans ces chambres solitaires une fois que la nuit avait jeté son ombre sur les quartiers même les plus populeux... cette mystérieuse retraite habitée par un seul homme... les bruits les plus simples devenant des alarmes... tout cela était décrit admirablement par l'abbé Morellet, et même, je le crois, avec une recherche de romancier, alors que le danger avait fui.

La peur le dominait à un tel point, me disait-il, que sa raison s'égara. Il devint somnambule!... Il se levait la nuit, courait dans sa chambre, croyait saisir un homme qui venait l'arrêter, le terrassait, l'assommait de coups donnés par son poignet, qui, malgré sa vieillesse, était plus à redouter que celui d'un jeune homme[1]... et puis il revenait à lui aux bruits de ses hurlements, de ses cris!... et il se trouvait seul, luttant avec lui-même sur le carreau, et souvent blessé par sa propre main!...

Enfin ces attaques de somnambulisme l'inquiétèrent au point de mettre une corde ou une sangle, ou quoi que ce fût, pour le retenir, s'il avait la volonté de s'élancer de son lit pour aller lutter avec un être imaginaire; ce moyen lui réussit en effet, et au bout de six mois ses accès se calmèrent.

---

[1] L'abbé Morellet était d'une force de corps peu commune. Ceux qui l'ont connu peuvent se rappeler sa structure osseuse et sa forte charpente.

Il n'avait pas été arrêté, parce que sa section était une des bonnes de Paris, et qu'il y était bien noté. — Mais qui pouvait alors répondre deux jours de son repos et même de sa vie!

Il avait été se promener un soir sur le bord de la rivière, et puis il était revenu par le haut des Champs-Élysées; il rentrait fatigué, cependant il se hâtait, parce que l'orage grondait déjà fortement... Et il voulait éviter la pluie en rentrant chez lui, lorsqu'une femme du voisinage, qui faisait chez lui l'office de portière, lui remit un papier qu'on avait apporté pour lui : c'était *une invitation de se rendre à sa section pour affaire qui le concernait.*

En lisant cet écrit, il se sentit défaillir... Eh quoi! avait-il pris si longtemps soin de sa vie pour périr misérablement après tant de malheurs!... Cependant il n'y avait pas à hésiter. La pluie tombait par torrents ; mais cela ne l'arrêta pas un instant ; et, malgré le temps qu'il faisait, il se mit en route pour aller à la section, tellement troublé qu'il oublia d'emporter un parapluie...Néanmoins ce qui est curieux, c'est qu'au travers de ce trouble il y avait du courage et du sang-froid; car l'abbé cacha plusieurs papiers, mais en en laissant qui pouvaient lui faire couper le cou, et en ayant le soin d'emporter quelque argent pour obvier aux premiers frais s'il était arrêté... Il était neuf heures du soir lorsqu'il sortit de chez lui.

Il était vieux, et, quoique vert encore, il ne marchait pas vite : aussi n'arriva-t-il au comité de sa section qu'à dix heures ; il y avait séance. Les membres étaient tous des ouvriers que Morellet connaissait au moins de vue... Ils avaient tous le bonnet rouge, et fumaient en dissertant gravement, Dieu sait sur quoi... Morellet se fit connaître. Alors le président lui dit :

— Tu es accusé... on va t'interroger... tu peux t'asseoir, le comité te le permet.

— Comment te nommes-tu ? — André Morellet. — Où es-tu né ? — A Lyon.

Ici les membres du comité se regardèrent en fronçant le sourcil... et le président répéta sa question : « Où es-tu né ?... — Je vous l'ai dit, à Lyon. — *A Commune-Affranchie*¹, dit le président d'une voix tonnante... — L'abbé s'empressa de répondre : *A Commune-Affranchie.* — De quoi vis-tu ? Comment gagnes-tu ta vie ? Quel est ton état enfin ? — Je suis homme de lettres. » Les membres du comité se regardèrent ; il était évident qu'ils ne savaient pas ce que c'était qu'un homme de lettres : aussi le président, pour arriver à son

¹ Depuis le siége et les massacres on l'appelait ainsi.

but, lui demanda de nouveau de quoi il vivait.

Ceci était le triomphe de Morellet. Son trouble ne l'avait heureusement pas empêché de prendre le brevet d'une pension qui lui avait été accordée par la Convention : il était de 1793, et motivé sur trente-cinq ans de travaux utiles. Le brevet portait ce titre :

Récompense nationale.

Je trouve que ce seul mot, articulé en 1793, prouve combien les hommes de la Révolution avaient ou du moins croyaient avoir d'obligation aux philosophes!

Le brevet fut reçu avec révérence par le président et les membres du comité qui savaient lire; car tous n'en étaient pas là. — Maintenant l'interrogatoire devint fort comique ; après plusieurs questions que je ne me rappelle plus, le président dit à Morellet :

— Pourquoi étais-tu gai avant la Révolution, et pourquoi es-tu triste depuis?...

Morellet était fort drôle en rappelant ce moment: il prenait une expression sérieuse, qui jointe à son énorme nez et à la charpente osseuse de sa figure, lui donnait vraiment un singulier aspect; il prit donc son air le plus grave pour dire au président qu'il ne riait jamais, et n'était pas né plaisant.

— Où étais-tu le jour de la mort du tyran? —

A Paris. — Ah! *et où cela?* — Chez moi. — N'as-tu pas une maison de campagne? — Non. — Tu ments. — J'avais un prieuré à Thimer, près de Châteauneuf, mais pas de maison de campagne. — Ah! cela s'appelle un prieuré! Et qui te l'avait donné? — M. Turgot. — Oh! c'était un bon citoyen!... qui aimait le peuple. Eh bien! après tout, tu es un bon enfant, dit le président à l'abbé Morellet; le comité est content de toi; tu peux te retirer *sans remords...*

Quel est le mot qu'il voulait dire? Je crois bien que l'abbé ne s'embarrassait guère du vrai sens de la phrase dans un pareil moment; mais, à sa place, j'aurais été curieuse de le faire expliquer.

Il faisait un temps horrible; il était près de minuit; il pleuvait à verse, et l'abbé n'avait pas de parapluie, comme on le sait; un des membres du comité, qui était son voisin, lui offrit de partager l'abri du sien, et ils cheminèrent ensemble. Morellet le fit exprès, pour obtenir des renseignements sur son accusation; et ce qu'il apprit est très-curieux pour l'histoire de cette époque.

La femme d'un cocher de M. de Coigny, appelée *Gattrey,* logeait, en 1793 et une partie de 1794, dans une petite chambre ayant vue sur le jardin de l'abbé Morellet : le voyant se promener en robe de chambre, et sachant qu'il était seul et propriétaire de la maison, elle fit des démarches pour entrer à son service, ou du moins être femme de peine et faire le plus gros de l'ouvrage. Mais, malheureusement pour elle, l'abbé, en se promenant le soir, l'avait entendue pérorer dans une petite cour attenant au jardin, et ses discours étaient ceux d'une furie et d'une mégère, non-seulement comme femme du peuple bavarde et méchante, mais comme un monstre vomi par les enfers. La sœur de l'abbé avait voulu la ramener au bien avant de quitter Paris ; mais il est des choses impossibles. Cette femme, poussée par le refus de l'abbé, résolut sa perte. C'était une chose qui était facile à cette époque. Elle quitta la section des Champs-Élysées, pour aller à celle de l'Observatoire. Là, parmi cette horrible troupe de *tricoteuses* qui entouraient l'échafaud pour ajouter une douleur à celles qui abreuvaient les victimes, madame Gattrey voulut servir la république à sa manière, en dénonçant et faisant périr *un aristocrate*. Par la même raison qui faisait entendre ce qu'elle disait à l'abbé, elle entendait ce qu'il disait dans son jardin. Elle recueillit ses souvenirs, arrangea des mots, en dérangea d'autres, inventa et forma enfin une accusation très-suffisante pour faire aller à la guillotine le pauvre Morellet, s'il eût été dans une plus méchante section. Il est merveilleux de voir comment la vie d'une famille était alors à la merci d'une furie qui pouvait d'un mot faire tomber une tête, en rapportant qu'un homme a ri en août et pleuré en janvier!... Elle avait aussi son salon, madame Gattrey!... et ce salon avait aussi son importance, comme on le voit. Et l'abbé Morellet, en 1794, isolé, malheureux, proscrit pour ainsi dire par la terreur dans le fond d'une maison solitaire, pouvait pleurer amèrement sur l'influence que ses maximes et celles de ses amis avaient eue sur les masses qui alors exerçaient un si funeste empire!... C'était dans ces mêmes chambres jadis brillamment remplies de femmes aimables, d'hommes savants et distingués, et maintenant désertes et abandonnées, et seulement habitées par le propriétaire tremblant au seul bruit de ses pas.

FIN DU TOME PREMIER.

TABLE

DES MATIÈRES CONTENUES DANS CE PREMIER VOLUME.

                                                               Pages.

Introduction. 3
Salon de madame Necker. 83
Salon de madame de Polignac. 215
Salon de monseigneur de Beaumont, archevêque de Paris. 291
Salon de madame la duchesse de Mazarin. 335
Les Matinées de l'abbé Morellet. 361

www.ingramcontent.com/pod-product-compliance
Lightning Source LLC
Chambersburg PA
CBHW052042230426
43671CB00011B/1760